世纪英才高等职业教育课改系列规划教材（经管类）

推 销 实 务

陈 妍 主编

赵广岩 彭 杰 副主编

人民邮电出版社

北 京

图书在版编目（CIP）数据

推销实务 / 陈妍主编. -- 北京：人民邮电出版社，
2010.12
世纪英才高等职业教育课改系列规划教材. 经管类
ISBN 978-7-115-23898-6

Ⅰ. ①推… Ⅱ. ①陈… Ⅲ. ①推销－高等学校：技术
学校－教材 Ⅳ. ①F713.3

中国版本图书馆CIP数据核字(2010)第177197号

内 容 提 要

本书主要内容有推销准备、客户开发、客户拜访、推销洽谈、推销成交和推销管理等。本书依据
高职高专教育的培养宗旨和人才培养模式的基本要求，围绕营销职业岗位群的特点，以培养学生推销
综合能力特别是创新能力和实践能力为主线，打破了学科化体系，按照基于工作过程和行动导向课程
改革思想，结合考证和学科体系，做到课证融合，以练为主，学、做、练结合。

本书可作为高职和专科院校经济管理类专业的教材，也可作为企业一线营销工作者的业务参考书。

世纪英才高等职业教育课改系列规划教材（经管类）

推 销 实 务

- ◆ 主　　编　陈　妍
　　副主编　赵广岩　彭　杰
　　责任编辑　丁金炎
　　执行编辑　洪　婕
- ◆ 人民邮电出版社出版发行　　北京市崇文区夕照寺街 14 号
　　邮编　100061　　电子函件　315@ptpress.com.cn
　　网址　http://www.ptpress.com.cn
　　大厂聚鑫印刷有限责任公司印刷
- ◆ 开本：787×1092　1/16
　　印张：10.25
　　字数：232 千字　　　　　　　　2010 年 12 月第 1 版
　　印数：1 – 3 000 册　　　　　　2010 年 12 月河北第 1 次印刷

ISBN 978-7-115-23898-6

定价：20.00 元
读者服务热线：(010)67132746　印装质量热线：(010)67129223
反盗版热线：(010)67171154
广告经营许可证：京崇工商广字第 0021 号

世纪英才高等职业教育课改系列规划教材编委会（经管类）

丛书前言

随着我国社会经济的发展，近几年，我国高等职业教育规模快速增长，到 2008 年年底，全国独立设置的普通高职高专院校已经达到 1000 多所。应当说，基本适应社会主义现代化建设需要的高等职业教育体系已经初步形成。

高等职业教育依托经济发展，为经济发展提供适应需要的人力资源。同时，高等职业教育要适应经济和社会发展的需要，就必须提高自身创新能力，不断深化课程和教学改革，依靠传统的课程已经不能满足现代职业教育对职业能力培养的要求。围绕高等职业教育专业课程体系建设及课程开发，做好人才培养模式、课程体系、专业师资队伍、实践教学条件等方面的建设，已经成为高职院校教学改革的首要任务，同时也成为我国高等职业教育发展的当务之急。

随着高等职业教育改革形势向纵深发展，我国高等职业教育在课程体系建设的指导思想上逐渐汇流，"基于工作过程"的课程开发理念逐渐为广大高职院校师生所接受。

"基于工作过程"的课程开发设计导向遵循现代职业教育指导思想，赋予了职业能力更加丰富的内涵，它不仅打破了传统学科过于系统化的理论束缚，而且提升了职业教育课程的设计水平。这与高等职业教育的办学方向比较吻合，因此，得到了教育部有关部门的大力倡导。为了响应教育部的号召，我们于 2008 年组织了"基于工作过程"课程改革和教材建设研讨会，认真分析了当前我国高等职业教育课改现状，充分讨论了高等职业教育课改形势以及课程改革思路，并初步构建了面向 21 世纪的"世纪英才高等职业教育课改系列规划教材"体系。

我国高等职业教育以培养高级应用型人才为目标，承担着为我国社会主义新型工业化社会建设输送人才的重任，大力发展高等职业教育是我国经济社会发展的客观需要。自国家大力倡导高职高专院校积极研究探索课程改革思路以来，我国的高等职业教育就步入了一个追求内涵发展的新阶段。"世纪英才高等职业教育课改系列规划教材"按照"基于工作过程"的课改思路，将科学发展观贯彻在高等职业教育的教材出版领域里，希望能为促进我国高等职业教育的发展贡献一份力量。

"世纪英才高等职业教育课改系列规划教材"汇聚了国内众多职业教育专家、高职高专院校一线教师的智慧和心血，以工作过程的发展展开教学过程，有区别地运用"结构模块化、技能系统化、内容弹性化、版面图表化"的呈现手段，内容结构层次从简从便，教材容量深度适当、厚度适合，并配以必要的辅助教学手段。相信本系列教材一定能成为广大高职高专院校师生的良师益友。

"世纪英才高等职业教育课改系列规划教材"建设是对高等职业教育课程改革的一次建设性的探索，期望得到广大读者的首肯和大力支持。如果您在阅读本系列教材的过程中有什么意见和建议，请发邮件至 wuhan@ptpress.com.cn 与我们进行交流，或进入本系列教材服务网站 www.ycbook.com.cn 留言。

世纪英才高等职业教育课改系列规划教材编委会

推销的历史十分悠久，当人类社会第一次出现"商品"这个概念时，推销就应运而生了。推销与商品"同呼吸、共命运"，可以这样说，推销伴随着商品的产生而产生，并伴随着商品的发展而发展，商品生产越发达，推销就越重要。

进入 21 世纪，市场经济的大潮席卷而来，冲破了传统体制的束缚与僵化观念的藩篱，也带来了推销活动的日趋活跃。推销是现代企业的一个十分重要的促销手段，在企业的生产经营活动中占有举足轻重的地位，对于提高企业的经济效益、增强企业的竞争能力作用非凡。如何像培养企业家那样，培养出一大批优秀的推销人才，已是摆在我们面前的一个迫切任务。推销技术是推销人员必须掌握的职业技能，系统地开展推销工作和提高推销人员的素质，已经成为各类企业市场化经营的重要组成部分。

推销是一门学问，它有一套系统的理论和方法，是推销实践经验积累的结晶，这些有益的知识是可以通过学习得到的。因此，很多企业都非常重视对推销人员的培训。推销也是一门艺术，推销之中有技巧，如何运用这些技巧，还需要广大的推销人员在推销实践中摸索，灵活运用。

本书在编写时，以典型的推销工作过程为主线，从推销过程的每一个阶段展开，共分为六个课题：推销准备、客户开发、客户拜访、推销洽谈、推销成交和推销管理。每个课题都包括案例与讨论、课题学习引导、课题实践页三部分的内容。

在本书的写作过程中，我们在总结本校多年开展的推销实务教学实践的基础上，进行了大量研究探索，广泛吸取并引用或参考了近年来国内外的有关研究成果，收集了相关的案例和文献，在此对有关著作或文章的原作者表示最诚挚的谢意！编者也曾努力试图联系这些案例的作者，由于各种原因未能全部联系上，在此深表歉意，并欢迎相关案例作者主动与编者联系，编者将深表感谢。在本书的编写过程中，也得到了学校领导、同事和出版社编辑给予的极大帮助与支持，在此一并表示衷心的感谢！

本书由浙江金华职业技术学院讲师陈妍任主编，由金华职业技术学院彭杰教授和赵广岩讲师任副主编。参加本书编写的还有浙江康恩贝制药股份有限公司的董事长胡季强、金华职业技术学院的老师陈爱萍等。本书由陈妍进行了总撰。

由于编者的知识、能力有限，书中难免存在缺点和不完善之处，敬请同行与读者批评指正。

编者

目录

Contents

课题一　推销准备

技能目标	知识目标	建议学时
能够做好开展推销前的准备工作	➢ 认识推销工作的性质及其重要性 ➢ 掌握推销工作的特点和基本原则 ➢ 了解推销的基本理论和模式	4
能够做好推销的礼仪准备	➢ 掌握推销员着装的基本要求和仪表规范 ➢ 认识不同场合的礼仪 ➢ 学会运用推销员拜访客户和接待客户的礼仪	4
能够做好推销的职业素养准备	➢ 熟悉推销员的工作职责 ➢ 了解对推销员素质的要求 ➢ 了解对推销员的能力要求	4

第一部分　案例与讨论

案例　乔·吉拉德成功的秘诀

闻名遐迩的汽车推销员乔·吉拉德，以15年共推销13000辆小汽车的惊人业绩，被《吉尼斯世界纪录大全》收录，并荣获"世界上最伟大的推销员"的称号。他成功的秘诀是什么？以下为你一一解秘。

一、生意遍布于每一个细节

乔·吉拉德有一个习惯性动作：只要碰到人，左手马上就会到口袋里去拿名片。去餐厅吃饭，他给的小费每次都比别人多一点点，并同时附上张名片。因为小费比别人多，所以人家肯定要看看这个人是做什么的。他甚至不放过看体育比赛的机会来推销自己，在人们欢呼的时候，他把名片抛洒出去，如同天女散花。

二、面部表情的魅力

乔·吉拉德特别强调面部表情的重要性，他认为：要把自己推销出去，面部表情也很重要——它可以拒人千里，也可以使陌生人立即成为朋友。他说："当你微笑时，整个世界都在微笑，要是一脸苦相的话，没有人愿意理睬你"。

三、热爱自己的职业

乔·吉拉德认为，成功的起点是热爱自己的职业。他说："我打赌，如果你从我手中买车，到死也忘不了我，因为你是我的。"许多人宁可排长队也要等到乔·吉拉德，买乔·吉拉德的车。吉尼斯世界大全核查其销售纪录时说："最好别让我们发现你的车是卖给出租汽车公司的，而确实是一辆一辆卖出去的"。他们试着随便打电话，问他们是谁把汽车卖给他们的，几乎所有人的答案都是"乔"。令人惊奇的是，他们脱口而出，就像乔就是他们的好友。

四、猎犬计划

乔·吉拉德有一句名言："我相信推销活动真正的开始是在成交之后，而不是之前。"乔·吉拉德有一种"猎犬计划"：借客户之力，寻找新的客户。成交后，他总是把一叠名片和猎犬计划说明书交给客户，并告诉客户，如果他介绍别人来买车，每卖一辆他会得到 25 美元的酬劳。这还不算，以后他每年都会收到乔的一封附有"猎犬计划"的信件，提醒他的承诺仍然有效。

五、体验式销售

乔·吉拉德的诀窍还在于想方设法让客户体验新车的感觉。他会让客户坐进驾驶室里去触摸、操作一番。如果客户住在附近，他还会建议其把车开回家，让他在家人和邻居面前炫耀一番。这样，凡是试过车的，几乎没有不买的。即使当时不买，以后也会买。乔认为，人都喜欢自己尝试、接触、操作，人都有好奇心，让客户参与其中能更好地吸引他们的感官和兴趣。

案例讨论

（1）乔·吉拉德的成功之处在哪里？
（2）想要成为一个成功的推销员究竟应该具备哪些素质？

第二部分　课题学习引导

1.1　推销岗位准备

推销是一种古老而又普遍的经济现象，其历史同商品生产一样久远。商品生产者把产品投入市场，都希望能通过一定的推销方式把产品尽快销售出去。

我们处在一个推销的时代，社会的发展、科技的进步、信息革命的到来、市场经济的建立、人们相互交往的加强，都使推销在整个社会生活、政治生活、经济生活中的地位更加重要了。推销是现代企业拓展市场的利器，是商品价值最终实现的保证。推销人员应深刻领会推销工作的实质，把握推销工作的内在规律，既学会按照推销的基本程序有效地控制推销的实际进程，又能灵活运用各种推销方式、方法和策略，提高推销工作的成效。

1.1.1　推销的概念

1. 广义的推销

在现代社会里，推销是一个被应用得越来越广泛的名词，它存在于社会生活的各个领域。一个活动主体，试图通过一定的方法和技巧，使特定的对象接受某种事物或思想的行为，都可以理解为推销。

在我们的日常生活中处处充满着推销，如孩子要求母亲多给他一小时的时间看电视；母亲要求小孩多吃蔬菜；老师要求学生上课认真听讲；员工要求老板加薪等诸如此类的活动，都是推销。再如，街道上沿途叫卖的小商贩和街头路边各种各样的招牌广告，演员向观众推销艺术以及政治家推销其政治观点等，这些都是推销的表现形式。因此，推销是一种人人都熟悉的社会现象，是每个人都在进行的活动。一个人只要生活在这个世界就要和形形色色的人发生各种各样的联系，产生各种各样的交往。你要生存，要取得成功，就要不断地推销自己，用你的推销技巧获得别人的理解、支持、好感、友谊以及事业上的合作。

2．狭义的推销

就狭义而言，推销是指企业的推销人员直接与潜在客户进行接触、沟通、洽谈，采用帮助或说服等手段，促使客户采取购买行为的活动。这个定义会使我们联想到业务员、业务代表、业务专员、营业员、销售员、访问员、调查员、销售工程师等。本书所要研究的是狭义的推销。在现实生活中，有些人认为推销就是想方设法地卖出商品、赚取利润，把产品销售出去就是推销的唯一目标，这种观点是对推销的错误理解。正确理解推销的含义应注意以下几个方面。

（1）推销的核心是说服

推销人员在推销活动中所做的一切工作，如寻找潜在客户、审定客户资格、接近和约见客户洽谈、处理异议和签约成交等都与说服有关，都是为达到说服客户接受自己的产品或服务的目的。从这个意义上讲，推销就是人与人之间说服与被说服的活动。西方许多推销大师都认为，所谓推销，就是说服，是人类的基本行为。

（2）推销活动通过满足客户需求达到自身赢利的目的

现代营销活动的出发点与归宿点均是客户，客户的利益得到保证了，才会自觉自愿地购买产品。为此，推销人员只有把企业的产品和客户的利益结合起来，才能与客户达成默契。否则，顺利进行推销活动只是一句空谈。

（3）推销可以充分体现出能力和技巧

推销人员要说服客户购买自己的商品，达到使客户和自己都满意的目的，就必须具备一定的能力、掌握一定的技巧并实施一定的策略。在科学技术日益发达、新产品日趋复杂精密、客户的知识水准不断提高的情况下，推销人员要说服客户，必须具备较高的素质和能力；同时，要掌握各种推销策略和技巧，能利用各种信息准确了解客户的需要和问题的症结所在；把握推销活动的基本过程及其主要内容，会说客户的习惯语和专门术语；能克服价格障碍，用语言、行为和推销工具来吸引客户的注意力、引起客户的兴趣，促其产生购买欲望和行为。

1.1.2　推销的要素

推销的要素是指构成推销活动的内在基本因素，具体包括推销人员、推销对象和推销产品。其中，推销人员和推销对象是商品推销活动的主体；推销产品是商品推销活动的客体，是被推销人员所推销、被推销对象所接受的有形或无形的商品。

1．推销人员

推销人员是推销活动的主体，即主动向客户推销商品和服务的主体。这里主要指专门从事商业性推销工作的专业推销人员。在推销的三个要素中，推销人员是最关键的要素，是推销的灵魂，在整个推销过程中发挥着重要的作用。在商品经济活动中，只有把商品的使用价值与客户的现实需要紧密联系在一起，才能实现商品从生产领域向消费领域的转移，而推销人员在这种转移过程中起着桥梁和纽带的作用。这要求推销人员必须具备良好的素质，丰富的知识和经验，能够熟练地运用各种推销方法和技巧。推销人员的主要任务就是通过走访客户，发掘客户的需要，在为客户服务的同时，说服客户购买企业的产品或服务。

推销人员作为企业与客户间的桥梁与纽带，肩负着为企业销售商品、为客户提供服务的双重任务。企业的销售离不开推销人员，客户的购买也离不开推销人员。

在推销活动中，推销人员要想成功地推销商品，首先要能成功地推销自己。推销是与人打交道的工作，在推销活动中，人和产品同等重要。推销的成功与否，往往取决于推销人员的服务精神和服务态度，客户只有喜欢你的为人、你的个性、你的风格，才会进而购买你的产品。现在推销强调的一个基本原则是：推销，首先是推销自己。所谓推销自己，就是让客户喜欢你、信任你、尊重你、接受你并对你抱有好感。客户的购买意愿深受推销人员的诚意、热情和勤奋精神的影响。调查表明，客户在购买商品时，特别是在选择何种品牌的商品时，并不是因产品质量才决定的，而是因为对推销人员的好感决定的。据美国纽约销售联谊会统计表明：71%的人之所以从你那里购买产品，是因为他们喜欢你、信任你、尊重你。一旦客户对你产生了喜欢、信赖之情，自然会喜欢、信赖和接受你的产品。反之，如果客户喜欢你的产品但不喜欢你这个人，买卖也很难做成。推销人员只有首先把自己推销给客户，客户乐意与推销人员接触，愿意听推销人员介绍时，才会为推销人员提供一个推销产品的机会。在实践中，一些推销人员一见到客户就问"买不买"或"要不要"，这些推销人员基本上都会碰壁的。原因就在于，在客户没有接受你这个人之前谈论产品、推销，客户本能的反应就是推诿、拒绝，让你及早离开。推销中的一条推销戒律是：一开口就谈生意的人，是二流推销人员。

2．推销对象

推销对象又称客户或购买者，包括各种现实客户、潜在客户以及购买决策人等。推销对象也是推销活动的主体之一，直接参与推销的过程，没有推销对象就不会有推销活动。推销对象是推销人员推销的目标，是说服的对象。依据推销对象所购商品的性质及使用目的的不同，我们把推销对象分为个体购买者和组织购买者。个体购买者购买商品的目的是为了满足个人和家庭生活的需要，而组织购买者的购买目的是为了生产、转售等需要。由于推销对象的特点不同，推销人员所采取的推销策略和技巧也应有差异。客户是推销的核心，一切推销活动都是紧紧地围绕着如何满足客户需要而展开的。推销人员必须树立正确的推销观念：满足客户需要第一，赢利第二。作为推销对象的客户至少应具备两个条件：一是存在着对某种商品和服务的需求；二是有足够的货币支付能力。

3．推销产品

推销产品是推销活动的客体。所谓推销产品，是指推销人员向推销对象推销的各种有形和无形商品的总称，包括商品、服务、观念等。从现代营销学的角度来看，我们向客户推销的是整体产品，而不仅仅是具有某种实物形态和用途的物理学意义上的产品。所谓整体产品是指能提供给客户满足某种需求和欲望的有形或无形的任何东西，既包括物理特性如形态、体积、质量、味道、色彩、式样等一切有形物品，也包括意识特征如思想、观念、主意、服务等无形的东西。作为推销活动的一个基本因素，推销产品必然会影响推销活动的各个方面，如推销产品的性质、质量、价格、体积等，都会影响推销活动的具体方式和难易程度。在推销活动中，推销人员如果不了解推销产品的特性、用途乃至维修保养方面的知识，就无法胜任推销工作。

在现代推销活动中，推销人员是主动向推销对象推销产品的主体，推销对象是接受推销人员推销的另一个主体，推销产品是推销活动的客体，即被推销主体所推销或接受的标的。推销人员、推销对象、推销产品三者之间相互依存、相互制约，共同构成了推销活动和推销的矛盾统一体。

1.1.3 推销的方式

推销的方式是推销人员向客户传递企业及推销品的有关信息，帮助和说服客户产生购买欲望，形成购买行为的各种活动形式。现代推销方式多种多样，从大的方面来讲，可分为直接推销方式和间接推销方式两种。随着推销活动的发展，推销方式也在不断创新。

1. 直接推销方式

直接推销方式即人员推销方式，是推销人员与客户直接接触的推式推销方式，在现代推销活动中，它作为一种最直接、最有效的推销方式而被广泛应用。

（1）人员推销的含义及特点

人员推销是指企业派出或委托推销人员通过面对面的直接交谈方式向客户介绍、宣传推销品，激发客户购买兴趣和欲望，促使客户购买推销品的一种推销方式。它既是最古老的一种推销方式，也是现代推销的主要手段。

人员推销的特点是：双向信息传递、灵活性较大；针对性强、无效劳动少；扮演双重角色、注重人际关系；推销范围窄、费用较高；合适人选有限、不易物色。鉴于上述特点，人员推销方式一般适用于推销价格昂贵、专业性强及性能复杂的商品或刚上市的新产品。

（2）人员推销的方式

人员推销的方式主要有以下几种。

① 上门推销，即推销人员走出去，主动到目标客户的单位或家庭进行推销。该方式的主动性强、效果明显，但成本较大。

【引例1-1】 有个出版商有一批滞销书久不能脱手，他忽然想了一个非常妙的主意：给总统送去一本书，并三番五次地征求意见。忙于政务的总统不愿与他纠缠，便回了一句：这本书不错。出版商便抓住这句话在做广告："现有总统喜爱的书出售"，于是这些书被一抢而空。不久，这个出版商又有一本书卖不出去了，他又送了一本给总统。总统上过一回当，想奚落他一下，就说：这本书糟糕透了。出版商听了，脑子一转，又做广告："现有总统讨厌的书出售"，于是又有不少人出于好奇争相购买，书又售尽了。第三次，出版商将书送给总统，总统接受了前两次的教训，便不做任何答复。出版商却大做广告："现有总统难以下结论的书，欲购者从速"，居然又被一抢而空。总统哭笑不得，出版商大发其财。

② 店面推销，即推销人员在固定的营业场所设置柜台进行推销。该方式中店铺固定，容易取得客户信任，花费的人力较少，但缺少上门推销的积极主动的特点。

③ 会议推销，即推销人员在订货会、展览会、交易会等各种商品购销会议场所进行推销。该方式聚集了众多供应商、中间商、用户和消费者，有助于在短时间内进行大量洽谈活动，省时省钱，但容易受参会者人数、范围的限制。

【引例1-2】 大连是个经常举办大型活动的地方，如国际服装节、赏槐会、啤酒节等，借机推销自己也是大连早已习惯的宣传手法。2003年的第五届亚欧经济部长会议是大连有史以来承办的最高规格的会议，有亚欧26方成员前来参加会议，大连更是唯恐错过机会。会议开始前，记者们就领到了一个透明文件袋。文件袋中除了会议须知、一个笔记本和一支笔外，还有一本《大连——中国北方明珠》宣传册、一本《大连新闻宣传材料汇编》、一册《大连冰山集团》，另外还有26份《记者采访参考材料》。宣传册图文并茂，涉及大连的地理、历史、资源、工业、金融、商业、展览业、旅游等，一幅幅精美的图片引人入胜，让人忍不住想去看一看。宣传材料汇编则汇集了17篇文章，分别介绍大连的工业、再就业、对外开放、开发区、保税区、出口加工区、国际物流园以及金石滩旅游度假区等，引人瞩目的是，两个企业——冰山集团和獐子岛渔业集团股份有限公司也名列其中，与前面的开发区等相提并论。更让人惊讶的是26份"采访参考材料"，从新船重工、大显集团，再到浦金钢板、佳能办公设备，从实德足球俱乐部到市民健身中心，从大连理工大学、东北财经大学到24中、20高中，再到东北路小学、枫叶国际学校，从和平广场购物世界到大商集团……里面不分国企、民营还是合资、独资，不论工业、农业、商业还是教育、体育，不论高校、高中、初中还是小学，能代表大连的、能反映大连的成就的、大连想扶强做大的，一概收进。每篇材料都用中英双语进行介绍，地址、联系人、联系电话、传真等联系方式一应俱全。几个相关酒店的大堂里，都设有宣传架，上面摆有宣传大连、宣传中国的资料，客人坐在沙发上，顺手就可拿来翻阅。

④ 电话推销，即利用电话这种现代通信工具向目标客户进行推销。该方式省时、推销范围广，但不能单独用于复杂的推销。

⑤ 信函推销，即通过名片、书信、便笺、订单及邮寄商品目录等书面形式与客户进行推销。该方式的费用相对较低，但必须与其他方式并用才能有突出效果。

⑥ 陪购推销，即在固定营业场所设导购员，为客户介绍商品、充当参谋、提供服务。该方式的针对性强、效果明显，但成本较高。

（3）人员推销的策略

① "刺激—反应"策略，即推销人员在事先不十分了解客户需要的情况下利用一系列刺激性较强的方法试探并引发客户的购买行为的推销策略。

【引例1-3】 韩国的青春励志片《大长今》热播一时，长今的坚韧、从容和微笑给人留下了非常深刻的印象。其中有这样一段情节，韩尚宫每天让长今打一碗水，长今打了很多天水却总不能让韩尚宫满意，终于有一天长今问韩尚宫："您肚子疼吗？""不疼。""您有没有觉得喉咙不舒服？""我的喉咙本就不怎么好。"韩尚宫说完，长今就端来了一碗加了盐的温水，并请韩尚宫像喝茶似的慢慢饮用。

② "配方—成交"策略，即推销人员在基本了解客户有关需求的前提下，利用事先设计好的针对性较强的说服方法促使客户产生购买行为的推销策略。

【引例1-4】 第二次世界大战时，美国军方推出一个险种，每个士兵每月交10美元后，如果在战场上牺牲了，将会得到1万美元。但是保险出来后，却没有一个士兵去购买，大家的心理其实也很简单，在战场上连命都没有了，买保险又有什么用呢，10美元还不如买两瓶酒呢！正在这时，一个老兵站了出来主动要去销售保险，结果全团纷纷投保，团长很意外，问这个老兵究竟用了什么办法使大家都投了保，老兵说："没有什么，我只是让他们想想，一旦开战，国家会派哪种士兵去前线，保了险的，还是没保险的？"

③ "诱发—满足"策略，即推销人员运用较高的推销技术唤起客户潜在需求，激起客户的购买动机并说明推销品能满足其需要，从而使客户产生购买行为的"创造销售"的推销策略。

【引例1-5】 一天，一位老太太到菜市场买水果。她来到第一个小贩的水果摊前问道："这李子怎么样？""我的李子又大又甜，特别好吃。"小贩回答道。老太太摇了摇头没有买。她向另外一个小贩走去："你的李子好吃吗？""我这里是李子专卖，各种各样的李子都有。您要什么样的李子？""我要买酸一点儿的。""我这篮李子酸得咬一口就流口水，您要多少？""来一斤吧。"老太太买完李子继续在市场中逛，又看到一个小贩的摊上也有李子，又大又圆非常抢眼，便问水果摊后的小贩："你的李子多少钱一斤？""您问哪种李子？""我要酸一点儿的。""别人买李子都要又大又甜的，您为什么要酸的李子呢？""我儿媳妇要生孩子了，想吃酸的。""老太太，您对儿媳妇真体贴，她想吃酸的，说明她一定能给您生个大胖孙子。您要多少？""我再来一斤吧。"

老太太被小贩说得很高兴，便又买了一斤。小贩一边称李子一边继续问："您知道孕妇最需要什么营养吗？""不知道。""孕妇特别需要补充维生素。您知道哪种水果含维生素吗？""不清楚。""猕猴桃含有多种维生素，特别适合孕妇。您要给您的儿媳妇天天吃猕猴桃，她一高兴，说不定能一下给您生出一对双胞胎呢。""是吗？好啊，那我就再来一斤猕猴桃。""您人真好，谁摊上您这样的婆婆，一定有福气。"小贩开始给老太太称猕猴桃，嘴里也不闲着："我每天都在这儿摆摊，水果都是当天从批发市场找新鲜的批发来的，您的儿媳妇要是吃好了，您再来。""行。"老太太被小贩说得高兴，提了水果边付账边应承着。

2．间接推销方式

间接推销方式即通常所说的非人员推销方式，是指通过传播媒介向客户宣传商品，说服和吸引客户购买商品的一种拉式推销方式。该方式具有信息传递快、范围广、影响面大等特点，其具体形式有广告推销、营业推广推销、公共关系推销、企业形象推销和网络推销等。

（1）广告推销

① 广告推销的含义与作用

广告推销是指利用不同媒体向目标客户传播企业及商品信息，诱发客户需求，扩大销售的一种宣传推销方式。该方式作为企业或推销人员向目标客户传递有说服力信息的主要手段之一，是企业推销活动中使用频率较高、最能吸引客户并影响其购买决定的宣传方式。

广告推销的特点是：信息传递速度快、传播面广、接收者人数多、每次接触客户的单位费用较少、单向信息传递，与人员推销方式相比针对性较差。

② 广告推销的形式

广告推销的形式有多种多样，按照广告推销的目的和内容划分，可分为以下三种。

a．商品广告推销，即以推销商品为目的，向目标客户介绍本企业商品的特性及在服务方面的内容，以提高商品的知名度，说服客户采取购买行动的信息传播活动，如传播产品的名称、商标、主要功能与特点、价格、销售渠道等。商品广告推销具体又可分为倡导性广告推销、竞争性广告推销和提示性广告推销等类型。

b．企业广告推销，即以提高企业的知名度和信誉为目的，加强与广大消费者的沟通，树立企业在消费者心目中的可信任形象，最终售出商品的信息传播活动，如介绍企业名称、历史、规模、经营思想与观念、服务宗旨、先进设备及企业文化等。

c．综合性广告推销，即同时以企业广告推销和商品广告推销为内容的综合性信息传播活动。

③ 广告推销中的媒体选择

广告推销是依赖各种各样的传播媒体向目标市场传递信息的，因此，在推销活动中，企业及推销人员经常运用的广告媒体有三大类：一是视觉媒体，如报纸、杂志、邮寄信函、简报、传单、张贴画、日历、户外广告、橱窗陈列、交通广告以及实物等；二是听觉媒体，如电台广播、宣传车、录音以及电话等；三是视听两用媒体，如电视、电影、计算机网络以及其他表演形式等。受多种因素的影响，不同广告媒体在广告推销活动中传递信息的方式、速度、范围、费用及传递效果等均有所不同。

（2）营业推广推销

① 营业推广推销的含义与特点

营业推广推销是指在一个较大的目标市场中，运用各种短期诱因刺激客户需求使其能够迅速产生购买行为的一系列推销活动。营业推广推销直接围绕提高销售额而进行，目的是鼓励客户尽快购买和达到最大交易量，是现代推销活动中一种极为活跃和重要的推销方式。营业推广推销方式的主要特点有以下几方面。

a. 刺激性，常以让利、优待等手段刺激目标客户产生强烈的需求，采取购买行动。

b. 针对性，即针对企业的销售难题、产品积压、缺乏影响等展开。

c. 时效性，历时短暂，在影响期内能较快见效，但影响也会很快消失。

d. 自损性，容易贬低身价，损害自身形象，诱发客户的怀疑心理。

e. 非经常性，该方式多以让利为代价，推广费用较高，同时为避免客户对其真实性产生怀疑，同一种推广方式不宜连续经常使用。

上述特点使营业推广推销方式成为能有效地加速产品进入和占领市场的过程，抵御和击败竞争者的促销活动，有效地刺激客户购买，增强企业吸引力，密切企业内外的协作关系，影响中间商的营销活动。但在具体运用时应对营业推广在推销的时机判断、刺激强度、时间长短等精心策划，避免产生副作用。

② 营业推广推销的形式和类别

按照推广对象划分，营业推广推销形式主要有以下几类。

对消费者的营业推广推销方式，其目的是鼓励现有消费者大量重复购买、吸引新客户试用、争夺其他品牌的客户等，具体方式如赠送样品、有奖销售、折扣销售、特种价格促销、以旧换新、各种优惠券、附赠销售、消费信用、演示促销以及展销会等。

对中间商的营业推广推销方式，其目的是鼓励中间商大量进货、增加季节性的商品储存、争取建立固定产销业务关系等，如折扣销售、业务会议、免费货品、竞赛、推销奖励、红利提成，商业信用、经销津贴、POP广告以及展销等。

对推销人员的营业推广推销方式，其目的是鼓励推销人员大力推销新产品、开拓市场、推销积压品等，如物质奖励、精神奖励、推销竞赛、红利提成以及销售集会等。

对制造商的营业推广推销方式，其目的是告知制造商采购本企业产品能为其带来的实际利益，即价值增值作用，如展销、业务会议、折扣销售、赠品销售、红利提成以及特殊服务等。

（3）公共关系推销

① 公共关系推销的含义与特点

公共关系推销是指企业或推销人员遵循共同利益原则，以非付款的方式通过第三者在各种传播媒体上宣传自身及推销品，建立和保持良好公众形象的双向沟通的活动方式。与前两种推销方式相比，公共关系推销更注重企业的长期销售目标。公共关系推销方式具有以下特点。

a. 具有新闻价值，好的新闻报道会引起良好的社会反响，提高企业的知名度和美誉度，促使消费者产生有利于企业的购买行为。

b. 可信程度高，由第三者进行的宣传报道，比自我宣传的可信程度要高得多。

c. 激励员工士气，良好的公共关系能够激励企业的员工及经销商的士气，使其能不断开拓市场，扩大销售。

d. 节省开支。开展公共关系推销虽然也需要一定的费用，但成本要比广告推销及其他推销方式低得多。

② 公共关系推销的形式

企业常用的公共关系推销形式有以下几种。

a. 宣传性公共关系推销，即综合运用各种传播方式介绍企业信息，潜移默化地树立良好形象，具体形式有宣传报道、赠送宣传品、记者招待会、学术讨论会、免费招待参观、周年纪念活动、庆功表彰仪式以及游行宣传等。

b. 交际性公共关系推销，即通过各种形式的直接接触和通信联系联络企业与公众的感情，加深公众对企业的印象，具体形式有座谈会、招待会、茶话会、联欢会、舞会、工作餐、参观企业以及电话书信联系等。

c. 服务性公共关系推销，即通过各种服务手段来改善企业与公众的关系，树立企业的信誉，招揽客户，具体形式有提供售前、售中、售后等多种销售服务，进行消费指导，宣传介绍有关商品知识，完善现有服务方式以及新增服务项目等。

d. 社会性公共关系推销，即通过举办和参加各种社会性、公益性活动来提高企业的社会声誉，塑造企业的良好社会形象，具体形式有各种形式的社会赞助、各种传统节日的纪念会以及庆典等。

e. 征询性公共关系推销，即通过了解公众要求，收集舆论反应等为企业的决策提供依据，使企业的活动能顺应公众的要求和市场的发展趋势，具体形式有市场调查、民意测验、重点客户访问、征名活动、设立接待机构以及处理投诉等。

（4）企业形象推销

① 企业形象推销的含义及作用

企业形象推销是指通过塑造企业的良好形象来赢得客户的信任和喜爱，以此吸引更多的客户选择本企业的产品的宣传推销方式。企业形象推销作为现代市场营销活动中最高层次的推销方式正被越来越多的商家所重视，该方式首先推销企业形象、再推销产品的战略思想出发，具有如下作用。

a. 联想作用，好的企业形象能使客户产生美好联想，形成对企业及其产品的良好整体印象和评价。

b. 心理满足作用，产品的客观质量和主观质量影响着客户购买产品后的满足感，企业及其产品的良好形象能使客户产生良好主观质量的心理满足，并使客户正确地评价产品的客观质量。

c. 指示作用，客户在做出购买决策时的一个重要依据是企业及其产品的知名度、信用度和美誉度，良好的企业形象会诱导客户做出认牌购买的重要决定。

② 企业形象推销的内容

企业形象推销包括如下内容。

a. 产品形象推销，即通过产品的品种、规格、内在质量、外观设计、商标和包装等给客户留下深刻的印象，用过硬的产品吸引客户来购买，是企业形象推销的基础。

b. 职工形象推销，即通过全体职工的精神面貌、文化水平、工作能力和仪表举止等给客户留下良好的印象，从而推动产品的销售。

c. 服务形象推销，即通过企业的服务项目、方式、技能水准和态度等给客户留下良好的印象以推动产品的销售。

d. 环境形象推销，即通过企业的建筑物、内部格局设计、外部装潢和环境等给客户留下良好的印象以推动产品的销售。

e. 企业风格推销，即通过企业的行为特色、精神风貌、价值取向、目标追求、经营宗旨、管理方式和机构设置等有别于其他企业的个性特征给客户留下良好的印象以推动产品的销售。

（5）网络推销

网络推销是指企业或推销人员使用因特网或其他网络向消费者和用户提供销售服务的

一种现代化交易方式。网络推销诞生于 20 世纪 60 年代，但直到 20 世纪 90 年代才伴随着计算机的广泛运用、因特网的日趋成熟、信用卡的普及应用、电子安全交易协定的制订及各国政府的大力支持与积极推动才在世界范围内迅速发展起来。网络推销方式具有以下特点。

a．书写电子化、传递数据化，即尽可能地采用电子单据、电子传递，无论企业身在何处均可与世界各地的消费者和用户进行交流、订货、交易，跨越了地域限制，方便、随意、快捷。

b．无店面租金成本，规模不受场地限制，网络推销只需一台联在网络上的网络服务器，或租用网络服务器的部分空间即可，节省了传统店面的昂贵地价成本，而且经营者在"店铺"中摆放产品的数量几乎不受任何限制，电子商务系统均能满足其经营能力的需要。

c．无库存压力、行销成本低，经营良好的网络推销，不需承担任何库存压力，同时其"货架"上的产品又是广告宣传的样品，不需要再负担促销广告费用，并且还可以利用服务器将多媒体化的产品信息动态储存起来，既可主动散发，又可随时接受需求者的查询。

d．便于收集客户信息，服务器在收到客户订单后，就会自动将客户信息汇集到客户数据库中，以便将来用于产品销售，还可以对收集的客户意见进行分析，寻找突破点，引导新产品的生产、销售和消费。

e．支付手段高度电子化，目前，信用卡、电子现金、智能卡等支付形式已被越来越多的网上购物者认可。产品、服务推荐给消费者，使消费者在网络上做出购买决定，完成货币支付，等待送货上门是最关键的环节。因为只有完成交易，产品及服务的价值才真正实现，企业才有生存的基础。

1.1.4　推销的特点

与其他销售方式和促销手段相比，推销具有以下四个主要特征。了解推销的这些特征，不仅有助于理解推销的内涵，而且有助于推销人员更好地掌握推销的基本原则和方法。

1．推销行为的主动性

大多数销售方式如批发、零售等，都是以潜在客户主动前来购买为主要特征的。虽然卖方也采用广告宣传等手段吸引客户，但是，买卖双方的实际联系能否建立、卖方能否获得销售机会，则主要取决于客户的行为。在这些销售方式中，买卖双方的联系实际上是由买方主动建立的。而推销不同于坐店经商、等客户上门的经营方式，它是一种主动把产品或服务介绍给潜在客户的销售方式。

推销行为的主动性贯穿于推销活动的全过程。在推销活动开始前，推销人员必须主动寻找到合适的推销对象并与之建立联系；推销活动开始后，推销人员又必须主动了解潜在客户的实际情况，运用行之有效的推销策略和方法，逐渐促使客户产生购买欲望；而在推销的最后阶段，推销人员还必须主动地把握时机使客户的潜在购买欲望转化为实际的购买行动，并最终获得满足。即使是在推销结束后，优秀的推销人员还应想到主动地去创造更多的机会（例如，请购买者代为宣传该产品），扩大推销的范围。可以说，没有推销人员的积极主动，就不可能获得销售机会；没有推销人员在推销过程中的主动行为，也不可能保证推销的顺利进行。

2．推销对象的多样性

推销对象即推销人员为销售产品而接触的客户，包括已经、正在或可能购买产品的任何个人或组织。所谓推销对象的多样性，首先是指推销对象的范围和构成不是固定不变的，而是不断变化的；其次是指不同推销对象之间在很多方面存在着差异，具有不同的特征。

推销对象的范围和构成之所以不断变化，是由多种因素决定的。第一，追求市场的最大化是任何企业都具有的本能，是企业生存和发展的必然要求。只要有可能，企业就会千方百计地为其产品寻找更多的购买者，以便获得更大的销售量和更丰厚的利润。第二，企业为了适应市场的变化会经常调整产品的品种和结构、开发新产品，新产品的出现可能意味着推销对象的全部或部分改变。第三，就推销人员个人因素而言，一方面，出于物质或精神的动机，在保持老客户的同时总是需要不断地挖掘新客户；另一方面，推销产品的改变往往也意味着推销对象的改变。第四，从理论上讲，任何产品都有潜在客户，任何组织和个人都可能成为推销对象。需求的广泛存在，为潜在客户范围的扩大提供了可能性。总之，在不同时期内，推销人员所面对的推销对象是不断变化的。而在同一时期，推销员所面对的推销对象又是各不相同的。

推销对象的多样性要求推销人员必须具备较高的素质和能力，如观察能力、判断能力、适应能力和应变能力等，必须充分了解推销对象的情况并以此为依据确定适宜的具体的推销对象，制订有针对性的推销策略和技巧，从而取得推销的最终成功。

【引例1-6】　十几年前的一天，南太平洋的一个岛上来了两个分别属于英国和美国的皮鞋推销员。他们分头在岛上跑了一圈，第二天各自给企业发了电报。英国推销员的电文是："此岛无人穿鞋，我于明日回国。"美国推销员的电文是："此岛无人穿鞋，我将驻留此地。"第三天，英国推销员坐飞机回国了。美国推销员则"画"了一幅巨大的画竖立在沙滩上，画面上是当地模样的壮汉，脚穿着皮鞋，肩扛着虎、狼、鹿等猎物，煞是威武。当地土著看了广告画后，纷纷打听哪里能弄到壮汉脚上穿的东西。当年，美国推销员所在的那家鞋厂在当地开辟了新市场，销量增加了17%；英国推销员所在的那家鞋厂却倒闭了。

3．推销过程具有互动性

推销不仅是一个产品的转移过程，同时还是一个人与人的沟通过程，互动性是推销活动中最显著的特征。在推销过程中，一方面，推销人员向客户提供有关的产品信息（产品质量、数量、功能、用途、价格等）、市场信息（供求、竞争等）以及服务信息（咨询、策划、技术等），促使客户采取购买行动；另一方面，客户也通过自己的行为和语言等向企业传递新的信息（如建议改进产品或包装等），为企业做出正确的经营决策提供依据。买卖双方就是通过这样连续不断的信息传递相互影响、相互适应的。

由于推销人员与客户在推销活动中始终保持着面对面的直接接触，双方的信息是直接沟通的，而不像广告宣传那样借助报纸、广播、电视等中间媒介传递信息。这样，信息的接受者可以立即做出反应，信息的发布者则可以根据反馈的信息立即调整和改变自己的行为。对通过广告传来的信息，目标客户可能不会做出反应或不立即做出反应，而对来自推销人员的信息，客户通常则必须给予注意并立即做出反应。

4．推销目的具有双重性

推销活动是由推销人员和客户共同参与完成的，但双方通过这个过程所要达到的目的是不同的。推销人员总是希望以尽可能有利于卖方的条件销售产品，实现产品的价值；客户则希望以尽可能有利于买方的条件，满足其需求。只有双方的目的都得到实现，推销活动才会顺利完成。

推销目的的双重性来源于产品交换活动本身所固有的矛盾：推销人员要实现产品的价值，就必须出让其使用价值；客户要获得产品的使用价值，就必须支付相应的价值。可见，参加产品交换活动的双方有着不同的目的。目的的不同导致利益追求和行为观点的不同。对推销人员来说，要顺利完成推销活动，必须首先认识到产生这种差异是十分正常的，推销就是逐渐缩小差异、努力求得一致的过程；其次，必须在推销活动中要充分考虑客户的利益追求、设法帮助客户解决"问题"。

强调客户利益，当然不是要求推销人员单方面做出让步。在推销活动中不仅有合作，也有竞争，在合作的前提下，买卖双方完全可能展开激烈的竞争，买卖双方总是首先考虑自己的利益，在维持己方利益的前提下，才会考虑对方的利益。双方都时刻提防着对方可能损人利己的任何苗头，尤其在互不了解的情况下，双方都不会轻易做出让步。但无论竞争多么激烈，交易总是在互相妥协中达成的，优秀的推销人员都能够在适当的时机以适当的方式做出妥协，并引导对方也采取相应的步骤，从而把推销活动引向成功。

1.1.5　推销的原则

推销的基本原则，是基于对推销规律的认识，所概括出来的进行推销活动的依据和规则。推销人员掌握了正确的推销原则，可以使推销活动有所遵从，减少推销失误，提高推销的成效，增强推销人员按照客观规律办事的自觉性。推销的基本原则主要有下列几条。

1．互利互惠的原则

所谓互利互惠的原则，就是推销人员要保证交易能为双方都带来利益和好处，并且这种利益和好处要大于付出或弊端。互利互惠原则强调买卖双方在交易过程中都要获得利益和好处。如果交易只对一方有利，而另一方无利甚至有失，或者说交易给双方都带来了一定的利益，但某一方的后果却是弊大于利，这样的交易都是不符合互利互惠原则的。推销人员应该保证买卖双方的付出与所得相当或所得大于所失。

例如，现今社会上一些不法分子生产、销售假冒伪劣产品，欺骗消费者。这种交易不仅给消费者造成了经济上的损失，而且还会带来更大的灾难。暂不论其违法，从推销角度讲，根本是违反了互利互惠原则。掌握互利互惠原则的意义有以下几方面。

（1）互利互惠是买卖双方达成交易的基础

在商品交易中，买卖双方的目的是非常明确的。双方共同的利益和好处是交易的支撑点，只有在双方都感受到这种利益的同时，才有可能自觉地去实现交易。所以说，互利互惠是双方达成交易的基础。

（2）互利互惠能增强推销人员的工作信心

因为社会的成见，推销人员或多或少地有一种共同的心理障碍——对自己的工作信心不足，总是担忧客户可能对他的态度，怕留给客户唯利是图、欺骗、剥削的印象。产生这种心态的重要原因在于推销人员或是没有遵循互利互惠原则，或是没有认识到交易的互利互惠性。如果推销人员能够认识到，由于自己的劳动，客户虽然付出了金钱，却在自己的指导下获得了一份美好的生活，这从某种意义来说，推销人员是客户生活的导师。如此有意义的工作，获得利润和报酬是理所当然的。认识到这一点，推销人员会对自己、对工作更充满信心。

（3）互利互惠能形成良好的交易气氛

由于买卖双方各自的立场和利益不同，双方的对立情绪总是存在的。其实，客户对推销人员的敌对情绪，是因为不能确知自己将会获得的利益。所以，推销人员要以稳定、乐观的情绪，耐心细致的态度，把所认识到的交易能为客户带来的利益告知对方。正确认识交易中的互利互惠，有利于建立良好的交易气氛。

（4）互利互惠有利于业务的发展

互利互惠的交易不但能使新客户发展成为老客户，长久地保持业务关系，而且客户还会不断地以自己的影响给推销人员带来新的客户，使推销人员的业务日益发展，事业蒸蒸日上。这一切，都基于推销人员对交易的互利互惠的认识。

互利互惠是产品交换的一项基本原则，但在具体执行中，却没有明确的利益分割点。双方利益的分配，也并非是简单的一分为二。优秀的推销人员总能够使客户需求获得最大满足，又能使自己获得最大的利益。因而推销人员和客户的利益并不是互相矛盾、互相对立的。

2．推销使用价值观念的原则

使用价值观念，是客户对产品有用性的认识。推销人员与其说是在推销产品，不如说是在推销产品的有用性。客户总是基于对产品有用性的认识来实施购买行为。但是面对层出不穷的新产品，客户对产品有用性的认识是有限的，或者说要有一个过程。又由于生活方式和生产观念的不同，对同一种商品的同一种使用价值，客户也会有不同的认识。推销使用价值观念的原则，就是在推销产品时，推销人员要利用或改变客户原有的观念体系，想方设法使客户形成对商品使用价值的正确认识，以达到说明和帮助客户购买商品的目的。具体地说，推销使用价值观念原则的意义主要有以下几方面。

（1）具有使用价值观念，才能最终决定购买

决定客户最终购买的，一是购买力，二是对产品有用性的认识。随着社会的发展，人们收入的提高，对产品的购买力越来越强。许多时候，人们对产品持观望态度，迟迟不实施其购买行为，就是因为对产品的有用性认识不足，也就是没有形成正确的使用价值观念。所以，推销人员首先应该帮助客户形成对产品有用性的正确认识，或是缩短这个认识过程。

（2）使用价值观念是购后评价的标准

客户的购后评价是客户需求满足程度的反映。对推销人员而言，良好的售后评价能带来回头客及更多的新客户；不良的购后评价，将使推销人员失去这个客户，并影响到新客户的发展。

（3）使用价值观念需要推销

就推销而言，正确的使用价值观念很是重要。但客户往往由于各种原因不能形成正确的使用价值观念。例如，对大量涌现的新产品不熟悉、不了解，对自己许多方面的需要不了解，或者没有把自己的需要与产品联系起来等种种的原因，导致了客户不能认识到产品的有用性。这就需要推销人员去帮助客户正确认识产品的使用价值，认识自己的需要，并把两者密切地联系起来。所以说，使用价值观念需要推销。

3．人际关系开路的原则

人际关系开路的原则，是指推销人员在推销产品时，必须建立和谐的人际关系。买卖双方的关系是一种经济利益的交换关系，是人际关系的一种。推销人员建立广泛而良好的人际关系，可为形成更多的买卖关系打下基础。掌握人际关系开路原则的意义有如下几方面。

（1）和谐的人际关系导致信任和理解

不同的人际关系，联系的疏密程度是不一样的。在推销活动中，推销人员与某一特定客户的关系是偶然的、临时的、短暂和不稳定的。这种人际关系的相容度较低，一些细枝末节都会导致争执和冲突。和谐的人际关系能缩短推销人员与客户之间的心理距离，摆脱对推销人员不利的心理定势，使推销关系一开始便建立在较为密切的人际关系的基础之上，能导致客户对推销人员的理解和信任。即便是出现一些令人尴尬的事，如产品的质量不能尽如人意，或以另外渠道获知更低的价格信息等，客户也会尽量替自己熟悉的推销人员开脱，避免将责任归咎于推销人员。

（2）和谐的人际关系能导致信息的畅通和业务的发展

推销是一个信息沟通的过程。信息的畅通，对于业务的发展是非常重要的。人是生活在社会中的，人的购买行为无不例外地受到家人、亲友、同事、朋友、邻居的影响。一个客户受到良好的服务，买到称心的产品，必定会将信息传播给周围的人群。而下一个有着同样感觉的客户又会将信息传递给他周围的人群。如此生生不息，只要推销人员的服务和产品总是令人满意，那么业务便会不断地发展。

4. 尊重客户的原则

尊重客户的原则，是指推销人员在推销活动中要敬重客户的人格，重视客户的利益。社会发展到今天，人们对基本生活需求的满足已不是一件困难的事，需求的层次在不断提高。人们越来越重视自我价值的实现，希望自己能得到社会的承认和他人的尊重。即使是在购买产品的交易中，他首先需要的也是交易对方的尊重。通俗地说，客户会要求推销人员对自己在人格、身份、地位、各方面的能力、权力和成就以及兴趣、爱好等方面给予尊重。掌握尊重客户的原则，其意义有如下三点。

（1）有利于建立良好的人际关系，消除隔阂

当客户在推销人员那里首先获得被尊重的感觉时，通常对推销人员产生的疑虑和不信任感就会很容易消失。因此，缩短了双方心理上的距离，形成良好的人际关系，为推销的顺利进行打下了基础。

（2）可以优化交易气氛

对客户不尊重，只会引起客户为维护自己的尊严而产生激烈的反应。这种情况对推销是极为不利的。而尊重客户，能够化解客户原有的疑虑和偏见，优化交易气氛。

（3）可以得到客户的回报

当客户受到推销人员的尊重，心理需求得到了满足后，他会对推销人员抱有感激之情。这种感激之情会使他以一定的行为来表示回报，如重复购买产品，推荐、介绍新的客户等。而这正是推销人员所需要的。

所以，对推销人员来说，学会赞美和奉承，善于换位思考，从客户的立场、角度出发来考虑问题，充分理解客户、尊重客户，是一件非常重要的事。

1.1.6 推销的作用

1. 推销对社会的作用

（1）推销是社会经济发展的一个重要动力

社会再生产过程可以划分为生产、分配、流通与消费四个环节。其中，生产是基础与起点，消费是终点与目的，流通是连接生产与消费的纽带。只有借助推销的努力，产品才有实现流通的可能。通过流通，产品才能实现价值与使用价值的统一，社会再生产才能实现不间断地运行。包括推销在内的流通环节，是实现社会再生产良性循环不可缺少的一环，也是经济运行列车上的一个巨轮，加快产品的销售，可以促进社会的消费、促进企业的生产、加快社会的进步。

（2）推销是创造和实现效用的主要途径

市场供给与需求是市场经济条件下的一对主要矛盾，而推销是同时协调供给与需求两个方面的主要途径，推销使供给与需求不断趋于新的平衡。通过大量推销人员的推销活动，把产品推销给需要它们的客户，使客户在他们需要的时间、地点，以他们需要的形式与代价获

得他们需要的产品；同时，推销把市场需求信息及时反馈给企业，使企业能及时生产出消费者需要的产品。

（3）推销是促进社会繁荣进步的主要手段

供求矛盾也是影响社会发展与经济繁荣的主要因素。通过推销人员的努力，可以激起客户的购买欲望和促成客户的购买行为，增加社会的总需求；同时，推销人员把客户的需求信息及时反馈给企业，引导企业改进生产经营活动，使资源得到合理的配置与使用，使供给在更高、更新的水平上与需求趋于平衡，增加社会的总供给；推销使劳动者的价值和需求都得到实现，进而促使劳动者以更大的积极性投入再生产之中；因此，推销满足了人们的需求，创造了更多的再就业机会，促成了社会生产的良性循环，促进了社会的繁荣与经济的发展。

2．推销对企业的作用

在市场经济条件下，作为市场经济主体之一的企业，其全部生存与发展的希望在于产品能否实现市场交换。因为在市场经济的"汪洋大海"中，如果不能实现企业产品与货币的市场交换，最后"淹死"的只能是企业。从这个角度看，推销对于企业的作用有以下几点。

（1）企业生产劳动价值得以实现的主要出路

在市场经济条件下，任何人的劳动成果都是在市场交换中以价格的形式获得承认和实现的。企业的生产过程是一个投入与耗费的过程，也是一个物资和功能转换的过程。在转换中，企业获得了新的潜在价值，但是只有通过销售才可以获得收入。没有销售或者销售失败，没有推销人员对客户的促进或者促进失败，企业就无法实现产品与货币的交换，企业的投入和耗费就无法补偿，企业的生产价值就要等于负数；销售是企业实现生产价值的唯一形式与渠道，对所有客户的推销是企业生产劳动价值得以直接实现的主要出路，促进、鼓励与说服客户对企业产品实施购买是推销的基本功能。因此可以说，客户是企业的衣食父母，而推销人员则是企业内其他员工的衣食父母。因为，只有推销人员的成功推销，才使企业内员工的生产劳动价值得以实现，才有了企业的生存和人员就业的可能。

（2）推销是增强企业市场竞争力的主要体现

企业竞争的主战场在市场，市场是企业优劣高低的评判者，企业之间的竞争最终表现在市场上产品销售之间的竞争。缺乏有力的销售措施、缺乏有效的企业销售策略、缺乏一支强有力的推销人员队伍，是不少企业陷入困境的主要原因之一。有足够的销售额、有足够的市场占有率、有高素质的推销人员队伍，是企业竞争力与企业应变力的主要表现，是企业立于不败之地的必备条件。随着市场经济的发展，推销人员在企业内将占有越来越高的比例，人才是企业竞争力的根本因素，一个高素质的推销队伍是企业竞争力的主要组成部分，提高推销人员的素质可以有效地、整体地提高企业竞争力。

3．推销对个人的作用

（1）推销是发挥个人潜能的最好职业之一

由于推销工作对社会和对企业的贡献，社会给予推销人员很高的评价和回报。在一些企业中，推销人员的工资可能会比总经理，甚至比总裁还要高。国际驰名的玛丽化妆品公司，除了给予推销人员极高的工资外，还给那些优秀的推销人员配备了统一的、红色的名牌轿车，使社会人士可以一下子认出该公司的推销人员。在公司的庆祝会上，总是安排隆重的推销人员入场形式，推销人员一出现，立即引起羡慕和崇拜。那些没有任何家庭和社会背景的人，通过推销工作实现了个人的理想，已经是有目共睹的事实了。推销工作的艰辛和高回报，使推销工作成为能够发挥人们潜能最好的职业之一。

（2）推销工作的挑战性能给人以最大的锻炼

推销工作是磨炼人的意志与情操的最好方式之一。推销工作不像其他工作那样刻板。推销总是面对新人、新事和新问题，推销工作又是以他人的行为作为工作效果的总结与体现。推销的效果不仅以推销人员的努力为转移，而且以客户的情况及反应为转移；而推销人员大多是单独行动，经常是一个人去解决一些处于变化与未知中的难题；推销人员在工作中遇到的困难、被拒绝与失败的次数，大概是所有工作中最多和最经常的情况。有人说，推销业绩与推销人员失败的次数是成正比的。所以说，推销工作最能够锻炼人。

（3）推销是走向事业成功的最好途径

市场经济的历史证明了这样一个规律：推销生涯为很多人的成功，准备了必不可少的条件，推销成了企业家的摇篮。因为推销人员在推销活动过程中，总是面对不断变化的市场和竞争对手的挑战，面对各种各样的客户和需求，面对客户琢磨不透的购买动机和行为特点，总是不断地了解人的情感，不断地发现与协调各种矛盾与关系，并且探讨影响上述问题发生变化的因素。所有这些，都为推销人员了解市场、了解消费者、了解市场经济发展规律、了解产品交换过程中的众生百态与人情世故，了解所有这些所反映的社会文化和其他深层次的原因等，提供了很好的机会与难得的经历。因此，市场经济越发达，由推销而走向成功的人就越多。

1.1.7 推销方格理论

由于推销人员与客户的立场不同，看问题的角度各异，因而对推销会产生不同的认识，对彼此的关系也会有不同的看法。这些不同的认识和看法，直接影响到推销的效果。因此，要做好推销工作，必须了解推销人员及客户对推销活动的态度。

推销方格理论是美国管理学家布莱克教授和蒙顿教授在他们曾经提出的"管理方格理论"的基础上，着重研究了推销人员与客户的关系和买卖心态后，进而提出的一种新的方格理论。该理论是管理方格理论在推销领域中的运用，在西方被誉为推销学理论的一大突破。推销方格理论分为推销方格和客户方格两部分。推销方格研究推销活动中推销人员的心理活动状态；客户方格则研究客户在推销活动中的心理活动状态。

推销方格理论可以帮助推销人员更清楚地认识到自己的推销心态，看到自己在推销工作中存在的问题，进一步培养自己的推销能力。推销方格理论还有助于推销人员更深入地了解自己的推销对象，掌握客户的心理特征，以便有的放矢地开展推销活动。

1. 推销方格理论

（1）推销方格的含义

推销人员在推销活动中要考虑两个目标：一是设法说服客户购买商品，出色地完成推销的任务；二是竭力迎合客户心理，以求与客户建立良好的人际关系。这两个目标的侧重点是不同的，前者的侧重点是"销售"，后者的侧重点是"客户"。推销人员对待这两个目标的态度与关心程度就构成了不同的推销态度，用图将推销人员对上述两个目标的关心程度及形成的态度表现出来，就形成了"推销方格"（见图1-1）。推销方格中显示了由于推销员对"客户"与"销售"关心的不同程度而形成的不同的心理状态。

图1-1中所示的纵坐标表示推销人员对客户的关心程度，横坐标表示推销人员对销售任务的关心程度。横纵坐标各分为九等份，坐标值越大，表示关心的程度越高。每个方格分别代表各种推销人员的不同的推销心理活动状态与态度。推销方格理论形象地描绘出推销人员

对客户的关心程度和对完成推销任务的关心程度的 81 种有机组合，为有效地协调推销活动中推销人员与客户既相互联系又相互制约的关系提供了一个形象而又明晰的框架。

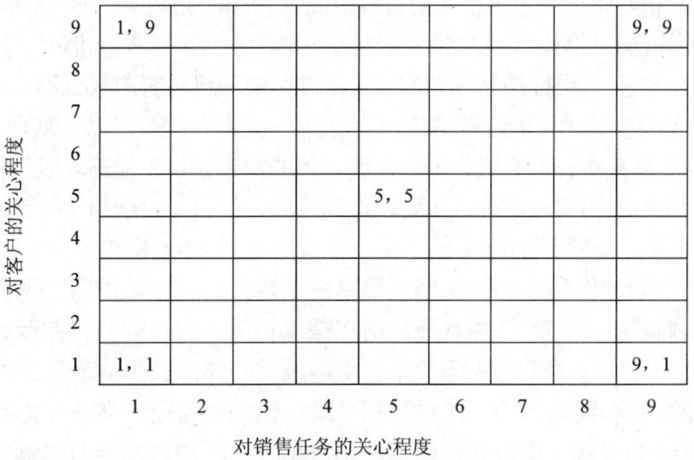

图 1-1 推销方格图

推销人员只有深刻地认识自己和自己推销对象的心理态度，才能正确地把握推销工作的分寸、恰当地处理与客户之间的关系、争取推销工作的主动权、提高自己的推销效率。

（2）推销方格与推销心态类型

① 事不关己型，即推销方格中的（1，1）型

这种类型表明了推销人员既不关心客户，也不关心推销任务。具体表现是：没有明确的工作目标、工作态度冷漠、缺乏必要的责任心和成就感；他们对客户缺乏热情，客户是否购买产品都与己无关，从不做推销调研和总结工作。具有这种心态的推销人员是不合格的推销人员，这样的推销人员的推销成效也最差。他们抱着"要买就卖，不买就拉倒"的无所谓心态，毫无事业心。要改变这种推销心态就必须找出问题的根源，对症下药，对适合做推销工作的人员进行鼓励，调动其积极性；对不称职的推销人员一律进行撤换，以提高推销工作的效率。

② 客户导向型，即推销方格中的（1，9）型

处于这种推销心态的推销人员只关心客户，不关心销售任务。具体表现是：忽视了推销活动是由产品交换与人际关系沟通两方面内容结合的事实，单纯重视并强调人际关系，对客户以诚相待，可能成为客户的良好参谋甚至好朋友，恪守"宁可做不成生意，也决不得罪客户"的信条。这类推销人员重视生意不成仁义在，但忽视推销技巧，不关心或羞于谈起货币与产品的交换。这种心态也不是良好的推销心态，不易取得推销的成功。

③ 强销导向型，即推销方格中的（9，1）型

这种心态与客户导向型的心态正好相反，推销人员只关心销售任务的完成，不关心客户的实际需要和利益。具体表现是：工作热情高，具有强烈的成就感与事业心，以不断提高推销业绩为追求目标；为完成推销任务千方百计地说服客户购买，不惜采用一切手段强行推销，甚至可以败坏职业道德，不择手段地推销产品，但却很少了解客户的需要、分析客户心理。这种心态也是不可取的。这类推销人员虽有积极的工作态度，短期内可能取得较高的推销业绩。但由于他们忽略与客户之间的关系，只是想尽一切办法将商品推销出去，所以不可能与客户建立一种长期的合作关系，严重时还会损害公司及产品的形象，也不是理想的推销人员。

④ 推销技巧导向型，即推销方格中的（5，5）型，也称干练型

这种心态较为折中，推销人员既关心推销任务的完成，又不非常重视推销；既关心客户的满意程度，与客户进行沟通，但不求完全为客户服务，他们注意两者在一定条件下的充分结合。具体表现是：推销心态平衡，工作踏实；对推销环境充分了解，充满信心；注意研究客户心理和积累推销经验，讲究运用推销技巧和艺术；在推销中一旦与客户意见不一致，一般采取妥协的方法，避免矛盾冲突。他们能够非常巧妙地说服一些客户购买产品。从现代推销理论分析，这种心态对推销不求甚解，可能成为一位业绩卓著的推销人员，但却难以创新，不易成为推销专家或在推销工作中取得突破性进展。因此这类推销人员也不是理想的推销人员。

⑤ 解决问题型，即推销方格中的（9，9）型，也称满足需求型

这种心态是理想的推销心态，推销人员将投入全力研究推销技巧，既关心推销效果，又重视最大限度地解决客户困难，注意开拓潜在需求和满足客户需要，在两者结合上保持良好的人际关系，使产品交换关系与人际关系有机地融为一体。其具体表现是：有强烈的事业心和责任感，真诚关心和帮助客户，工作积极主动；他们对自己、客户、推销品、推销环境和客户的需要有充分的了解，积极寻求使客户和推销人员的需求都能得到满足的最佳途径；他们注意研究整个推销过程，追求在最大限度地满足客户的各种需求的同时取得最佳的推销效果。这种类型的推销人员能在帮助客户解决问题的同时完成自己的推销任务。满足客户的真正需要是他们的工作中心，辉煌的推销业绩是他们的目标。这种推销心态才是最佳的推销心态，处于该种心态的推销人员才是最佳的推销人员。

2．客户方格理论

（1）客户方格的含义

推销过程是推销人员与客户互动的过程。在推销活动中，推销人员的推销心态和客户的购买心态都会对对方的心理活动产生一定的影响，从而影响交易行为。因此，推销人员还必须深入研究分析客户的购买心理，有针对性地开展推销活动。

客户在与推销人员接触和购买的过程中，通常会有两个目标：一是希望通过与推销人员进行谈判，讨价还价，力争以较少的投入，获取尽可能大的收益，购买到称心如意的产品；二是希望得到推销人员的诚恳热情而又周到的服务，与推销人员建立良好的人际关系。在这两个目标中，前者注重"购买"，后者注重"关系"。但是不同的客户对这两方面的重视程度是不同的。有的客户可能更注重购买产品本身，而另一些客户则可能更注重推销人员的态度和服务质量。布莱克与蒙顿教授依据客户对这两方面问题的关心程度，建立了客户方格图（见图1-2）。

图1-2中所示的横坐标表示客户对购买的关心程度，纵坐标表示客户对推销人员的关心程度。纵、横坐标从低到高依次划分为9等份，其坐标值都是从1到9逐渐增大，坐标值越大，表示客户对推销人员或购买的关心程度越高。客户方格中的每个方格分别表示客户各种不同类型的购买心态。

客户方格形象地描绘出客户对推销人员及自身购买的关心程度的81种有机组合，客户方格作为研究客户购买行为和心态的理论，对推销人员了解客户的态度，与客户实现最佳的配合，学会如何应付各种不同类型的客户，争取推销工作的主动权，提高推销的效率具有重要的意义。

（2）客户方格与客户心态类型

① 漠不关心型，即客户方格图中的（1，1）型

处于这种购买心态的客户对上述两个目标的关注程度都非常低，既不关心自己与推销人

员的关系，也不关心自己的购买行为和结果。他们当中有些人的购买活动有时是被动和不情愿的，购买决策权并不在自己手中。具体表现是：多数情况下是受人之托来购买，自身利益与购买行为无关，且不愿意承担责任，往往把购买决策权推给别人，而自己愿意做些询问价格、了解情况的事务性工作。对待推销人员的态度是尽量躲避或敷衍了事。这种心态的客户把购买活动视为麻烦，往往是例行公事，对能否成交、成交的条件及推销人员及其所推销的产品等问题都漠不关心。向这种类型的客户推销产品是非常困难的，推销的成功率也相当低。对待这种类型客户，推销人员应先从情感角度主动与客户接触，了解客户的情况，再用丰富的产品知识，结合客户的切身利益引导其产生购买欲望和购买行为。

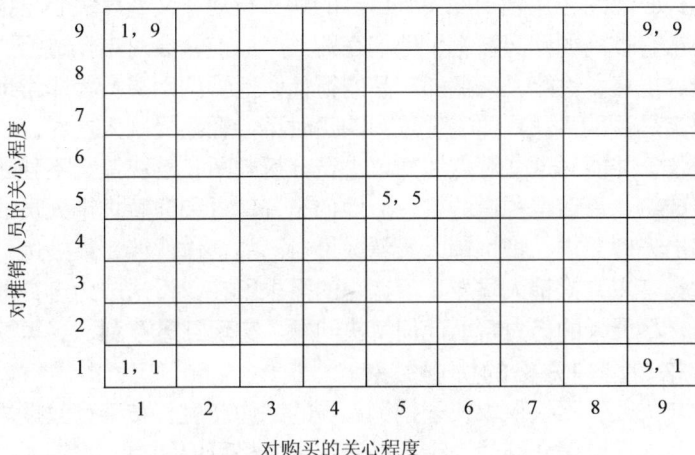

图 1-2　客户方格图

② 软心肠型，即客户方格图中的（1，9）型，也称情感型

处于这种购买心态的客户非常同情推销人员，对于自己的购买行为与目的则不太关心。具体表现是：该类客户往往感情重于理智，对产品本身则考虑不多，容易产生冲动，易被说服和打动；重视与推销人员的关系，重视交易现场的气氛，缺乏必要的产品知识，独立性差等。存在这种心态的客户不能有效地处理人情与交易之间的关系，他们更侧重关心推销人员对他们的态度。只要推销人员对他们热情，表示出好感，便感到盛情难却，即便是一时不太需要或不合算的商品，也可能购买。这种类型的客户在现实生活中并不少见，许多老年人和性格柔弱、羞怯的客户都属于此类客户。因此，推销人员要特别注意感情投资，努力营造良好的交易气氛，以情感人，顺利实现交易的成功。同时，推销人员也应避免利用这类客户的软心肠，损害客户的基本利益。

③ 防卫型，即客户方格图中的（9，1）型，也称购买利益导向型

处于这种购买心态的客户与软心肠型客户的购买心态恰好相反，他们只关注自己的购买行为和个人利益的实现，不关心推销人员，甚至对推销人员抱有敌视态度。他们不信任推销人员，怕吃亏，担心受骗上当，会本能地采取防卫的态度。具体表现是：对推销人员心存戒心、态度冷漠敌对、处处小心谨慎、精打细算、讨价还价、事事提防、绝不让推销人员得到什么好处。这种类型客户一般比较固执，不易被说服。这类客户的生意也比较难做，即使最终成交，企业的赢利也微乎其微。他们拒绝推销人员，并不是对产品没有需要，完全是出于某种心理原因。对待这类客户，推销人员不能操之过急，应首先推销自己，赢得客户对自己

的信任，消除客户的偏见，然后再转向推荐产品。

④ 干练型，即客户方格图中的（5，5）型，也称公正型

处于这种购买心态的客户既关心自己的购买行为，也关心与推销人员的人际关系。具体表现是：乐于听取推销人员的意见，能自主做出购买决策，购买决策客观而慎重。这是一种比较合理的购买心态，具有该种心态的客户一般都很自信，甚至具有较强的虚荣心。他们有自己的主见，不愿轻信别人，更不会受别人的左右。对待这类客户，推销人员应设法用客观事实进行说服，让客户自己去做出判断和决策。

⑤ 寻求答案型，即客户方格中的（9，9）型，也称专家型

处于这类购买心态的客户既高度关心自己的购买行动，又高度关心与推销人员的人际关系。这类客户通常有较高的购买技术，他们在购买产品前，会对市场进行广泛的调查分析，既了解产品质量、规格、性能，又熟知产品的行情，他们的购买行为非常理智，能根据自己的实际需要来决定是否购买。具体表现是：购买时不会轻易受别人左右，十分愿意听取推销人员的观点和建议，并能对这些观点和建议进行分析判断，善决策又不独断专行。这种购买心态的客户是最成熟、最值得称道的客户。他们充分尊重和理解推销人员的工作，不给推销人员出难题或提出无理要求，把推销人员看成是自己的合作伙伴，最终达到买卖双方都满意的目的。对待这类客户，推销人员应了解客户的需求所在，设法成为客户的参谋，主动为客户提供各种服务，尽最大的努力帮助他们解决问题，实现互惠互利，买卖双赢。

3. 推销方格与客户方格的协调关系

推销的成功与失败，不仅仅取决于推销人员的工作态度，布莱克教授总结出了推销方格与客户方格的关系。从前面介绍的推销方格和客户方格可以知道，推销人员与客户的心态有多种多样，在实际推销活动中，任何一种心态的推销人员都可能接触到各种不同心态的客户。那么，推销人员与客户的哪两种心态类型的搭配会实现推销活动的成功呢？

图1-3所示反应了推销方格与客户方格之间的内在联系。图中的"+"表示成功，"-"表示失败，"0"表示推销成败的概率相等。

客户类型 推销类型	1，1	1，9	5，5	9，1	9，9
9，9	+	+	+	+	+
9，1	0	+	+	0	0
5，5	0	+	+	-	0
1，9	-	+	0	-	0
1，1	-	-	-	-	-

图1-3　推销方格与客户方格的搭配图

从搭配图1-3中可以看出，处于（9，9）型心态的推销人员无论于哪种心态类型的客户相遇，都会取得成功的推销。因此，企业要想赢得广阔的市场，就应积极培养具有（9，9）型心态的推销人员。推销人员能否协调好与客户的关系，事关推销的成功与失败，推销人员的推销心态和客户的购买心态共同决定了推销的成败。

从现代推销学的角度看，趋向于（9，9）型的推销心态和购买心态是比较成熟和理想的，推销活动的成功率较高。但这并不是说其他类型的推销心态和购买心态的搭配就不能取得理想的效果。在错综复杂、千变万化的推销活动中，没有哪一种推销心态对所有客户都是有效

的。同样，客户不同的购买心态对推销人员也有不同的要求。因此，成功推销的关键取决于推销心态与购买心态是否吻合。由此可见，推销人员的推销活动能否成功，除了自身的努力以外，还要看客户是否愿意配合、推销人员能否准确地把握客户的购买心态等。如果推销专家遇到一位无论如何也不愿意购买产品的客户，即使他有再高明的推销技巧，也很难成功。相反，如果一位迁就客户型的推销人员遇到一位软心肠型的客户，双方都特别关心对方，尽管推销人员不算优秀，但他依然能够取得推销的成功。

从推销人员的角度来看，推销人员越是趋向于问题解决型，其销售能力也就越高，达成销售的可能性就越大。因此，要成为一位出色的现代推销人员，健康的推销心态是不可缺少的。所以，推销人员应树立正确的推销态度，要加强培训与锻炼，调整与改善自身的推销心态，努力使自己成为一个能够帮助客户解决问题的问题解决型推销人员。

正确把握推销心态与购买心态之间的关系是非常重要的。不同类型的推销人员遇到不同类型的客户，应采取不同的销售策略，揣摩客户的购买心态，并及时调整自己的推销策略与技巧。

1.1.8　推销模式

所谓推销模式就是指推销专家根据推销活动的特点及客户在购买活动中各阶段的心理演变应采取的策略，总结出来的一套程序化的标准推销模式。标准推销模式的产生使推销有了可以依据的理论、步骤与法则，促进了推销效率的提高。推销模式来自于推销实践，具有很强的可操作性，是现代推销理论的重要组成部分。推销模式的种类有很多，这里主要介绍应用最广泛的五种模式，即爱达（AIDA）模式、迪伯达（DIPADA）模式、埃德帕（IDEPA）模式、费比（FABE）模式与吉姆（GEM）模式。

1. 爱达（AIDA）模式

爱达模式是世界著名的推销专家海因兹·姆·戈德曼在《推销技巧——怎样赢得客户》一书中首次总结出来的推销模式，被认为是国际成功的推销模式。"爱达"是 AIDA 四个英文字母的译音，也是四个英文单词的首字母：A 为 Attention，即引起注意；I 为 Interest，即诱发兴趣；D 为 Desire，即刺激欲望；最后一个字母 A 为 Action，即促成购买。其具体含义是指一个成功的推销人员必须把客户的注意力吸引或转变到产品上，使客户对推销人员所推销的产品产生兴趣，这样客户的欲望也就会随之产生，而后再促使客户采取购买行为，最后达成交易。具体操作步骤如下。

（1）引起客户注意（Attention）

通常人们的购买行动都是从注意开始的，因此，开展推销活动首先要引起目标客户对产品的注意。引起客户注意是指推销人员通过推销活动刺激客户的感觉器官，把客户的心理活动、精力、注意力等吸引到推销人员和产品上来，促使客户对推销产生良好的感觉，进一步形成正确的认识和有利于推销的正确态度。推销人员一定要通过积极努力，强化刺激，唤起客户的有意注意，使客户愿意把注意力从其他事情转移到推销上来。

（2）唤起客户兴趣（Interest）

唤起客户兴趣是指唤起客户对推销活动及产品的兴趣，或者说是诱导客户对推销产生积极的态度。兴趣与注意有着密切的关系。兴趣是在注意的基础上发展起来的，反过来又能强化注意。兴趣也与需要有密切的关系。客户对推销的兴趣都是以他们各自的需要为前提的。因此，要很好地诱导客户的兴趣，就必须深入地分析客户的各种需要，让客户认识到购买产品所能带来的好处。推销人员要利用各种方法向客户证实产品的优越性，以此引导他们的购买兴趣。一般来说，唤起客户兴趣的最基本的方法是示范表演法和情感沟通法。

（3）激发客户的购买欲望（Desire）

激发客户的购买欲望是指推销人员通过推销活动，在激起客户对产品的兴趣后使客户对产品产生强烈拥有的愿望，从而导致客户产生购买的欲望。在推销过程中，激发客户的购买欲望可分为三个步骤进行。推销人员首先提出推销建议，在得到客户反映后，找到症结所在，然后有针对性地进行理由论证，多方诱导客户的购买，直至达成交易。

（4）促成客户购买行为（Action）

促成客户购买行动是指推销人员要不失时机地促进客户关于购买产品的实质性思考，强化客户的购买意识，培养客户购买意志倾向，促使客户产生实际购买行动。促成客户购买行动是爱达模式的最后一个步骤，是全部推销过程和推销努力的目的，也是对前三个步骤的总结和收获。促成客户购买行动要求推销人员在推销活动中必须抓住机会，不失时机地拍板，坚定客户的购买信心和行动，否则容易失去成交机会，使前面的努力功亏一篑。

【引例 1-7】 推销员："您好，我是喜乐公司的王涛，我带来了一种新型的调料盒，您看，就是这种。"

客户："调料盒？我家有，不买!"

推销员："那您的调料盒一定有好几件喽？"

客户："那当然。你看，这是花椒盒，这是味精盒，这是……"

推销员："真不少，看来您对烹调很在行啊，光调料盒就排了这么一大溜，挺占地方的吧？"

客户："为了吃得可口，没办法。"

推销员（开始示范产品）："您看，这种调料盒能分装十种调料，可以挂起来，对，就挂这儿。您看，既卫生，又好看，不占地方，使着特别方便，如果用它，您的厨房就更利索了。"

客户："是不错，多少钱？"

推销员："5 元钱，一种调料盒仅 5 元钱，挺便宜的。"

客户："确实不贵。"

推销员："那就把这套给您留下吧？"

客户："好。给你钱。"

爱达模式比较适用于店堂推销，如柜台推销、展销会推销；适用于一些易于携带的生活用品与办公用品的上门推销，也适用于新推销人员以及对首次接触的客户的推销。

2．迪伯达（DIPADA）模式

迪伯达模式是海因兹·姆·戈德曼根据自身的推销经验总结出来的新模式，被认为是一种创造性的推销方法。"迪伯达"是六个英文字母 DIPADA 的译音。这六个英文字母分别为六个英文单词 Definition（发现）、Identification（结合）、Proof（证实）、Acceptance（接受）、Desire（欲望）和 Action（行动）的第一个字母。它们表达了迪伯达模式的六个推销步骤。迪伯达模式认为，在推销过程中，推销人员必须先准确地发现客户的需要和愿望，然后把它们与自己推销的产品联系起来。推销人员应向客户证明，他所推销的产品符合客户的需要和愿望，客户确实需要该产品，并促使客户接受。迪伯达模式的操作步骤如下。

（1）准确地发现（Definition）并指出客户有哪些需要和愿望

客户是否需要是取得推销成功的前提条件。以探讨客户的需要开始，分析客户所要解决的问题，而不是急急忙忙地向客户介绍产品，劝其购买。这样，一方面使客户感觉到推销人员是在设身处地地为他们着想，是来帮助他们解决问题的，因而易产生合作的愿望，形成融洽的交往关系。另一方面讨论客户的问题，自然能有效地吸引客户的注意力，令其产生兴趣。同时在讨论中也有助于客户逐步明确自己的需要。

（2）把客户需要与要推销的产品结合（Identification）起来

在客户明确了自己的需要和要解决的问题后，推销人员应及时以客户的需要为出发点，引出对产品的介绍，巧妙地将产品与客户的需要联系起来，让客户意识到产品可以帮他们解决问题。一个杰出的推销人员在这个阶段，应让客户始终感觉到，向他介绍产品不是因为要推销它，而是这类产品能帮其解决实际问题。

（3）证实（Proof）产品符合客户的需要和愿望

要想使客户从心理上承认产品的确能解决他的问题，推销人员务必拿出充分的证据向客户加以证明，让客户从证据中看到，产品是符合他们的需求和愿望的，正是他们想获得的产品。

（4）促使客户接受（Acceptance）所推销的产品

在推销过程中，客户往往不能把自己的需求与产品联系起来，推销人员必须拿出充分的证据向客户证明，推销品符合客户的需求，他所需要的正是这些产品。当然这些证据必须是真实可信的，而且要达到这个目的，推销人员必须做好证据理由的收集和应用等准备工作，熟练掌握展示证据和证实推销的各种技巧。

（5）刺激客户的购买欲望（Desire）

客户在心理上承认推销品符合他们的需要，还不等于就一定会购买。事实上，有时客户承认产品是有用处的，但不购买的现象并不罕见；有的客户还可能同时接受几个不同品牌的同类产品，因而要加以选择。因此，推销人员应设法刺激客户的购买欲望，使客户认识到购买产品最符合他们的利益，是他们必须购买的。

（6）促使客户采取购买行动（Action）

这是迪伯达模式的最后一个步骤。在这一步里要求推销人员在前面工作的基础上，不失时机地劝说客户做出最后的购买决定。这个阶段同爱达模式的第四个阶段"促成交易"是相同的。

迪伯达模式较适用于生产资料市场的产品、老客户及熟悉客户、无形产品及开展无形交易（如保险、技术服务、咨询服务、信息情报、劳务市场等）、客户属于有组织购买即单位购买者等产品或客户的推销。由于迪伯达模式紧紧抓住了客户需要这个关键性的环节，使推销工作更能有的放矢，因而具有较强的针对性。

3．埃德帕（IDEPA）模式

埃德帕模式是迪伯达模式的简化形式，适用于有着明确的购买愿望和购买目标的客户。"埃德帕"是五个英文字母 IDEPA 的译音。这五个英文字母分别为五个英文单词的第一个字母。它们表达了埃德帕模式的五个推销步骤。

（1）把产品与客户需要结合起来（Identification）

推销人员无论何时何地，都要以客户的利益为重，急客户所急，想客户所想。当产品供不应求时，对上门求购的客户应热情接待，合情合理地分配产品，尽量满足客户的需求。当产品比较充足时，要尽可能给客户提供更多的货源和品种，供客户挑选。

（2）向客户示范产品（Demonstration）

在推销活动中，准确地发现客户有哪些需求和愿望，然后对症下药是非常重要的。推销人员要通过示范的方法来了解客户有哪些需求和愿望。把客户的需求和推销的产品联系起来之后，必须马上加以证实，使客户相信所推销的产品确实符合他的需要。

（3）淘汰不合适的产品（Elimination）

所谓不宜推销的产品就是不符合客户需求的产品。由于在第一与第二阶段中，推销人员向客户提供了较多的产品，因此，需要把与客户需求标准距离较大的产品筛选掉，使客户尽量买到合适的产品。

（4）证实客户的选择正确（Proof）

面对中间商和上门求购的客户，证实产品的质量及产品符合客户的需求，要比面对陌生客户简单得多。在客户选择了产品后，要赞扬客户很内行、有眼光，赞扬客户挑选的正确，从而使客户的自尊心和虚荣心得到极大的满足。

（5）促使客户接受产品（Acceptance）

所谓促使客户接受产品就是促使成交。推销人员应针对不同客户的具体情况，采取不同的对策。如帮助客户办好进货手续，解决包装运输问题，在货款结算上及其他方面给予方便等。

在采用该模式时不必去发现和指出客户的需求，而是直接提示哪些产品符合客户的购买目标，这一模式比较适合于零售推销。

4．费比（FABE）模式

费比模式是由美国奥克拉荷大学的企业管理博士、台湾中兴大学商学院院长郭昆漠总结出来的。费比模式是英文单词"FABE"的译音。

（1）把产品的特征详细地介绍给客户（Feature）

费比模式要求推销人员在见到客户后，要以准确的语言向客户介绍产品的性能、构造、作用、价格及产品的使用方法等。有些产品如需详细介绍，且内容较多时，推销人员应事先打印成广告式的宣传材料或卡片，以便在向客户介绍产品时使用。

（2）充分分析产品的优点（Advantage）

推销人员应在第一步骤的基础上，寻找出产品的特殊作用和特殊功能。特别是要介绍与其他同类产品的差别优势。如果是新产品，更应该介绍清楚它的独特优点。

（3）尽数产品给客户带来的利益（Benefit）

推销人员应在了解客户需求的基础上，尽量多地列举产品能给客户带来的利益。在对客户需求不太了解的情况下，应边讲解边观察客户的专注程度与表情变化。客户专心听的地方要更多地列举。

（4）以证据说服客户（Evidence）

推销人员在列举产品的优点时，不要把话说得太满了，而应该以真实的数据、案例及各种证据，解除客户的各种顾虑与异议，促使客户采取购买行动。

5．吉姆（GEM）模式

吉姆模式旨在帮助培养推销人员的自信心，提高说服能力。其关键是"相信"，即推销人员一定要相信自己所推销的产品（G），相信自己所代表的公司（E），相信自己（M）。

（1）相信自己所推销的产品

客户之所以购买产品是因为它能够给客户带来利益，推销人员若不能向客户充分展示产品为他们带来的诸多好处，就无法通过正常途径说服客户购买。而要客观地介绍产品的利益，必须对产品有充分的认识。推销人员应该确信，尽管自己所推销产品可能不是同类产品中最优秀的，但对某些客户来说确是最合适的。因此，详细了解推销产品的性能特点、设计原理、生产过程、成本利润及经营策略，亲身试用产品取得感性认识，与同类竞争产品进行比较，发现产品的长处与不足，及时反馈其他推销人员的推销信息等活动都有助于推销人员对产品的价值发自内心地予以肯定，满怀信心地帮助客户解决实际问题。

（2）相信自己代表的企业

企业的兴衰与企业员工的利益息息相关，企业对员工的关心和重视会使每位员工密切与企业的联系，建立对企业深厚的感情，激励他们的工作热情和责任心，更加热爱本企业，形成更强的企业凝聚力，增强工作干劲和士气，树立对未来的信心。企业的成功要靠全体员工的共同努力，让员工了解企业的规模、财力、知名度、市场占有率、制度，让职工参与企业的经营管理活动，会使员工形成以企业为家的观念，并与企业同舟共济，赢得良好的社会信誉和社会形象。这笔无形的财富自然会吸引众多的消费者。

（3）相信推销人员自己

在日常生活中，每个人都有这样的感受，当你用充满自信的态度去面对一件事情并鼓足全部勇气投入其中时，很容易得心应手，并有可能取得辉煌的成果。推销也是如此，推销人员应该认识到，推销产品的过程就是推销自己的过程，当你出现在客户面前时，只有充满自信才会在内心深处产生一种必胜的意念，鼓励自己去拼搏，才能以饱满的精神和高涨的热情去感染客户，使他们产生信任感和依赖感，并采取购买行动。人们在总结推销失败的原因时发现，导致推销失败的一个重要因素是推销人员自己。所以，一个推销人员要创造辉煌的业绩，关键在于能否战胜自我，相信自己。要做到这一点，推销人员首先要热爱自己的工作，其次要有坚强的意志，要勤学多思，并且要充分认识自己。

总之，推销人员在推销过程中应深入研究客户对推销的心理认识过程，同时十分注重自己的态度与表现，才能成功地进行推销。

1.2 推销的礼仪准备

推销人员是企业的外交官，是企业与客户沟通的友好使者，推销人员所代表的不仅是自己，他的一言一行都代表企业的形象，并将影响客户、竞争对手、供应商、经销商等各种层次的社会公众。为了树立良好的形象，有利于推销工作的展开，推销人员应注意推销的礼仪准备。

1.2.1 基本推销礼仪

1. 相识的礼仪

（1）介绍

在推销活动中，介绍和被介绍是很重要的一环，通过介绍，可以结识新朋友、交易伙伴，也开始了业务上的接触。介绍的场合和气氛应该是自然而轻松的，这有利于推销工作的开展。在推销活动过程中，推销人员通常会遇到以下三种介绍情况。

① 自我介绍

这是推销工作中最常见的一种情况，在开拓新市场时尤为多见。进行自我介绍，推销要员应当把握好分寸，态度要谦虚，不可自吹自擂，也不要一下子就滔滔不绝地说，让别人插不上话来。否则，过于急切地与陌生客户拉近距离，会使人莫名其妙，甚至使对方产生防范心理。一般情况下，推销人员可以先说一声"你好"来引起对方的注意，然后再报出自己的姓名和身份。若想与对方继续保持联系，在交谈完毕后推销人员还可以留下自己的地址和电话，但不得强迫客户也这么做。

② 被介绍

在推销人员作为被介绍者的情况下，推销人员应站起来，将身体正对着对方，显示出想结识对方的诚意，并用心记住对方的姓名和单位、职位等情况，介绍完毕后，应与对方握手并说"你好"。

③ 介绍他人

若有三个人在一起，其中第三人与另一人不相识，推销人员应承担起介绍人的责任。介绍时要注意先后顺序，无论是外国人还是中国人，一般应把身份低、年纪轻的介绍给身份高、年龄大的；把男士介绍给女士。被介绍的双方，在介绍人做介绍时，应主动以礼貌的语言向对方问候，并可微笑点头致意。

【引例1-8】　在某市，一幢十几层的大厦需要几万平方米的地毯。这是一笔价值几十万元的生意，全国几十家地毯厂都盯上了这块"肥肉"，纷纷派人推销。一位推销员带着礼品去敲客户的门。出乎意料的是，当一位老者开门看到他手中拿的东西，就将他拒之门外。推销员百思不得其解。第二天他了解到，这位倔强老头是一位"老革命"，一身正气，两袖清风，对社会上的不正之风深恶痛绝。他好为人师，常教导青年人"革命的路该怎么走"。了解到这些情况后，推销员又去拜访这位客户，当然没有忘记应该两手空空。见到客户后说，我是一位刚参加工作的青年人，在工作生活上遇到许多困难不知该怎么处理，您是老前辈、老革命，有丰富的阅历，今天特来请教你。一席话令老人十分高兴，忙请推销员坐下，然后讲自己当年过五关斩六将、南征北战的光荣历史。老人侃侃而谈，推销员洗耳恭听。"话到投机情更深"，两个人成了忘年交。最后的结果也可想而知了。

（2）告别

对推销人员而言告别的礼仪比见面难得多，也复杂得多。这是因为初见面时，推销人员与客户是彼此陌生的，经过交谈，大家相识，推销人员的一举一动都会引起客户的注意和评价，而交谈和告别对推销结果的影响较大。推销人员与客户交谈的结果可能有三种，即推销成功、暂无结果、推销失败。推销人员在告别时应当根据在这次谈话中给人的印象，推销成果的多少，在告别时说些比较妥当的话，让客户感到自己是位热情、有礼的人，值得今后继续交往。

推销人员的告别语应热情、简洁。其内容一是对本次会见的感概如"今天能见到您，实在太高兴了"；二是对对方的感情，如"今天得到您的盛情款待，衷心感谢"；三是对今后多加强业务往来和销售往来的愿望，如"希望今后多联系"，而对交谈中涉及的推销业务的关键，也不妨再提一句，但一定要简明扼要，切不可重开话匣，没完没了；四是表示告别，如"再见"等。

在告别时，推销人员在礼仪方面还应注意以下几点。一是即使交易并未成功，或是被严词拒绝，都不能忘了说一句"打扰您好久，实在抱歉，谢谢您！"这是因为，突然光顾，仅是客户能听推销人员的推销词就已经值得感谢了。二是告别时也应和进来时同样恭敬，应弯腰垂首、殷勤致礼。门将关上时，应再一次向客户表示出礼貌的态度。三是绝不能以倒背着手的方式关门，应做到比来访时更具魅力。四是关门的动作要温文尔雅，不可大声粗暴。五是如果客户是寡断型的，推销人员在告别时应主动向客户讲明下次访问的时间，征求他的意见，并准备不合心意时的对策。六是如果客户是自律型的，则推销人员在告别时可说一句"如果我下次再来，您认为定在什么时候比较恰当？"为下一次的拜访"铺路"。

2．握手礼仪

握手是相互致意的最常见的方式之一。在推销活动中，推销人员与客户见面和告别时应当握手。握手时应自然大方，五指齐用，稍微一握，时间以两三秒为宜。

当介绍人把不认识的双方介绍完毕后，若双方均是男子，某一方或双方均坐着，那么就应该站起来，趋前握手。通常被介绍者应该先主动伸出手来。握手时，必须正视对方的脸和眼睛，并面带微笑，在微笑中把推销人员的温和、友善表达出来。

一般来说，戴着手套行握手礼是不礼貌的，伸出左手与人相握也不符合礼仪。在交往中，无论是谁伸手都是友好的表示，推销人员均不能拒绝。

在推销活动及其他社交场合，年轻者对年长者，身份低者对身份高者应稍稍欠身握住对方的手，以示尊敬。男子与妇女握手时，一般应只握一下妇女的手指部分或轻轻接触。握手的先后顺序是：主人、年长者、身份高者、妇女先伸手，客人、年轻者、身份低者见面先问候，待对方伸手再握。若身为女士，除非十分不便，否则应主动伸出手来以示友好。

3．称呼礼仪

与客户见面交谈时，推销人员首先碰到的一个问题就是对客户如何称谓。称谓是个很复杂的问题，会因为民族、阶层、场景的差别而出现多种变异现象。因此，推销员应注意对不同的客户，分别妥当地使用不同的称谓。

对国内的客户，可称"同志"或"先生"，并可在前面冠以姓氏或名字。此外，还可视不同地区的习惯，适当变换，以拉近与客户的距离。

在国际贸易往来中，对男性一般称"先生"，对女士则称"女士"、"小姐"或"夫人"，但"夫人"的称谓一定是在弄清其身份后方可使用。

4．递送名片礼仪

名片是现代人际交往中的重要工具之一，在各种经济活动中被普遍使用，是最重要、最方便的销售工具。名片主要是向交往对象揭示推销人员的姓名、工作单位、职称、职务、联系电话以及通信地址等内容，此外，它还可以有效地将企业形象识别的有关内容（如标志、标准字、标准色）随推销人员的脚步散播向四面八方，小小的名片能编织广阔的关系网，使推销人员在推销活动中觅得出路、取得事业的成功。因此，一个合格的推销人员应该重视名片的使用。

（1）交换名片的时机

如果是在推销活动中初次相识，并值得继续联系的客户，可在刚一结识时就递上自己的名片，这有利于使对方迅速知晓自己的基本情况，加快交往进程；如果是有约访问，客户已知来访者为何许人，可在告别时取出名片交给对方，以加深对方的印象；如果是在有介绍人介入商谈的场合中，可不忙于交换名片，在临别之际递上名片会显得更自然些。

（2）交换名片的态度

出示名片时应严肃认真，不能采取随随便便的态度。初次交往时客户会凭推销人员出示名片时的态度来衡量其人品，判断是否值得交往。外出时，推销人员应事先将名片放在易于取出的地方，在适当的时机顺手掏出，恭敬地递给对方，并客气地说"这是我的名片，请以后多联系。"这必然会给对方留下一个较好的印象。

（3）名片的递法

在递出名片时，推销人员切忌采用如下方法：捏住名片的一部分递出去；以指尖夹着名片递出。这两种递法是极不符合礼节的。正确的名片递法应是：手指并拢，将名片放在掌上，用大拇指夹住名片左右两端，恭敬地送到对方胸前；或食指弯曲与大拇指夹住名片的左右两端奉上。名片上的名字反向对己，使对方接过名片就可正读。

（4）接受名片

礼貌接受名片的基本原则是：双手都空着时，必须双手去接；接过对方的名片后，一定要专心地看一遍，切不能漫不经心地往口袋中一塞了事；同时与几个人交换名片，且又是初次见面时，要暂时把名片按照对方席位的顺序放在桌上，当与对方交谈一段时间、记住对方的姓名和脸孔后，才在适当的机会把名片收起来；不可将其他东西放在名片上，这是一大禁忌；有时推销人员很想得到某人的名片，对方未给，这时可主动索取，对方一般不会拒绝。

【引例1-9】 某公司新建的办公大楼需要添置一系列的办公家具，价值数百万元。公司的总经理已做了决定，向A公司购买这批办公用具。

这天，A公司的销售部负责人打电话来，要上门拜访这位总经理。总经理打算等对方来了，就在订单上盖章，定下这笔生意。

不料对方比预定的时间提前了两个小时，原来对方听说这家公司的员工宿舍也要在近期内落成，希望员工宿舍需要的家具也能向A公司购买。为了谈这件事，销售负责人还带来了一大堆的资料，摆满了台面。总经理没料到对方会提前到访，刚好手边又有事，便请秘书让对方等一会儿。这位销售部负责人等了不到半小时就开始不耐烦了，一边收拾资料一边说："我还是改天再来拜访吧。"

这时，总经理发现对方在收拾资料准备离开时，将自己刚才递上的名片不小心掉在了地上，对方却并没发觉，走时还无意从名片上踩了过去。但这个不小心的失误，却令总经理改变了初衷，A公司不仅没有机会与对方商谈员工宿舍的家具购买，连几乎到手的数百万元办公家具的生意也告吹了。

1.2.2 交谈礼仪

在人际交往过程中交谈主要是作为表达思想、抒发情感、交流信息的基本方式。交谈一直受人的重视，在推销活动中就更应如此，交谈不仅是语言的组织和运用，而且是人与人之间沟通和理解的纽带。

通常来说，谈话有正式和非正式之分。前者一般适用于正式场合，大都严肃认真，有明确的主题和对象；后者一般适用于非正式场合，没有明确的主题和对象。

1. 使用敬语

在任何社交场合，都要努力营造融洽的谈话氛围，这样才能使人感觉到亲切、轻松、自然。那么如何营造这种氛围呢？我们一定要树立交谈双方是一种平等关系的观念，在交谈中应以礼待人，这样既能显出自身的人格尊严，又可以满足对方的自尊。所以，交谈中要随时随地有意识地使用敬语。这是赢得尊重的有效方式。

敬语的作用是不可忽视的，人们见面时要互致敬意和问候，可以用"您好"、"早安"、"能够认识你真是太高兴了"等，寒暄时可以用"好久不见，你还好吗？"、"近况如何？"等。尽管这些问候和寒暄用语并不表示特定的含义，但却是交际中不可缺少的，能显示出自己懂礼貌、有修养、有风度，有助于形成一种和谐、亲切、友善、热情的环境。

2. 注视

交谈中，目光注视对方是起码的礼仪，既表示对对方的尊重，又表示对谈话的关注和兴趣，同时也可以为愉快和谐的谈话气氛创造条件，所以，注视礼仪在交谈中是非常重要的。

注视礼仪包括两方面的含义，一方面眼睛要看着对方，这是对对方的尊重。一般来说，如果两个人在室内面对面地交谈，目光距离通常为 1~2 米，目光应注视对方胸部以上，额头以下的部位，出现交谈双方目光对视的情况时不必躲闪，泰然自若地徐徐移开目光就可以了。另一方面要注意让对方感受到你对谈话的态度。有经验、有修养的人在与他人交谈时，都不会忽视引起谈话对象的谈话兴趣，回应对方、关注对方、理解对方、称道对方是激发对方谈话兴趣的有效办法，也可以使话题更加深入、广阔地展开。

谈话时要做到相互正视、相互倾听；不要东张西望，心不在焉；更不能看报看书，或面带倦意、哈欠连天；也不要做其他事情，这会使人感到你傲慢无礼。

3．聆听

与人交谈时，光作一个好的演说者是不够的，还须作一个好的听众。"听"可以获得许多信息。首先通过"听"可以观察了解到对方的各种信息，如通过对方讲话的内容、声调、神态可以了解对方的需要、态度、期望和性格；其次通过"听"能得到对自己有用的信息，如在推销中能通过别人的讲述获得有关价格、产品、供应、竞争等信息；最后通过"听"可以向别人学习一些有益的东西，博采众家之长，丰富完善自己。

在推销活动中怎样鼓励对方去"讲"呢？首先，应当以积极的目光回应对方，在对方讲话时应常与对方交流目光。注视对方表明自己全神贯注、一心一意，能够赢得对方的好感。同时，如果对方的情绪有明显的变化，推销人员也要调动自己的情绪与之相呼应。其次，应以适当的动作来回应对方。当交谈对象所表述的观念与推销人员不谋而合时，应当轻轻地点点头以示赞同；当对方所谈内容极为精彩时，还可以鼓掌称赞；至于摇头，则表示自己出乎意料或是反对。最后，可以简短的言语来回应对方。在对方讲话时，应适当地表示支持，如说上一句"对，没错!"、"我也有同感"、"的确如此"等，都会起到事半功倍之效。在对方讲话时进行回应，切勿过于做作，这样会使对方认为你在应付，没有诚意，反而起不到鼓励的作用。

【引例 1-10】　某电话公司曾遇到一个粗鲁的客户，这位客户对电话公司的有关工作人员破口大骂，怒火中烧，威胁要拆毁电话。他拒付某种电信费用，他说那是不公正的。他写信给报社，还向消费者协会提出申诉，到处告电话公司的状。电话公司为了解决这个问题，派了一位最善于倾听的"调解员"去会见这位惹是生非的人。这位"调解员"静静地听着那位暴怒的客户大声地"申诉"，并对其表示同情，让他尽量把不满发泄出来。3 个小时过去了，调解员非常耐心地静听着他的牢骚。此后还两次上门继续倾听他的不满和抱怨。当调解员再次上门去倾听他的牢骚时，那位已经息怒的客户已经把这位调解员当作最好的朋友看待了。由于调解员利用了倾听的技巧，友善地疏导了客户的不满，尊重了他的人格，并成了他的朋友，于是这位粗鲁的客户也变得通情达理了，自愿把所有的该付的费用都付清了。矛盾冲突就这样彻底解决了。

4．拒绝

在推销活动中，拒绝是经常会遇到的。所谓拒绝就是不接受，即对他人意愿和行为的否定。在交往过程中需要拒绝时，就应将此意以适当的形式表现出来。这里需要强调的是，拒绝应该当机立断，态度要坚决，切不可犹犹豫豫、含含糊糊，否则既误事，又害人。

从语言技巧上说，拒绝有直接拒绝法、委婉拒绝法、沉默拒绝法和回避拒绝法四种方法。

① 直接拒绝法，即将拒绝之意当场讲明的方法。采取此法时，应当避免态度生硬、说话难听。在通常情况下，直接拒绝对方需要把拒绝的原因讲清楚。一定情形下，可向对方道

歉，以此表明自己通情达理。

② 委婉拒绝法，即用间接温和的语言去表达拒绝的方法。与直接拒绝法相比，它更容易被接受，因为委婉拒绝法在更大程度上顾全了对方的尊严。

③ 沉默拒绝法，即面对难以回答的问题时保持沉默，一言不发的方法。如果对方的问题很棘手甚至具有挑衅、侮辱的含义，不妨以静制动，静观其变。这种不出声的拒绝常常会产生极强的威慑力，令对方不得不在这一问题上退却。沉默拒绝法的效果虽然明显，但若使用不当，很容易得罪他人。

④ 回避拒绝法，即避实就虚，环顾左右而言他的方法，也就是暂时搁置此事，转而议论其他话题。遇上对方过分的要求或难以回答的问题时，均可采用此法。

1.2.3 体态礼仪

有关专家测定：在人际交往中，语言沟通的信息只占 35%左右，而体态传递的信息占了65%左右。这就说明在人际交际中不仅要把握交谈礼仪，更要掌握、运用体态礼仪，推销人员在推销活动中也不例外。体态礼仪主要由站、坐、行的姿态，面部表情等组成。

1. 站、坐、行

站、坐、行的姿态是体态语言的首要构成部分，从中可以体现出人的气质和修养，古人主张"站如松、坐如钟、行如风、睡如弓"，这是对姿态精辟而形象的总结。

（1）站姿

站立是生活交往中最基本的一种举止，良好优雅的站姿给人一种挺、直、高的感觉。站立时肩要平，胸要挺，手臂在身体的两侧自然下垂，手心向里，中指微贴裤线，挺胸抬头收腹。

（2）坐姿

正确的坐姿能给人一种自然庄重的印象。在社交场合，不论是坐在椅子或沙发上，最好不要坐满，上身应端正、挺直，不要垂肩膀，但不宜太僵硬、呆板。坐的时间久了可以靠在椅子或沙发的背上，但不要过分后仰，更不能斜倒在椅子或沙发上。坐时双腿一般要并拢或微微分开，男性可以跷"二郎腿"，但不要跷得太高或抖动；女性可以采用双脚交叉、双腿内收的姿态，但不可向前直伸。入坐时的动作要轻盈而稳健，入坐后手不要乱放，不要用手托着下巴，以免显得无精打采，委靡不振。

【引例 1-11】 战国时期的思想家、政治家和教育家孟子，是继孔子之后儒家学派的主要代表人物，被后世尊奉为仅次于孔子的"亚圣"。

孟子一生的成就，与他母亲从小对他的教育是分不开的。孟母是一位集慈爱、严格、智慧于一身的伟大的母亲，早在孟子幼年时，便给后人留下了"孟母三迁"、"孟母断织"等富有深刻教育意义的故事。孟子成年娶妻后，孟母仍不断利用处理家庭生活的琐事等去启发、教育他，帮助他从各方面进一步完善人格。

有一次，孟子的妻子在房间里休息，因为是独自一个人，便无所顾忌地将两腿叉开坐着。这时，孟子推门进来，一看见妻子这样坐着，非常生气。原来，古人称这种双腿向前叉开坐为箕踞，箕踞向人是非常不礼貌的。孟子一声不吭就走了出去，看到孟母，便说："我要把妻子休回娘家去。"孟母问他："为什么？"孟子说："她既不懂礼貌，又没有仪态。"孟母又问："因为什么而认为她没礼貌呢？"，"她双腿叉开坐着，箕踞向人，"孟子回道："所以要休她。""那你又是如何知道的呢？"孟母问。孟子便把刚才的一幕说给孟母听，孟母听了后说："那么没礼貌的人应该是你，而不是你妻子。难道你忘了《礼记》上是怎么教人的？进屋前，要先问一下里面是谁；上厅堂时，要高声说话；为避免看见别人的隐私，进房后，眼睛应向下看。你想想，卧室是休息的地方，你不出声就闯了进去，已经先失了礼，怎么能责备别人没礼貌呢？没礼貌的人是你自己呀！"

一席话说得孟子心服口服，再也没提休妻子回娘家的话了。

（3）行姿

行是动态的举止，矫健轻快的行姿可以表现出一个人精力充沛、蓬勃向上的精神状态，给人一种美感。行的正确姿态是灵活、轻巧、敏捷，行进的方向应保持相对稳定，不要多变；行进的步子不宜太大或太小，应尽量匀速前进；行进时应目视前方，不宜东张西望；行进时腰部要放松，上身要挺拔，腿部要伸直；双脚不要距离过大，不要走成"八字步"。

行走时也要以礼待人：第一，不要与人抢道，不应阻碍他人行走，在经过楼梯、走廊及公共场所时，不要抢行；第二，上司、贵宾、长辈或女士在场时，最好不要从其面前通过，而应于其身后"绕行"；第三，在向别人告辞时，不要背朝着对方，而应面向对方或侧向对方，缓步后退。

2．面部表情

人的面部表情是一种无声的语言，是人们心理和思想的外在表现，而且是内涵最丰富、变化最灵敏的表现，可以说：人的表情是感情思想的一面镜子。

在推销活动中，热情周到、以诚待人的推销人员，有必要正确地把握和运用好自己的面部表情。只有这样，推销人员的友善与敬意才能真正为客户所理解。这不只是推销人员的职业要求，而且应当是他们接人待物的必要修养。

推销人员在推销中的表情是十分丰富的，但有两个基本表情不可缺少，即认真的眼神和真诚的微笑。

（1）认真的眼神

"眼睛是心灵的窗口"，在与客户交往的过程中，眼神的交流是最频繁的面部表情，也是人们关注最多的地方。

目光是眼神的重要组成，目光接触对方的部位、方向、时间和转换等具有不同的含义。为了表现推销人员的自信和对对方的尊敬，特别在向对方问候、致意或强调自己的见解时，一定要看着对方的双眼；一般正视或仰视都可以表达认真、友好、尊重之意；推销人员长时间地注视对方也是不礼貌的，应有意识地转换目光，让对方借机放松一下；与多人交谈时，应遵守"目光平等"的规则。

（2）真诚的微笑

微笑是推销人员与他人交往中的一大"法宝"。要做好微笑，最重要的莫过于真诚，而且这种真诚必须发自内心。要使自己的微笑显得真诚，就要对人常存恭敬、友爱之心，笑得有真情实意，与当时的情形相符。

推销人员在微笑时要注意：第一，微笑应当与所处的场所相吻合；第二，应当避免矫揉造作；第三，微笑应当合乎规范。

1.2.4 服饰礼仪

服饰指一个人的衣着穿戴。所谓服饰礼仪，就是人们在衣着方面应当了解与遵守的惯例和规范。每个人的穿戴打扮绝非自己的私事，这与是否尊重他人有着密切的联系。所以推销

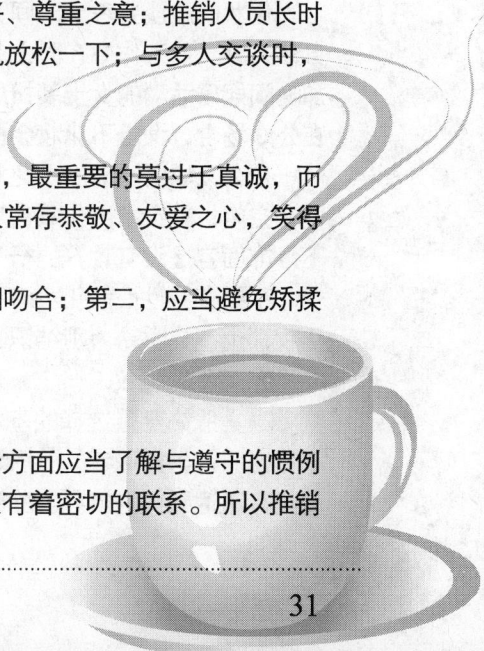

人员在推销活动中应该懂得服饰礼仪，并在实践中自觉地运用服饰礼仪。

【引例 1-12】 某经销商听客户讲 A 公司的服装产品款式和质量不错，一直想跟他们联系。有一天，他在办公室时听见有人敲门，就说："请进"。门开了，进来一个人，穿一套旧的皱皱巴巴的浅色西装，自称是 A 公司的推销员。经销商打量着来人：他身穿羊毛衫，打一条领带。领带飘在羊毛衫的外面，有些脏，好像有油污。脚穿黑色的皮鞋，没有擦，布满了灰尘。有好大一会儿，经销商都在打量他，心里在开小差，根本听不清他在说什么，只隐约看见他的嘴巴在动，还不停地放些资料在办公桌上。等推销员介绍完了，没有说话，安静了。经销商马上对他说："把资料放在这里，我看一看，你回去吧！"就再也没有跟 A 公司联系过了。

1. 仪容礼仪

仪容即人的容貌，是一个人仪表的重要组成部分之一，由发式、面容以及人体所有未被服饰遮掩的肌肤（如手部、颈部）等构成。仪容在人的仪表美中占有举足轻重的地位。

（1）发式

头发整洁、发型大方是个人礼仪中对发式美的最基本要求。整洁大方的发式易给人留下神清气爽的印象，而披头散发则会给人以委靡不振的感觉。一般来说，发式本身是无所谓美丑的，无论男女，只要一个人所选的发式与自己的脸型、肤色、体形相匹配，与自己的气质、职业、身份相吻合时，即能显现出真正的美。决定发式美的许多因素是人所无法随意改变的，但通过对不同发式的选择，可以充分展现自己美的部分，从而起到扬长避短的作用。发式美只是仪表美的一部分，它应该与人的面貌美、服饰美相协调统一。

（2）面容

面容是人的仪表之首，也是最为动人之处。由于性别的差异和人们认知角度的不同，使得男女在面容美化的方式、方法和要求上均有各自不同的特点。

① 男士面容的基本要求

男士应养成每天修面剃须的好习惯。实在要蓄须的话，也要考虑工作环境是否允许，并且要经常修剪，保持卫生，不管是留络腮胡还是小胡子，整洁大方是最重要的。未蓄须者，切忌胡子拉碴地去参加各种社交活动，尤其是外事活动，因为这是对他人不尊敬的行为。

② 女士面容的基本要求

女士面容的美化主要采取化妆。下面着重介绍化妆的礼节及应注意的问题。

化妆的浓淡要考虑时间、场合问题。随着时间与场合的改变，女士化妆也以淡雅、清新、自然为宜。如工作中在脸上涂一层粉底，嘴唇鲜红耀眼，这是不懂礼仪的表现。浓妆多为参加晚间娱乐活动的女士装扮所用。其实，夜色朦胧，不论浓妆还是淡抹，都能为众人所接受。在公众场合，女士不化妆会被认为不礼貌。

在公共场所不能当众化妆或补妆。有些女士对自己的形象过分在意，不论在什么场合中，一有空闲，就会拿出化妆盒对镜修饰一番，一副旁若无人的样子。在公共场所，众目睽睽之下修饰面容是没有教养的行为。如有必要化妆或补妆，一定要去洗手间，切莫当众表演。

不要在异性面前化妆。不可借用别人的化妆品，除非对方主动提供给你。不议论他人的化妆，也不要主动为刚结识的人化妆，除非对方主动要求。

2. 服饰礼仪

（1）服饰穿戴选择的基本原则

当服饰与穿戴者的气质、个性、身份、年龄、职业以及穿戴的环境、时间协调一致时，就能真正达到美的境界。古希腊"和谐就是美"的美学观点在服饰美中得到了最充分的体现。

服饰美要达到和谐统一的整体视觉效果，人们就应恪守服饰穿戴的基本原则。

① 服饰的选择要与穿戴者所处的环境相协调。人置身于不同的环境、不同的场合时，就应该有不同的服饰。要注意服饰与周围环境的和谐。

② 服饰的选择要与穿戴者角色相协调。在社会生活中，每个人都充当着不同的角色。不同的社会角色必须有不同的社会行为规范，在服饰的穿戴方面自然也有规范。例如，一位女性，在家身为太太时可以自由穿戴；上街购物，作为客户，不作精心修饰也无可厚非；然而作为"上班族"的一员出现在工作场所，面对她的同事与上司时，就不能无所顾忌、随心所欲了。

（2）男士的着装礼仪

男士的穿着不求华丽、鲜艳，衣着不宜有过多的色彩变化，大致以不超过三种颜色为首要原则。

① 帽子与手套，在室内的交际场合，不能戴帽子和手套。戴着手套与人握手会被认为是不礼貌的行为。向人致意时，应把帽子取下，以示对他人的尊重。

② 衣裤，各式外衣、牛仔裤等日常穿着的服装均为便装，适合在一般场合穿。而参加正式、隆重、严肃的典礼或仪式式，则应当穿着礼服或深色西装。

③ 鞋袜，在一切正式场合，只宜穿黑色或深棕色皮鞋。至于白色或浅色皮鞋，则适合在娱乐时穿。穿袜要注意袜子的长度、色调及其质地。袜长要高及小腿中上部，颜色以单色为佳，穿礼服时最好配一双与裤色相近的袜子。无论如何都不要在正式场合穿一双白色的运动袜，因为这与环境气氛是极不协调的。

（3）女士着装礼仪

俗称"男穿牌子，女穿样子"，女士比男士在着装上有更大的随意性和更多的变化。西方的"女士优先"原则在女士着装上也有充分的体现。

① 帽子与手套，正式场合中，无论室内或室外，女士均可戴帽，但帽檐不能过宽，以免因遮挡别人的视线而显得失礼。与人握手时，女士可不必脱下手套。

② 衣、裙，参加各种正式场合的活动应穿着典雅大方的套装。传统的礼服或民族服装较适合在各类文艺娱乐场所穿着。

③ 鞋袜，女士在社交场合，除凉鞋、拖鞋外，穿其他任何一种鞋均可，但是要注意鞋和衣裙在色彩、款色上的协调。

3．首饰礼仪

首饰是人们用来美化自身的装饰品，因其质地的不同有贵重首饰、珠宝首饰与时装首饰之分，前两种有时又可以合称为传统首饰，多为黄金、白银、白金以及各种珠宝、玉器精制而成，价格昂贵，被视为身份和地位的象征。时装首饰一般以各种廉价材料制成，款式多样，讲究新、奇、美，因而在首饰家族中也占有一席之地。

（1）首饰的寓意

首饰是一种无声的语言，展示了人们的知识、修养、阅历和艺术品位等。首饰也是一种有意的暗示，它不经心地展示了人们的地位、身份、财富和婚姻状况。推销人员佩戴首饰时应注意以下几点。

① 首饰的佩戴应以少为宜。在工作中，少戴或不戴首饰，不仅体现推销人员的自爱，也是为了维护自己及公司的形象。

② 首饰的佩戴应同质同色。在佩戴两种或两种以上首饰时，只有质地和色彩相一致，才能相呼应、相映衬。

33

③ 首饰的佩戴应遵守惯例。与服装的穿着一样，佩戴首饰的一些惯例也要遵守。

④ 首饰的佩戴应合乎身份。佩戴前，要考虑自己的年龄、性别、职业以及个人的条件等。

（2）饰物的应用

在推销工作中，除了要注意如何佩戴首饰，还要了解首饰的具体运用。戒指有对称与不对称两种，对称的显得庄重，适合与套装相搭配；不对称的显得别致，适合与时装搭配使用。项链被服饰专家称为"标榜女性的饰品"，在挑选时应以庄重、典雅为标准。其他如耳环、手链、手镯等应根据具体情形来选择。

1.3 推销职业素养准备

推销工作的复杂性决定了推销人员必须具备较好的素质。推销工作虽然要求推销人员具有某些天赋和资质，但更重要的是在学习和锻炼中积累经验、培养能力。

1.3.1 推销人员的职责

推销人员的职责是指推销人员必须做的工作和必须承担的相应责任。推销人员的主要职责有以下几点。

1．搜集市场信息

企业在市场竞争中能否取得有利的地位，在很大程度上取决于信息的获得程度。推销人员是企业和市场之间、企业和客户之间的桥梁与纽带，具有十分有利的获得信息的条件，易于获得动态需求、竞争状况及客户的意见等重要信息。及时、持续不断地搜集这些信息并把这些信息反馈给企业，是推销人员的一项重要职责。这不仅可以为企业制订正确的营销策略提供可靠的依据，而且有助于推销人员提高自己的业务能力。因此，推销人员要自觉充当企业的信息收集员，深入到市场及客户中，在销售商品、为客户提供服务的同时，有意识地了解、搜集市场信息。为了企业销售工作的顺利发展，不断开拓新市场，发现新客户，推销人员还应注意建立良好的信息搜集系统，完善信息的搜集工作，寻找和发现市场。

2．沟通关系

推销人员运用各种管理手段和人际交往手段，建立、维护和发展与潜在客户及老客户之间的业务关系和人际关系，以便获得更多的销售机会，扩大企业的市场份额，这也是推销人员的重要职责。

推销人员应改变"卖完就分手"的做法。推销人员将产品推销出去，不是工作的结束。客户购买商品后，经使用会产生买后感受。它会直接关系到企业及产品的声誉，关系着企业及产品的市场生命。推销人员必须继续保持与客户的联系，与客户建立长期、稳固的联系。推销人员推销商品后，不仅要巩固与老客户的关系，尽善尽美地提供售后服务，还可采用定期访问、节日问候等形式保持牢固的产销渠道，而且还要千方百计地发展新的关系，吸收、说服潜在客户购买本企业的产品，不断开拓新市场，扩大企业的市场范围。推销成功后，能否保持和是否重视与客户的联系，是关系推销活动能否持续发展的关键。

3．销售商品

推销商品是推销人员的主要职责。推销人员要成功地完成推销任务，必须通过自己的工作，促使客户采取购买行动。例如，通过显示商品的优点引起客户的注意，通过增强客户的信任使客户产生兴趣，让客户亲自参加演出或试用商品使其产生购买欲望，提供保证措施促进客户购买等。客户购买商品，尤其是购买价格较高的商品是一个复杂的过程，推销人员必须通过有针对性地工作来促进成交。

4．提供服务

商品的推销过程，本身也是为客户提供服务的过程。"一切以服务为宗旨"，是现代推销活动的出发点和立足点。推销人员不仅要为客户提供满意的商品，而且更重要的是为客户提供各种周到和完善的服务。服务是产品功能的延伸，有服务的销售才能充分满足客户的需要，而缺乏服务的产品只不过是半成品。未来企业的竞争日趋集中在非价格竞争上，非价格竞争的主要内容就是服务。在市场竞争日益激烈的情况下，服务往往成为能否完成销售的关键因素。推销人员所提供的服务包括推销前、推销过程中和推销后的服务。

5．树立形象

推销人员通过在推销过程中的个人行为，使客户对企业产生信赖和好感，并促使这种信赖和好感向市场扩散，从而为企业赢得广泛的声誉，建立良好的形象。推销人员是连接企业与客户的纽带，他要把企业的商品、服务及有关信息传递给客户。推销人员在推销时所代表的是企业行为。在客户面前，推销人员就是企业，客户是通过推销人员认识、了解企业的。因此，能否树立一个好的形象，也是衡量推销人员合格与否的重要标准之一。

1.3.2 推销人员应具备的基本能力

1．表达能力

良好的语言表达能力，是胜任推销工作的基本条件。语言表达能力是指推销人员运用有声语言及行为语言准确传达信息的能力。语言艺术是推销人员用来说服客户的主要手段，每一次推销都要使用陈述、提问、倾听及行为语言等多种语言技巧。可以说，没有语言艺术，就没有推销。良好的语言表达能力有利于说服客户、感染客户，激起客户的购买欲望。形成良好的推销气氛，是推销人员创造业绩的锐利武器。如果没有良好的语言表达能力，缺乏巧妙的说服技巧，是难以说服客户的。成功的推销人员都十分重视自己的语言表达能力，因为这是增强说服力的法宝之一。

2．观察能力

敏锐的观察能力是推销人员深入了解客户的心理活动和准确判断客户特征的必要前提。没有敏锐的观察能力，就不可能判断和使用有效的推销技巧。客户为了从交易过程中获得尽可能多的利益，往往掩盖自己的某些真实意图。客户的每一个行动背后总有其特定的动机和目的，在交易过程中会或多或少地使用各种购买技巧。推销人员只有具备敏锐的观察能力，才能透过表象，看到问题的实质。

3．自我控制能力

较强的自我控制能力是推销人员应该具备的一项重要能力。大部分推销人员是在企业之外独立从事推销活动的，在多数时间处于一种无人直接管理的状态，如果缺乏自我管理、自我激励，就无法完成推销任务；推销人员有很多机会接触资金和商品，加之社会环境的影响，很容易受物欲的诱惑，如不加强自我约束、自我监督，就可能做出违纪违法的事情；此外，推销工作也是与人打交道的工作，遭受冷遇和拒绝是难免的，推销人员必须能够承受各种压力，不为失败所左右，始终控制自己的意志和行为。

4．应变能力

高超的应变能力是推销活动多样性、多变性对推销人员的客观要求。由于推销人员所接触的客户是多种多样的，因此，推销方法必须随客户的改变而改变，没有一种方法对任何客户都是绝对有效的；所推销的商品也不是一成不变的，企业的发展必然使经营范围不断扩大，需求的变化也导致产品的更新换代，推销应该不断适应这些变化。每次推销活动总会受各种因素的影响：客户态度和要求的变化、竞争者的加入、企业销售政策的更改、对方谈判人员及方式的更换，往往会使推销进程出现意料不到的曲折，推销人员对此必须采取灵活的应变措施，才能确保达成预定的目标。

5．社交能力

推销人员的社交能力对企业的发展具有特殊的作用。推销这一职业决定了推销人员必须善于同各种各样的客户交往，必须具有开放型的性格，要乐于与他人一起工作，善于与别人建立关系，相互沟通，获得信任和谅解，求得支持和帮助，为企业创造一个良好的人际关系环境。这样不但能稳固老客户，而且能吸引新客户，变暂时客户为长期客户、变潜在客户为现实客户。在推销中交友、在交友中开展推销，是推销人员必须具备的能力。

1.3.3 推销人员的基本素质

推销人员的素质，是决定推销事业成败的关键，作为一名合格的推销人员，必须充分履行其职责，而要做到这一点，则必须不断提高自身的素质。所谓推销人员的素质，是指推销人员胜任销售工作、完成推销任务的综合能力，包括推销人员应具备的思想素质、心理素质、文化素质、知识结构和才能结构等方面。

1．思想素质

推销人员要具有正确的经营思想、良好的职业道德、高度的责任感和强烈的事业心以及为人民服务的精神。

（1）"客户第一"的思想

现代推销的目的是通过满足客户需求来实现企业的利润，传统的推销观念认为推销的实质是"说服"，推销学被看成是一门说服的科学和艺术，由此，经常导致"高压式"或"强制式"的推销。20世纪50年代后，由于买方市场的形成，出现了"以消费者为中心"的市场营销观念。推销的实质也由"说服"转向了"满足客户需求"。因此，推销人员要时刻牢记"客户是上帝"、"客户是我们的衣食父母"、"用户需求第一"的指导思想，努力做到想客户之所想，急客户之所急，充分满足客户各种各样的需求。不仅要通过推销产品满足客户对产品使用价值的需求，而且要通过宣传、介绍商品，满足消费者对产品信息的需要，通过售前、售中、售后服务，满足消费者对技术和服务方面的需要，通过文明经营，礼貌待客满足客户在精神和心理上的需求。

（2）树立现代推销观念

推销观念是推销人员从事推销活动的指导思想，观念的正确与否，直接关系到了推销活动的成败。在竞争日趋激烈的市场经济条件下，推销人员不仅要树立"客户第一"的思想，不断满足客户的需求，还要树立现代推销观念。

① 服务观念

推销过程中应以热情周到的服务态度、主动有效的产品介绍、简明方便的购买程序、货真价实的产品质量、方便可靠的售后服务等手段为客户服务，正确对待和化解客户的各种异议，努力树立企业良好的服务形象。当前正在兴起的客户满意策略正是以服务观念为核心的企业营销战略。

② 竞争观念

竞争是市场经济的必然现象，处于市场竞争第一线的推销人员，必须树立起竞争观念，不断提高其竞争能力，遵守公平竞争的各项法规，研究和掌握各种竞争的策略和技巧。在推销中，不仅要以客户需求为导向，千方百计满足客户的需求，而且还要分析竞争者的推销策略以及将要采取的措施，以建立自己的竞争战略；要通过市场调研识别出未被竞争者满足或未被充分满足的客户需求，这正是企业的机会所在，要在符合企业长期利润目标的前提下，尽力满足被竞争对手忽略了的客户需求。

③ 信息观念

我们的社会正开始步入信息时代，信息成为企业的重要资源和动力，推销人员要充分认识信息对推销工作的重要性，要树立"信息就是推销力"的观念，不断提高及时收集信息、准确传递信息、科学分析信息和有效利用信息的各种能力，如观察能力、分析能力、概括能力、表达能力和想象能力等，这些能力将会成为推销人员强大的推销力。

④ 效益观念

推销人员能否为企业创造效益是衡量推销人员业绩的标准之一，因此，推销人员必须注重效益，只有在为企业创造效益的前提下才能求得自身的发展。效益，不仅包括经济效益，同时还包括社会效益，推销人员在推销时不仅要讲究经济效益，进行严格的经济核算，降低推销成本和费用，增加利润，还要充分考虑社会效益，遵纪守法，维护消费者的合法权益，讲究商业道德。只有将经济效益和社会效益统一起来，才能保证企业和推销人员的长远发展。

⑤ 法制观念

市场经济是法制经济，推销人员要懂得经济方面的法律法规，特别是《经济合同法》的有关规定。还要根据其所从事的业务，对有关保险、运输、商检、报关、外汇、银行结算、诉讼以及借贷等方面的法律都要有所掌握，要做到懂法、知法、守法，避免在经营中触犯国家法律，同时，还要能用法律武器维护自己的正当权益。

2．心理素质

推销过程是推销人员与客户交往的过程，在这一过程中，推销人员要与形形色色的客户打交道，遇到拒绝、遭到失败是不可避免的，要做到胜不骄、败不馁，就必须具备较高的心理素质，培养良好的心态。

（1）消除自卑意识

推销是一个极易产生自卑感的工作，许多推销人员心中都笼罩着一片阴影——自卑意识。比如，一些推销人员在走到客户的大门前时，踟蹰不前，怀疑自己能否说服客户，害怕进去受到客户的冷遇，遭到拒绝。这种自卑意识构成了推销人员走向成功的最大障碍，使之逃避困难和挫折，不能发挥出自己的推销能力。齐滕竹之助说"自卑感是推销人员的大敌，是阻碍成功的绊脚石"。如果怀有自卑感，在推销方面是不会有成功希望的。

要克服自卑感，推销人员必须正确认识以下几个问题。

① 正确认识推销职业的意义

一些推销人员有职业自卑感，他们为推销工作感到羞愧，甚至觉得无地自容。美国某机构调查表明，推销新手失败的一个最大原因是职业自卑感，他们觉得自己似乎是在乞讨谋生，而不是在帮助他人。产生这种职业自卑感的主要原因是没有认识到自己工作的社会意义和价值。推销工作是为社会大众谋利益的工作，客户从推销中得到的好处远比推销人员多，推销人员要努力培养自己的职业自豪感。

② 性格与推销成绩的关系

有人性格内向、有人性格外向。一些推销人员认为，推销人员要与各类人物打交道，需要外向性格，那些性格内向的人便认为自己不适合从事推销工作，这实际上是个误解。在外向性格中有超级推销员，在内向性格中也有超级推销员。

③ 对推销失败要正确的认识

推销失败是不可避免的，但问题不在于失败，而是人们对失败的态度。有些推销人员把失败看成是自己无能的象征，把失败记录看成是自己能力低下的证明，这种态度才是真正的失败。如果害怕失败而不敢有所作为，那就是在一开始就放弃了任何成功的可能。

推销员和运动员一样，面临的不是成功就是失败两种结局，但这并没有什么了不起，成功的道路是由无数个失败组成的。面对失败，保持信心，坚持不懈地干下去，这样失败就会成为你最好的老师，成为取得成功的动力。

（2）以积极的心态工作

人的心态有消极的一面，也有积极的一面。有消极心态的推销人员是从"不可能"、"办不到"的角度看世界，他们往往被动地应付工作，推诿、悲观、等待，失败后会寻找各种借口为自己辩解，如客户不通情达理、产品不好、价格太高、竞争对手太强、产品知名度不高甚至天气不好。在他们的眼中，失败是必然的，而成功则是偶然的。这种消极心态就像筑起一座高墙，把推销人员围于平庸的牢笼，是推销成功的最大障碍。有积极心态的推销人员往往从不可能中看到可能，从失败中看到成功的希望，在困境中看到光明的前途。

（3）培养自信心

推销人员的自信心，就是推销人员在从事推销活动时，坚信自己能够取得推销成功的心理状态。自信是推销成功的第一秘诀。具有强烈的成功欲望，相信自己能够取得成功，这是推销人员取得成功的绝对条件。相信自己的产品，相信自己的企业，相信自己的推销能力，相信自己肯定能取得成功。这种自信，能使推销人员充分发挥才能，战胜各种困难，获得成功。

3．文化素质

文化素质，即推销人员受文化教育的程度。推销人员的工作难度大，复杂程度高，不仅要善于言语表达，而且要有一定的写作能力、推理判断能力，在推销中要能搜集市场信息、撰写市场调查报告、预测市场行情、制订个人推销计划、定期向销售主管或营销经理总结汇报，还要能看懂并向客户解释产品说明书或工程安装说明，尤其是高新技术企业的产品和贸易公司代理的国外进口产品的推销对推销人员的文化素质要求更高。在国外，销售工程师最起码的要求是大专文化程度，就我国目前的情况来看，推销人员至少也要具备高中文化程度，并且要通过推销方面的专业培训，才能从事推销工作。

4．知识结构

推销人员应掌握的知识是非常广泛的，知识的积累意味着素质和能力的提高。以下几方面是推销人员的必备知识。

（1）产品知识

推销人员不是技术专家，也不是产品的开发设计人员，不可能透彻地了解有关产品的全部知识，掌握产品知识的最低标准是客户想了解什么、想知道多少。客户在采取购买行动前，总是要设法了解产品的特征和利益，减少购买的风险。通常，越是技术上比较复杂、价值或价格高的产品，客户要了解的产品知识就越多。大型机器设备的推销人员几乎要花去90%的时间用来介绍产品、培训客户操作等。客户喜欢能为其提供大量信息的推销人员，相信精通产品、表现出权威性的推销人员。推销人员应对自己所推销产品的以下方面有深入的了解：原材料及主要部件的质量、生产过程及生产工艺技术、产品的性能、产品的使用、产品的维修与保养、产品的售后保证措施等。

（2）企业和用户知识

当今社会，企业生产经营的状况对客户的购买行为有重要的影响，因为企业的状况对其产品的质量有很大的影响。所以，推销人员推销产品的过程同时也是推销企业的过程。推销人员必须熟悉本企业的情况，如发展史、生产规模、技术条件、经营方式、服务项目、服务方式、付款条件、知名度等。此外，推销人员还应全面了解同行业其他企业的状况，只有知己知彼，才能百战不殆。推销人员还必须掌握客户方面的知识，一方面要了解客户的需求、购买力、购买方式和习惯，另一方面要了解客户的决策人、购买人、使用人的情况及购买心理等。

（3）市场知识

市场是企业和推销人员活动的舞台。了解市场运行的基本原理和市场营销活动的方法，是推销人员获得成功的重要条件。推销人员掌握的市场知识应当是非常广泛的，因为推销活动涉及各种各样的主体和客体，有着复杂的方式和内容。推销人员应努力掌握市场经济的基本原理、市场营销及产品推销的策略与方法、市场调研与市场预测的方法、供求关系变化的一般规律、消费心理及购买行为的基本理论等专业知识。

（4）业务知识

推销人员应精通合同签订及与之相关的法律条文。合同内容要具体、明确、肯定和完整，以避免由于合同签订的不完善而发生纠纷。推销人员要掌握货款结算知识，包括付款方式、结算方式，以便能及时足额地收回货款，确保推销任务的真正完成。

（5）推销理论和推销技巧知识

推销人员应具有从事推销活动所需的市场学、心理学、管理学、信息学等方面的理论知识和从事推销活动所需的推销技巧，如交际技巧、洽谈技巧、处理异议技巧、公关宣传技巧等。推销人员还应掌握寻找客户、接近客户、说服客户的方法，掌握推销工作善后处理方法等。此外，推销人员还应具备制订推销计划、书写推销报告、进行推销总结分析等方面的知识和技能。

小结

推销是指企业通过人员或非人员方式，运用各种推销技术和手段，帮助和说服现实的或潜在的客户接受特定的产品、服务及观点的整体活动过程。推销要素是指构成推销活动过程的内在基本因素，具体包括推销人员、推销对象和推销产品。

推销方格理论以行为科学为基础，着重研究推销人员与客户之间的人际关系和买卖心态。最典型的推销心态有五种：事不关己型、客户导向型、强销导向型、推销技巧导向型和解决问题型。客户方格理论形象地描述了客户对推销人员及自身购买任务的关心程度的多种有机组合。典型的购买心态有五种：漠不关心型、软心肠型、防卫型、干练型和寻求答案型。

推销模式是人们根据产品或劳务推销过程中的特点及对客户购买活动各阶段的心理演变采取的对策进行总结所形成的一套程序化的标准形式。常见的推销模式有爱达模式、迪伯达模式、埃德帕模式、费比模式和吉姆模式。

为了树立良好的形象，有利于推销工作的展开，推销人员应注意推销的礼仪准备。

推销人员应具备的基本能力：表达能力、观察能力、自我控制能力、应变能力、社交能力。推销人员应有的职业态度：敬业精神、职业道德、勤奋好学精神。推销人员应具备的知识结构：产品知识、企业和用户知识、市场知识、业务知识、推销理论和推销技巧知识。

第三部分　课题实践页

（一）选择题

1. 人们对什么是推销发表了一些见解，你认为下列看法中比较好的是（　　）。

　　A. 推销就是耍嘴皮子、吹牛

　　B. 推销就是高明的交际艺术

　　C. 推销就是跑腿拉关系

　　D. 推销就是说服和满足需要

2. 以下关于推销的论述正确的是（　　）。

A. 推销就是营销　　　　　　　　　　B. 推销就是促销

C. 推销是科学，更是艺术　　　　　　D. 推销是艺术

3. 下列哪个不属于推销活动的三大基本要素（　　）。

A. 推销对象　　　　B. 推销过程　　　　C. 推销产品　　　　D. 推销人员

4. 推销活动的主体是（　　）。

A. 推销人员　　　　B. 推销产品　　　　C. 推销对象　　　　D. 产品制造商

5. 在推销方格理论中，既关心客户又关心销售的推销人员属于（　　）。

A. 客户导向型　　　B. 解决问题型　　　C. 强销导向型　　　D. 推销技巧型

6. 在客户方格理论中，既关心推销人员又关心购买的客户属于（　　）。

A. 漠不关心型　　　B. 寻求答案型　　　C. 防卫型　　　　　D. 软心肠型

7. 适用于向熟悉的中间商推销的推销模式有（　　）。

A. 爱达模式　　　　B. 迪伯达模式　　　C. 埃德帕模式　　　D. 费比模式

8. 以下哪种产品不适用人员推销方式（　　）。

A. 专业性强　　　　B. 价格昂贵　　　　C. 价格低廉　　　　D. 刚上市的新产品

9. 推销活动的中心是（　　）。

A. 生产　　　　　　B. 销售　　　　　　C. 服务　　　　　　D. 满足消费者需要

10. 吉姆模式也可称为（　　）三角公式。

A. 推销员、推销品、推销对象　　　　　B. 产品、公司、推销人员

C. 兴趣、欲望、购买　　　　　　　　　D. 爱达

（二）简答题

1. 什么是推销？推销有哪几个要素，其相互之间有哪些关系？

2. 推销活动中三要素是什么？如何认识客户在推销活动中的重要性？

3. 简析五种常见推销心态的具体表现。

4. 比较四种推销模式，分析它们之间的内在联系及区别。

5. 在推销活动的礼仪中应注意哪些规范?

6. 详述作为一个成功的推销人员,应该具备哪些素质。

(三)情景模拟题

1. 自我介绍训练:在全班进行自我介绍,要求简明扼要,但要突出自己的个性和特点。

2. 以"爱达"模式来设计推销小品,进行推销模拟表演。

3. 邀请几个同学做"介绍"、"握手"、"使用名片"、"告别"等推销礼仪的模拟试验。

(四)案例分析题

威廉姆斯与他的"金诱饵"

威廉姆斯创作出版了一本名为《化妆舞会》的儿童读物,要小读者根据书中的文字和图猜出一件"宝物"的埋藏地点。这个"宝物"是一只制作极为精巧、价格昂贵的金质野兔。该书出版后,不但数以万计的青少年儿童,而且各阶层的成年人也怀着浓厚的兴趣,按自己从书中得到的启示,在英国各地寻宝。这次寻宝历时两年多,在英国的土地上留下了无数被挖掘的洞穴。最后,一位 48 岁的工程师在伦敦西北的浅德福希尔村发现了这只金兔,这场群众性探宝运动才结束。这时,《化妆舞会》已销售了 200 多万册。

过了几年,经过精心策划和构思,威廉姆斯再出新招,写了一本仅 30 页的小册子,描写的是一个养蜂者和一年四个季节的变化,并附有 16 幅精制的彩色插图。书中的文字和幻想式的图画包含着一个深奥的谜语,那就是该书的名字。此书同时在 7 个国家发行。这是一本独特的,没有书名的书。

作者要求不同国籍的读者猜出该书的名字,猜中者可以得到一个镶着各色宝石的金质蜂王饰物。

猜书名的办法与众不同,不是用文字写出来,而是要将自己的意思,通过绘画、雕塑、歌曲、编织物和烘烤烙饼的形状,甚至编入电脑程序的方式暗示书名,威廉姆斯则从读者寄来的各种实物中悟出所要传递的信息,再将其转译成文字。虽然,谜底并不偏涩,细心读过小册子后,十之八九可以猜到,但只有最富于想象力的猜谜者才能获奖。开奖日期定为该书发行一周年之日。届时,他将从一个密封的匣子里取出那本写有书名的书,书中就藏着那只价值连城的金质饰物。

不到一年,该书已发行数百万册,获奖者是谁还无从知晓,但威廉姆斯本人却早已成为知名人物了。威廉姆斯成功的关键在于他巧妙地设置了价值连城的"金诱饵",既勾起了人们的好奇心,又刺激了人们的发财梦,人为地制造了一场"寻宝热"。

问题:(1)威廉姆斯的成功给了你哪些启示?

(2)你还能想到哪些运用"金诱饵"作为推销手段的推销案例?

课题二 客户开发

技能目标	知识目标	建议学时
能够进行目标客户的寻找	➤ 理解客户开发的原则和程序等基本概念 ➤ 理解各种开发客户方法的含义、优缺点和应注意的问题	6
能够进行客户资格审查	➤ 了解客户信息收集的内容 ➤ 熟悉客户资格审查的内容	4

第一部分 案例与讨论

案例 两张白纸的秘密

世界一流推销大师金克拉在推销时，总是会随身携带两张白纸。一张纸满满地写着许多人的名字和别的东西；另一张纸是一张完全的白纸。他拿这两张纸有什么用呢？原来那张有字的纸是客户的推荐词或推荐信，当他的推销遇到客户的拒绝时，他会说："××先生/女士，您认识杰克先生吗？他是我的客户，他用了我们的产品后很满意，他希望他的朋友也享受到这份满意。您不会认为这些人购买我们的产品是件错误的事情，是吧？""你不介意把您的名字加入到他们的行列中去吧？"

有了这个推荐词，金克拉一般会取得戏剧性的效果。

那么，另一张白纸是做什么用的呢？

当成功地销售一套产品后，金克拉会拿出一张白纸，说："××先生/女士，您觉得在您的朋友当中，还有哪几位可能需要我的产品？"

"请您介绍几个您的朋友让我认识，以便使他们也享受到与您一样的优质服务。"然后把纸递过去。

85%的情况下，客户会为金克拉推荐2～3个新客户。

金克拉就是这样运用客户推荐系统来建立自己的潜在客户群的。

案例讨论

（1）金克拉运用了哪些寻找客户的方法？

（2）本案例对你有什么启示？

第二部分　课题学习引导

2.1　目标客户的寻找

在现代推销学理论中，那些既能从产品中受益又有能力购买该产品的个人或团体称为准客户。寻找准客户是推销过程的首要环节，是制订推销计划和确定有关推销策略的前提条件，是提高推销成功率的保证。推销人员到一个地区开发自己的市场，首先要寻找自己的准客户，因为他们是推销人员的工作对象。如果没有准客户的存在，推销人员的一切工作就无从谈起。因此，确认自己的准客户是每个推销人员开始推销活动、占领市场的首要步骤。

2.1.1　寻找客户的基础工作

1. 寻找准客户的必要性

推销人员要进行推销活动，首先要找到自己的潜在客户即准客户，并掌握他们的基本情况。

（1）提高推销成功率的需要

有效地寻找准客户，是提高推销成功率的保证。在推销工作中，寻找客户既是推销过程的首要环节，又是企业制订推销计划和确定有关推销策略的前提条件。通过有效地寻找和选择客户，推销人员可以充分利用有限的时间和费用，集中精力说服那些有着强烈的购买欲望且购买量大、付款及时的客户，从而大大减少推销工作的盲目性，提高推销的成功率。

（2）不断开拓市场的需要

只有做好准客户的寻找工作，才能不断开拓自己的推销市场。推销人员要扩大自己的推销业务，必须不断开拓自己的推销市场，通过占领新的市场使自己的推销业绩不断扩大，而要扩大自己的市场区域、增加销售量，就必须做好寻找准客户的工作。寻找准客户，一方面可以在那些新的区域找到准客户，从而拓宽自己的推销区域；另一方面可以在老的推销区域内发现新的准客户，把自己的产品从一部分客户扩大到另一部分客户，从而扩大自己的业务量。

（3）扩大产品的市场占有率，强化企业竞争地位的需要

只有搞好准客户的寻找工作，才能扩大自己所推销产品的市场占有率，强化企业的竞争地位。提高市场占有率水平，需要不断地扩大销售量，而要扩大产品的销售量，通过不断寻找准客户来扩大自己的客户范围是基本途径之一。从另一方面讲，随着市场竞争的发展，市场竞争必须日趋激烈，这在客观上亦加大了产品推销的难度和复杂性。在这种情况下，一个企业的实力再雄厚，产品的竞争力再强，所使用的推销技巧再高明，也绝不可能赢得市场上的所有客户。因此，推销人员必须为自己的产品规定一定的推销范围，力求满足一部分准客户的需求，依据自己产品特点和优势，从整体市场上寻找和选择推销对象。寻找准客户，无疑有利于强化企业在竞争中的地位。

2. 确定准客户的范围

在寻找准客户之前，首先要对市场进行细分、选择目标市场、确定准客户的范围。在现代商品经济高度发展的时代，客户的消费日趋多样化和个性化，没有一种产品能够覆盖整个

消费市场，为所有的消费者所接受。每一种产品都有其特定的消费市场和消费对象，不同品种、性能和用途的产品，其适用的对象也不相同。因此，在寻找准客户之前，推销人员必须根据所要推销的产品的特点，确定准客户的范围，以便有针对性地寻找，保证在一定范围内的准客户能相对集中，从而提高寻找准客户的效率。目标市场一经确定，准客户的范围也明确了，推销工作相应地有了针对性和目标性。

3．选择合适的寻找途径

寻找准客户的途径有很多种，推销人员要根据所推销的产品的特点和准客户范围的大小来确定一条或几条合适的寻找途径。如推销大众化的产品，准客户的范围很大，可以通过以传媒广告为主的大规模宣传的形式来征集信息寻找准客户，也可以通过对整个地区的所有家庭进行逐一访问来寻找准客户；如果推销的是适用范围较窄的产品则可通过有针对性的邮寄广告或通过专业咨询公司等形式来寻找准客户。在实际工作中，往往采取几种方法并用的方式，这比仅用单一方法的收效高得多。

4．寻找客户时应注意的问题

（1）"三英尺范围"规则

推销界流传着一句名言"凡是走近你周围三英尺范围的人，都是值得你与之谈论你的产品、服务以及生意的人。"这句话表明客户就在推销人员的周围，那些由于各种机缘走近你身边的陌生人，很有可能就是对你所推销的产品有兴趣的人，因此，推销人员应善于与各种人交往，不放过任何一个机会，从所遇到的陌生人那里挖掘准客户。

（2）树立随时寻找客户的意识

推销人员要养成随时寻找准客户的意识，只要走出家门，就要时刻注意每一条寻找准客户的线索。实践证明，机会不仅出现在推销人员的市场调查、推销宣传、上门走访等工作时间内，而且还出现在销售人员八小时工作时间之外。如果没有随时寻找客户的意识，只在"工作时间"去寻找客户，而在"业余时间"毫无用心，那么许多销售机会将会与你擦肩而过。

（3）培养敏锐的观察力和正确的判断力

观察力和判断力是推销人员应掌握的基本技能之一。敏锐的观察力和正确的判断力是推销人员发现事物、辨别真伪、寻找客户的有效途径。这就要求推销人员应随时训练自己多听、多看、勤于用脑思考、善于总结经验。此外，还要扩大兴趣范围，努力开阔视野、充实头脑，这样才能不断发现机会、抓住机会。

（4）掌握"连锁反应"原理

推销人员要学会利用与现有客户的良好关系，请他们宣传自己的产品和企业，树立起本企业、本产品的良好形象。请老客户介绍新客户，如此不断地发展下去，犹如化学中的连锁反应，这就是连锁原理。掌握这一原理，可使推销人员受益无穷。

2.1.2　寻找客户的常用方法

寻找客户的基本思路是由近及远，先易后难。首先，要在自己的熟人圈中发掘销售机会，其次，请现有的客户介绍新客户，最后，在更广阔的范围内寻找，即从市场调查走访中寻找准客户。下面介绍几种寻找准客户的常用方法。

1．地毯式访问法

地毯式访问法，又称普访法或挨门挨户寻访法，也称直接访问法。地毯式访问法是指推销人员在不太了解或完全不了解潜在客户的情况下，直接、普遍、逐一地访问特定区域或行业内的所有个人和组织，从中寻找客户的方法。这种方法是寻找客户最基本的方法。不管时代如何变化，人们的思想如何改变，挨户拜访、推销是不变的推销法则。推销人员的业绩是与拜访客户的多少、次数成正比的。因此，它又是推销过程中最重要的步骤，是促成交易最可靠的手段。因这种方法直接面向陌生客户推销，所以，它又是难度最大、最富挑战性、最难坚持不懈的一种方法，是磨炼推销人员意志的最佳训练法。许多推销高手都有自己独特的推销术，而这些大都是从挨门挨户访问中磨炼出来的。

地毯式访问法依据的原理是"平均法则"，即认为在被访问的所有对象中，必定有推销人员所要寻找的客户，而且分布均匀，客户的数量与被访问对象的数量成正比关系。因此，只要对范围内的可能对象无一遗漏地寻找查访，就一定可以找到。

地毯式访问法是一种古老的但比较可靠的方法。它可以使推销人员在寻访客户的同时，了解市场、了解客户、了解社会，也可以使推销人员，尤其是新推销人员得到锻炼。但地毯式访问法比较费时费力，带有较大的盲目性。

地毯式访问法以及由此引发的上门推销，被誉为坐店推销、广告推销之后的第三代推销新法。在国外被广泛地应用到对生活资料的挨家挨户的推销中。在我国主要应用于工矿企业对中间商的推销或者在较小范围内的上门推销。

2. 连锁介绍法

连锁介绍法是指推销人员请求现有的客户介绍未来可能的客户的方法，即推销人员在寻找客户的过程中，通过现有的客户来发展、挖掘潜在客户；再通过这些新客户来寻找其他潜在客户。这种方法就如同化学中的连锁反应，客户一个介绍一个，以至无穷，推销人员便可不断地寻找下去。

连锁介绍法的理论依据是事物普遍存在着的"相关法则"。世界上的事物都按一定的方式与其他事物发生联系，因而使事物间都存在着相关关系。这种相关关系有时是明显而紧密的，如同一社交圈的人、需要同一种原料的企业、生产相同产品的工厂等；有时是隐蔽的，需要推销人员进行调查、分析。具有这种相关关系的事物有时会存在着相同的需求或者彼此了解。因此，推销人员在找到一个客户后，就可以通过这个客户找到与他有联系的、可能具有相同需求特点的其他客户。客户的购买行为会因其自身的内在需求引起以外，还会受到外界环境的影响。通过客户间的连锁介绍，老客户对产品的客观评价，都会直接影响新客户购买行为的发生。另外，对于推销人员来说，借助老客户介绍新客户，是一种迂回战术，大多数人对亲朋好友介绍来的推销人员有信任感。所以，这种方法很利于营造良好的推销气氛，有助于推销人员寻找到更多的新客户。

连锁介绍法是一种比较有效的寻找客户的方法。它一方面避免了推销人员工作的盲目性，又可以较好地赢得潜在客户的信任。由于老客户与新客户比较熟悉，关系比较密切，彼此又相互了解，故提供的信息比较翔实准确。因为是熟人介绍，新客户比较信任，接待也较为热情，便于推销人员接近客户。因而连锁介绍法几乎被推销界认为是最好的寻找客户的方法。

连锁介绍法对于有特定用途的产品、专业性强的产品、服务性的产品都有较好的推销效果，因而被广泛地应用。

3. 中心开花法

中心开花法又称权威介绍法，是指推销人员在某一特定范围内寻找并争取有较大影响力的权威人物为潜在客户，并通过他们来影响其周围的人成为潜在客户的方法。这种以点带面、全面推开的中心开花法，实际上是连锁介绍法的一种特殊形式，即推销人员通过所谓"中心人物"的连锁介绍，开拓其周围的潜在客户。

中心开花法所依据的理论是心理学的"光辉效应"法则。心理学原理认为，人们对于在自己心目中享有一定威望的人物是信服并愿意追随的。因此，一些权威人物的购买与消费行为，就可能在他的崇拜者心目中形成示范作用与先导效应，从而引发崇拜者的购买与消费行为。许多企业在实施品牌联想策略中运用的"品牌与人联想"实际上就是一种利用中心开花法寻找客户的典型佐证。在任何市场概念及购买行为中，影响者与权威人物是客观存在的，他们是"时尚"在人群中传播的源头。只要确定了中心人物，使之成为现实的客户，就很有可能发现与发展一批潜在客户。

中心开花法只需推销人员集中精力做好权威人物的推销工作即可，避免了推销人员重复单调地向每一个潜在客户进行宣传与推销，因而节省了大量的时间与精力。同时，可以利用中心人物的名望与影响力提高产品的知名度。但中心开花法把希望过多地寄托在权威人物身上，从而增加了推销的风险。尤其是在我国，不少权威人物往往不热心于产品的推销与市场营销活动，更增加了这个方法运用的困难。同时，很难确切地发现真正的权威人物，亦成了这个寻找方法的缺点与难点。

中心开花法被广泛地运用于各种产品的推销。

4．委托助手法

委托助手法是推销人员通过委托"推销助手"来寻找准客户的方法。在西方国家，这种方法运用得十分普遍。一些推销人员常雇佣有关人士来寻找准客户，自己则集中精力从事具体的推销访问工作。被雇佣的人称为推销助手或信息员，他们可以是各类人员，如技术员、管理员、税务人员、服务人员或医生等，推销助手分布广泛，对本地区、本行业的情况十分熟悉和了解，往往能找到大批准客户，给推销人员提供有价值的市场信息，如推销婴儿用品的推销人员可请妇产科医生或护士做助手。

委托助手法的理论依据是经济学的"最小最大化"原理与市场相关性原理。因为委托一些有关行业与单位的人充当推销助手，在产品的销售地区与行业内寻找客户及收集情况，再利用现代化的通信设备传递有关信息，然后由推销人员去接见与洽谈，这样所花费的费用与时间，肯定比推销人员亲自外出收集情况更合算些。越是高级的推销人员就越应该委托推销助手进行推销，而推销人员本身只是接近那些影响大的关键客户，这样可以获得最大的推销经济效益。

委托助手法，可以使推销人员节省大量的时间、精力与费用，提高推销工作效益，使推销人员开拓新的市场，还可以利用推销助手的社会影响推动产品的推销。但好的推销助手难以寻觅，推销业绩往往取决于推销人员与推销助手的合作与沟通状况。如果推销助手同时兼任几家同类产品制造厂家或经营商家的信息员，不仅可能泄漏商业秘密，还可能使企业与推销人员陷于不公平的市场竞争中。

5．信息利用法

信息利用法是利用各种信息资料寻找准客户的方法，也是西方国家的推销人员常用的一种方法。西方各国一般都有较为完整的情报资料，为推销人员的查阅提供了很大方便。我国这方面的整理汇编工作还有很大欠缺。就目前情况看，可利用的信息一般有如下几种。

（1）电话簿、邮政编码簿

这是最容易获得的信息资料，这类资料一般都详细登载了某一地区的企事业单位名称、地址等；推销人员可按图索骥，寻找准客户。

（2）企业名录

目前我国已出版了全国性的工商企业名录《中国工商企业名录》，各地方、各行业也编出了区域性、行业性的企业名录，如《浙江省工商企业名录》等。

（3）专业团体会员名册

我国有许多行业性的专业团体组织，如中国市场学会、中国企业家学会等。这些团体组织一般都有会员名册和会员通讯录，推销人员可通过查阅这类资料来获取准客户的线索。

（4）产品目录

有些企业为推销产品编印了产品目录向外界广为散发，有的企业还专门出版许多专业性的产品选型样本。这些资料也是推销人员寻找准客户的极好来源。

（5）报纸杂志信息

通过阅读报纸杂志能使推销人员获得大量的有用信息。其中应注意的是以下几方面的信息，① 工商管理公告。国家和地方工商行政管理局每年都要发布各类公告，如企业登记公告等，公告中都有企业情况的简要说明，推销人员可从中挑选准客户。② 企业广告和公告。很多企业常常在报纸上刊登广告来扩大影响、推销产品，在报纸上会找到某些企业公告，如搬迁公告、聘请某人为企业法律顾问公告、招聘启事等。③ 统计资料。年末或季末国家都会在报纸上公布一些统计资料，有全国性的也有地方性的，有综合性的也有行业性的，这些都可以成为查找准客户的线索。④ 其他信息。报纸上的信息是大量的，只要推销人员独具慧眼，总能从一些看似无关的消息、新闻中发现可挖掘的机会。如某企业新落成大楼，那么就很可能需要大量的配套设备；某地预计今夏的气温较往年高，则消暑纳凉产品就很可能俏销等。

6．聚集场所利用法

聚集场所利用法是利用聚集场所人员稠密、趣味相投的特点来推销产品的方法。聚集场所指产品博览会、供货会、各种交流会、培训班、联谊会、俱乐部等。人们一般是为了相同的目的才聚集到一起，因此，他们有相似的需求，只要推销的产品对路，推销人员在这种场所会发现大量的准客户。

7．广告开拓法

广告开拓法是推销人员先利用广告媒介传播信息，再通过反馈信息有针对性地寻找准客户的方法。这种方法要求企业巧妙地设计广告内容来鼓励人们反馈信息，然后推销人员研究这些信息，并根据反馈信息的先后等情况来判断客户需求的强弱，再有针对性地开始走访工作。用这种方法一般都能发现许多新客户。

8．咨询法

随着我国市场经济的发展，各类经济咨询机构应运而生，有国家的信息服务部门，也有一些以赢利为目的的商业性咨询公司。推销人员只需要支付少量的信息咨询费就可以得到有价值的资料。由于各种条件的限制、利用国外的一些咨询机构或调查公司寻找国外的客户或调查国外客户的背景材料是比较好的一种方法。

【引例2-1】 有一天，原一平到一家百货公司买东西。任何人在买东西时，心里总会有预算，然后在这个预算之内货比三家，寻找物美价廉的东西。忽然，原一平听到旁边有人问女售货员："这个多少钱？"说来真巧，问话的人要买的东西与原一平要买的东西一模一样。女售货员很有礼貌地回答："这个要7万日元。""好，我要了，你给我包起来。"想来真气人，购买同一样东西，别人可以眼也不眨一下就买下来，而原一平却得为了价钱而左右思量。原一平有条敏感的神经，他对这个人产生了极大的好奇心，决心追踪这位爽快的"有钱先生"。有钱先生继续在百货公司里悠闲地逛了一圈，他看了看手表后，打算离开。那是一只名贵的手表。"追上去。"原一平对自己说。那位先生走出百货公司门口，横穿过人潮汹涌的马路，走进了一幢办公大楼。大楼的管理员殷勤地向他鞠躬。果然不错，是个大人物，原一平缓缓地吐了一口气。眼看他走进了电梯，原一平问管理员："你好，请问刚刚走进电梯的那位先生是……""你是什么人？""是这样的，刚才在百货公司我掉了东西，他好心帮我捡起来，却不肯告诉我大名，我想写封信给他表示感谢，所以一直跟着他，冒昧向你请教。""哦，原来如此，他是某某公司的总经理。""谢谢你！"

以上介绍了寻找客户的一些基本方法，推销人员应根据具体情况灵活运用，扬长避短。特别应指出的是推销人员要有创新精神，勇于探索前人未曾尝试过的方法，独辟蹊径，结合自身特点，摸索出一条有自己特色的道路。

2.2 客户资格审查

推销人员必须掌握合格客户应具备的条件，然后，运用这些条件逐一地去衡量准客户是否为合格客户，以便更准确、快捷地达成交易。

推销人员采用各种方法会找到大批的准客户，这时推销人员的任务就是要按照一定的标准缩小准客户的范围，来确定最佳的推销对象。现代推销学的基本观点认为，作为客户的人（Man），是由金钱（Money）、权力（Authohty）和需要（Need）这三个要素构成的，只有三个要素均具备的人才是现实的客户，因此，推销人员应按照对产品是否有需求、有决策权、有购买力这三个要素来筛选准客户，在现代推销学中把这个过程称为客户资格的评审与验定。

客户资格的评审与验定是客户研究的关键，其作用在于既避免把时间浪费到不可能购买产品的人身上，又能发现真正的客户、重点客户，使推销人员有针对性地展开推销攻势，做到突出重点、集中精力，提高整个推销活动的效率。

2.2.1 客户需求的评审与验定

客户需求的评审与验定是指鉴定某一特定客户是否真正需要推销人员所推销的产品或服务以及何时需要、需要量的大小。

现代营销学认为，客户的购买行为来源于需求和欲望，当人们有缺乏、不足之感，就会产生渴望、求购之心，继而采取行动来满足这种心理和生理的需求，可见需求是购买行为的根本动力。如果客户根本就不需要推销人员所推销的产品或服务，那么向他进行推销肯定是徒劳的。因此关于需要的验定是客户资格评审与验定的首要项目，客户是否存在需求是推销能否成功的关键。

应该特别指出，需求是可以激发和诱导的。推销工作的最佳境界是创造需求、引导消费、倡导新的工作、生活方式，即通过推销人员的介绍、引导、演示，能够激发客户的潜在需求，使他们认识到自己内心深处的渴望，从而采取购买行动。特别是在科学技术飞速发展、产品日新月异的今天，有许多新产品能更好地满足人们的各种需求但未被人们所认识和接受，也有部分客户虽知道某一产品能更好地满足自己的需求，但由于种种原因没有把它列入采购计划。在这两种情况下，客户实际上对产品都具有潜在需求，推销人员不要被表面现象所迷惑，轻率地把他们从准客户名单中划掉，而是要仔细分析，区别对待。比如，对于第一种情况，正是推销人员施展才智的好时机，可以通过各种办法使客户注意产品，理解产品的优越性能，激发客户拥有产品、使用产品的愿望，刺激他们采取购买行动；对于后一种情况，推销人员应该鼓励帮助客户，创造办法、克服困难来拥有产品。在这时任何消极等待客户自己去认识需求、自己去解决问题的想法和做法都是错误的。

在激发和诱导需求的过程中，推销人员要勤于思考、勇于创新，要全面细致地了解产品，了解客户心理，才能发现产品能满足客户需求、增进客户利益的方方面面，在推销过程中针对具体的客户，不放过最细小的一点利益和好处，因为任何一方面都有可能是客户感兴趣的购买理由。

经过严格的评审与验定后，如果推销人员确认某一特定客户没有需求或发现自己的产品和服务不能增进其利益，就不应该向其强行推销；而一旦确信客户能从自己的推销中获得好处和帮助，就应抓住时机，信心百倍地去推销。至于需要的时机和需求量的大小可在与客户的进一步洽谈中确定。

2.2.2　客户购买力的评审与验定

从心理学角度看，人的欲望是无穷的，需求也是无穷的，但营销学理论认为只有建立在购买力基础上的需求才是真正的市场需求。因此，有必要对客户的购买能力进行评审与验定。

客户的购买能力也可以分为现实的购买能力和潜在的购买能力。具有现实支付能力的客户当然是最理想的客户，但是，一味强调现实的购买能力往往会影响推销局面的开拓，掌握客户的潜在购买能力，有利于拓宽销售渠道、增加销售量。当确认客户具有潜在购买能力时，推销人员应主动协助客户解决目前的财务问题，如提供融资帮助或其他信用方式。

但是要准确判断客户的支付能力绝不是一件轻而易举的事，大多数客户的财务资料都是严格保密的，因此，推销人员必须做大量的调查、分析工作才能得出结论。如果客户是个人，可以从了解他的年龄、工作单位、经济收入、社会阶层、家庭状况、目前拥有的产品等情况，来判断他的支付能力；如果客户是组织机构，可调查了解它的所有制性质、开业年限、经营规模、经营历史、营业场地租赁情况、客户情况、供应商情况等，来分析该客户的支付能力和信用水平。为了进行量化分析，也可以采取打分的形式，给以上各项目赋予一定权重，并按客户的实际情况给予一定分值，把两者乘积相加得出总分，然后按事先制订的标准列入相应的信用级别，同时规定每一信用级别的信用额度，超过信用额度的从客户名单中划掉，以确保销售回款。

2.2.3　客户购买决策权的评审与验定

在判断了客户的需求及购买能力后，还要明确客户是否有购买的决策权，这也是客户资格评审与验定的一项必要内容，其目的是为了提高推销工作的效率，使推销人员把主要精力用到有决策权的客户那里。

判断购买决策人要求推销人员具备敏锐的观察力和一定的心理学知识，能读懂人们的各种表情和肢体语言，这方面的知识越丰富，判断的准确程度就越高。此外，还可以通过简单的几个小问题来判断，比如"你以后是独自用这个产品吗？""你还要与谁商量一下吗？"等，倾听回答你就会得出正确的答案。

家庭消费品的购买决策状况较为复杂，但也有一定的规律，如购买大件的机械电子方面的用品，往往由男主人决策，购买日常生活用品由女主人决策，购买某些儿童用品则孩子有较大的决策权。推销人员应该通过观察了解客户家庭中的微妙关系，从而认定主要决策人。

机构组织购买决策人的认定尤为重要，否则客户范围太大，势必造成推销的盲目性。推销人员要了解组织客户内部的人事关系、组织机构、决策系统和方式、内部各部门的权限等，以便找出决策人。推销人员可以通过与熟人打听，也可从接待人员的暗示中了解，或直接询问有关人员来寻找。

客户资格的评审与验定是一项贯穿于整个推销过程始终的活动。当然，如果条件允许、资料充分，推销人员可以事先对某一特定客户是否具备三项条件进行分析判断，但多数情况下，需要推销人员在与客户接触过程中逐步判断，这就要求推销人员视具体情况灵活应变，一旦发现问题，立即停止推销，避免浪费时间，从而提高工作效率。

2.2.4 建立客户档案

经过以上对准客户的分析、评价、审查，排除了各种不合格的客户，并将拜访名单上准客户的各种资料进一步了解清楚，然后装订成册，建立准客户档案库，妥善保管起来，作为日后推销的资料。日本的"推销之神"原一平认为任何业种的推销人员都要有准客户档案。他自己在填写准客户档案时，不仅记录每位准客户的基本情况，而且还记录每次推销活动中与准客户会晤时的重要谈话内容及感想，特别是将自己的答复与表现记录在客户档案中，事后反复研究，以发现问题，不断完善自己。

建立准客户档案，便于推销人员与客户保持密切的人际关系，建立长期稳定的业务联系。同时，通过日积月累，使有关资料越来越丰富，对这些资料分析整理后，必然又能得到许多有价值的信息，为推销人员与客户打交道提供更大的帮助。美国和日本的许多大公司都拥有数量庞大而周密的准客户情报资料，作为企业今后生产、销售的重要依据。所以，建立个人和组织（集团）的客户档案十分必要。客户档案形式可以有以下两种（见表2-1、表2-2）。

表2-1　　　　　　　　　　　个人档案

编号

姓　　名		出生日期	
性　　别		学历及母校	
职务、职称		主要经历	
月　收　入		性格爱好	
住　　址		现工作单位	
电　　话		何时购何物	
E-mail		家庭状况	

表2-2　　　　　　　　　　　团体档案

编号

企业名称			姓名		其他
地址电话		企业负责人	电话		
开业时间			职务职称		
开始交往时间			爱好		
信用状况			性格		
经营项目		采购经办人	姓名		
何时购何物			电话、地址		
企业规模及经营状况			出生年月日		
			性格爱好		
			与本公司交情		

除以上两种形式外，推销人员还可以根据行业及产品的特点，调整内容，自行设计，以便提供及时、准确的信息情报，更好地为推销活动服务。

小结

寻找客户的基础工作包括确定准客户的范围、选择合适的寻找途径和掌握有关规则。准客户的范围是由产品的品种、性能、用途、特点决定的，因此推销人员应熟悉产品自身以及它能给客户带来的满足与利益，这是推销工作的基点。

寻找客户应注意的几点："三英尺范围"规则、树立随时寻找客户的意识、培养敏锐的观察力和正确的判断力、掌握"连锁反应"原理。寻找客户的方法：地毯式访问法、连锁介绍法、中心开花法、委托助手法、信息利用法、聚集场所利用法、广告开拓法、咨询法。

客户资格审查包括客户需求的评审与验定、客户购买力的评审与验定、客户购买决策权的评审与验定。

经过对准客户的分析、评价、审查，排除了各种不合格的客户，并将拜访名单上准客户的各种资料进一步了解清楚，然后装订成册，建立准客户档案库。

第三部分　课题实践页

（一）选择题

1. 推销的起点是（　　）。

A. 约见客户　　　　　　　　B. 接近客户

C. 寻找客户　　　　　　　　D. 推销准备

2. 推销人员对客户的情况一无所知或知之甚少时，直接走访某一特定区域或某一特定职业的所有个人或组织，以寻找准客户的方法，被称为（　　）。

A. 地毯访问法　　　B. 连锁介绍法　　　C. 中心开花法　　　D. 关系拓展法

3. 寻找客户的目标是要找到（　　）。

A. 常客户　　　　　B. 现实客户　　　　C. 潜在客户　　　　D. 准客户

4. 下列哪个不是寻找客户的方法（　　）。

A. 介绍接近法　　　B. "地毯式"搜寻法　C. 连锁介绍法　　　D. 网络搜寻法

5. 对准客户进行资格审核是指对客户的（　　）进行审核。

A. 人格特征　　　　　　　　B. 资金情况

C. 购买决策权和决策地点　　D. 购买力

6. 中心开花法寻找准客户的方法（　　）。

A. 推销效果好，但难于接近和说服　　B. 推销效果好，也易于接近和说服

C. 推销效果差，且难于接近和说服　　D. 推销效果差，但易于接近和说服

7. 汽车保险推销人员和汽车推销人员合作寻找准客户的方法是（　　）。

A. 连锁介绍法　　　B. 地毯式访问法　　C. 委托助手法　　　D. 中心开花法

8. 既有购买意愿又有支付能力的个人或者组织称为（　　）。

A. 客户　　　　　　B. 准客户　　　　　C. 消费者　　　　　D. 决策者

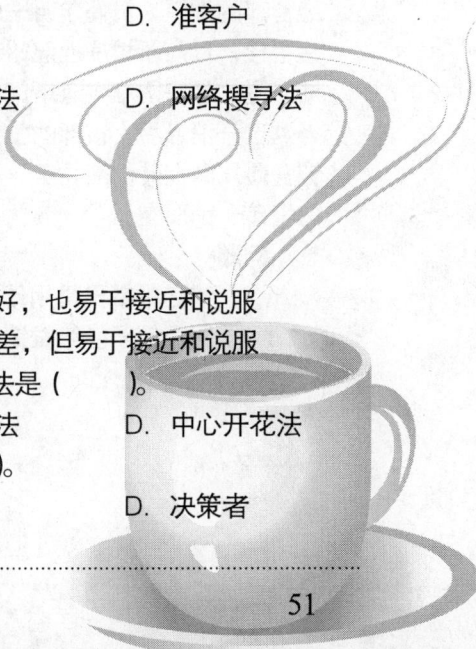

9. 对客户资格的审查不包括以下哪个方面（　　　）。

A. 潜在客户是否对你的产品有需求愿望　　　B. 潜在客户是否有购买能力

C. 潜在客户是否有购买决定权　　　　　　　D. 潜在客户是否有资格购买

10. 请老客户给新客户提前打电话介绍自己，然后由再上门走访推销，这种寻找客户的途径属于（　　　）。

A. 通过市场调查走访寻找　　　　　　　　　B. 现有客户介绍寻找

C. 通过文献资料寻找　　　　　　　　　　　D. 本单位内部寻找

（二）简答题

1. 地毯式访问法的优缺点是什么？

2. 为什么说"不同行业的推销人员寻找潜在客户的方法不同"？

3. 在日常生活中，推销人员可以通过哪些现象来判断客户的购买力状况？

4. 在对组织客户的资格审查中，你认为哪个审查项目最重要？请说明理由。

（三）实训题

主题：调查和观察客户、寻找客户

要求：掌握并灵活运用寻找客户的方法

准备：

1. 班级学生分组，每组人数应不多于 5 人。

2. 产品选择：电信产品、家政服务、笔记本型计算机、热水袋，也可以自选产品。

3. 以小组为操作单元，拟出寻找客户的方案。

流程：

1. 各小组操作产品力求不同，运用不同的方法寻找客户。

2. 撰写行动方案。

（四）案例分析题

20 世纪 90 年代初，安徽芜湖某瓷砖厂的经营部正在为大批积压瓷砖发愁。有一天，该经营部的推销人员偶尔听一位老乡说起，他们县的建筑公司正在上海某一地区帮助建造民用住宅楼，目前新楼房业已竣工，建筑公司已迁至其他工地，盖好的新楼即将分配给住户。上海居民的住房困难早有所闻，现在新楼落成，住户搬迁时，装饰厨房与卫生间肯定需要瓷砖。得到这一消息后，该部的推销人员决定在新楼附近与另一家商店开展联营，推销瓷砖。由于该瓷砖厂的瓷砖价廉物美，而且销售点就设在居民楼附近，住户购买十分方便，因此，库存的瓷砖一销而空。

问题：

（1）该名推销员是用什么方法寻找准客户的？

（2）这个例子能给推销员在寻找准客户时带来什么启示？

课题三　客户拜访

技能目标	知识目标	建议学时
能够成功约见客户	➤ 了解拜访客户前准备工作的内容 ➤ 熟悉约见客户的内容和方法	6
能运用各接近客户的方法成功地接近客户	➤ 了解接近准备的工作内容 ➤ 熟悉接近客户的技巧 ➤ 理解正式接近客户方法的内容与应注意的问题	4

第一部分　案例与讨论

案例　处处留心，投其所好

马凯是一家计算机公司的销售代表，他打算去拜访山西邮电系统主管采购的刘主任，由于工作原因，他必须在第一次拜访中就了解客户的资料。

马凯来到客户的办公室，敲门进去。刘主任正在打电话，示意马凯坐下来。马凯坐在沙发上，并利用这段时间仔细观察客户的办公室。

这是一间很大的办公室，刘主任的办公桌靠近窗口，上面堆放了很多资料。刘主任的对面是一个书架，书架上摆满了书。办公桌和书架的左边是沙发和茶几，茶几上有很多技术方面的杂志。在门口左边的墙角里有一台放在电脑桌上的台式计算机。沙发离计算机很近，可以看到计算机上有客户下载的股票和围棋的图标。

"我来之前就了解到您是搞技术出身的，对计算机非常在行。桌上的这些资料都是很专业的杂志，您一直都在看吗？"

"对。每一期我都看。"

"您都关心哪些内容呢？"

"我主要看一些产品的动态和一些应用方面的文章。"

"这确实是一个了解行业状况的好方法。我这次从北京来是专门拜访邮电系统客户的，您已经采购了不少我们的产品，我希望听听您的意见。另外，我们有很好的高端产品，也希望利用这个时间了解一下您这方面的需求。您看好吗？"

"好吧。"

半个小时以后，马凯认为已经可以告一段落了，便说：

"刘主任，您书架上的书有很多。我能看看吗？"

"好吧。"刘主任离开座位，与他来到书架前。

"您喜欢看哪方面的书？"马凯问。

"我最近对历史方面的书比较有兴趣。另外一直在看技术方面的书。"

"我也是。我可以去机房参观一下吗？别人告诉我您的机房的设计是一流的。"

结束拜访回到北京以后，马凯写了一封信给刘主任，对他的接待表示感谢。与信一起寄给客户的还有一套他非常喜欢的二月河著的《雍正皇帝》和《乾隆皇帝》。另外，公司需要尽快在刘主任这里做一次新产品的技术交流。马凯也喜欢围棋，便开始约刘主任在联众上下棋，俩人很快成了棋友。

案例讨论

（1）马凯采用了什么方法来接近客户？

（2）你从本案例中得到了什么启示？

第二部分　课题学习引导

3.1 约 见 客 户

根据约见对象的不同，约见时间、地点、目的、方式等考虑因素应该有所差异。这一阶段，推销人员的首要工作是制订拜访计划，然后选用恰当的约见方式来接近客户。

【引例 3-1】　2001 年 5 月 20 日，美国一位名叫乔治·赫伯特的推销员，成功地把一把斧子推销给了布什总统。布鲁金斯学会得知这一消息后，把刻有"最伟大的销售员"的一只金靴子赠予了他。这是自 1975 年该学会的一名学员成功地把一台微型录音机卖给尼克松以来，又一学员获此殊荣。布鲁金斯学会创建于 1972 年，以培养世界上最杰出的推销员而著称。它有一个传统，在每期学员毕业时，设计一道最能体现推销员能力的实习题，让学生去完成。克林顿当政期间，他们出了这么一个题目：请把一条三角裤推销给现任总统。8 年间，有无数学员为此绞尽脑汁，可是，最后都无功而返。克林顿卸任后，布鲁金斯学会把题目换成：请把一把斧子推销给布什总统。

鉴于前 8 年的失败与教训，许多学员知难而退。个别学员甚至认为，这道毕业实习题会和克林顿当政期间的一样会毫无结果，因为当今的总统什么都不缺，即使缺什么，也用不着他亲自购买；退一步说，即使他亲自购买，也不一定正赶上你去推销的时候。然而，乔治·赫伯特却做到了，并且没有花多少功夫。一位记者在采访他时，他是这样说的：我认为，把一把斧子推销给布什总统是完全可能的，因为布什总统在得克萨斯州有一座农场，那儿种了许多树。于是我给他写了一封信，说："有一次，我有幸参观了您的农场，发现农场里种着许多矢菊树，有些已经死掉，木质已变得松软。我想，您一定需要一把小斧头，但是从您现在的体质来看，小斧头显然太轻，因此，您仍然需要一把不甚锋利的老斧头。现在我这儿正好有一把这样的斧头，它是我祖父留给我的，很适合砍伐枯树。假如您有兴趣的话，请按这封信所留的信箱，给予回复……"最后他就给我汇来了 15 美元。乔治·赫伯特成功后，布鲁金斯学会在表彰他时说，金靴子奖已空置了 26 年。26 年间，布鲁金斯学会培养了数以万计的推销员，造就了数以百计的百万富翁，这只金靴子之所以没有授予他们，是因为我们一直想寻找这么一个人：这个人从不因有人说某一目标不能实现而放弃，从不因某件事难以办到而失去自信。

现代推销原理告诉我们，约见拜访是推销人员事先征得访问对象同意后的行动过程。约见拜访作为接近推销对象的基础和前提，是整个推销活动过程的重要环节。通过约见，推销人员才能成功地接近准客户，顺利开展面谈；推销人员还可以根据约见时客户的初步反应来进行推销预测，为制订下一步面谈计划提供依据；此外，约见拜访有助于推销人员合理安排时间，将推销计划落到实处，大大提高工作效率。

但是，约见客户并不是一件简单的事情，推销人员必须掌握相应的策略和技巧，做好相应的准备才能顺利达到目的。

3.1.1　约见客户的准备

"不打无准备之仗"是推销工作的一个重要原则。要想获得与客户见面的机会，顺利开展推销洽谈，在约见客户前，推销人员必须做好相应的准备工作。所谓约见准备，是指推销人员在接近准客户前进一步深入了解该客户的基本情况，设计接近和面谈计划，谋划如何开展推销洽谈的过程。约见准备工作的主要目的是更多地收集准客户的资料，为推销访问和约见客户做好准备。

1．约见准备的意义

（1）有助于进一步认定准客户的资格

在初步认定准客户资格的基础上，推销人员已基本确定某些个人和团体是自己的准客户，但这种认定有时可能不会成为事实。因为真正的准客户要受其购买能力、购买决策权、是否已经成为竞争者的客户和其他种种因素的制约。对于这些制约因素，都要求推销人员必须对准客户的资格进行进一步的认定，而这项任务必须在约见客户之前的准备工作中完成，以避免接近客户时的盲目行为。

（2）便于制订接近目标客户的策略

目标客户的具体情况和性格特点存在着个体差异，推销人员不能毫无区别地用一种方法去接近所有的准客户。有的人工作忙碌，很难获准见面，有的人却成天待在办公室或家里很容易见面；有的人比较容易接近，有的人却很严肃，难以接近；有的人时间观念较强，喜欢开门见山地开始推销洽谈，有的人却比较适宜采取迂回战术；有的人喜欢接受恭维，有的人却对此持否定的态度等。推销人员必须进行充分的前期准备，把握准客户诸如上述多方面因素的特点，才能制订出恰当的接近准客户的各种策略。

（3）有利于制订具有针对性的面谈计划

推销人员在推荐产品时，总是要采取多种多样的形式，从产品的各个方面进行游说，或突出产品制作材料的新颖、先进的生产工艺，或突出产品良好的售后服务和保证，或突出优惠的价格等。关键在于推销人员介绍产品的侧重点要切合客户的关注点，否则，面谈介绍产品的工作就失去了针对性，推销的效果会因此而大打折扣，甚至使推销工作无功而返。例如，准客户最关心的是产品的先进性和可靠的质量，而推销人员只突出产品具有完善的售后服务，有可能使客户担心产品的返修率比较高，质量不可靠。推销人员做好前期准备工作，深入挖掘准客户产生购买动机，就能找到准客户对产品的关注点，制订出最符合准客户特点的面谈计划。

（4）可以有效地减少或避免推销工作中的失误

推销人员的工作是与人打交道，要面对个性各异的潜在客户。每一位潜在客户都具有稳定的心理特质，有各自的个性特点，推销人员不可能在短暂的推销谈话中予以改变，而只能加以适应，迎合准客户的这些个性特点。因此，推销人员必须注意顺从准客户的要求，投其所好、避其所恶。推销人员做好接近准备，充分了解准客户的个性、习惯、爱好、厌恶、生理缺陷等，就可尽量避免触及客户的隐痛或忌讳。

（5）能够增强推销人员取得工作成功的信心

有没有取胜信心，对于推销人员取得成功至关重要。推销人员在毫无准备的情况下贸然访问准客户，往往因为情况不明、底数不清，总担心出差错触怒客户，而行动举棋不定，言辞模棱两可。客户对自己所推销的产品信心不足的推销员，只会感到担心和失望，进而不能信任推销员所推销的产品，当然，也难以接受。充分的前期准备工作，可以使推销人员底气十足，充满信心，推销起来态度从容不迫，言语举措得当，容易取得客户的信任。

由此可以看到，约见客户的准备工作非常重要，尤其是当产品具有贵重、高档、无形、结构复杂、数量较多或客户所不熟悉等特点时更是如此。

2．约见准备的内容

（1）了解目标客户的情况

了解客户本人的资料，无论是推销个人消费品还是工业用品，推销人员都是在与人打交道，即使对方是一个由多人组成的采购中心，推销人员也是在与其中的决策人约见、洽谈，因此，凡是与人交际、沟通的技巧都可以运用到推销活动中。不同的人在客观上存在着很大的个体差异，推销人员如果能事先了解他们的个性、爱好、习惯、厌恶甚至生理缺陷、心理障碍等，就能投其所好，避其所恶，并以此为根据运用不同的方式和技巧去约见不同的客户，提高约见成功率。

推销人员应了解的个体客户背景资料包括以下几方面。

① 姓名

事先要弄清约见的准客户的姓名，见面后会缩短双方的距离，增加亲切感。中国人对姓名十分讲究，这就要求推销人员在称呼或书写客户的姓名时务必准确无误，否则会引起客户的反感，严重时还会影响约见的成功。

② 年龄

了解准客户的年龄是约见准备工作的基本内容之一，有助于推销人员了解和预测该客户的个性和需要等情况，以免冒犯客户。

③ 籍贯

不同籍贯的人往往有一定的性格差异，了解客户的籍贯对推销人员与客户的接触很有益处。

④ 文化水平

受教育程度的高低，在一定程度上会影响到人的需求和品位，在约见客户之前了解其文化水平，有助于推销人员选择合适的话题和制订推销计划，创造有利的面谈气氛。

⑤ 家庭状况

对于一些重要的客户，如果事先了解其配偶、子女的基本情况，有助于推销计划的制订和实施。

⑥ 兴趣爱好

了解客户的兴趣爱好，可以寻找更多的话题，使客户产生好感，造成友好的谈话气氛。

⑦ 消费需求

这是客户资格审查的重要内容之一，同时也是对客户进行重新评定的重要方面。推销人员应尽量了解客户消费需求的具体情况，只有认定了客户需要推销人员的产品，才能有针对性地做好推销工作。否则，推销人员应将其从潜在客户中去除，以节约时间，提高效率。

⑧ 购买力

购买力是实施购买行为的决定因素，所以，推销人员应进一步了解客户的收入及消费支出的构成。

⑨ 购买决策权

推销人员要进一步了解客户的购买决策权及其影响力，这样可以节约推销时间，以寻找购买决策者。

⑩ 最佳访问时间

推销人员应全面了解客户的工作时间和生活习惯，以确定有利于接近客户，并有利于成交的访问时间。

推销人员应了解的团体客户背景资料包括以下几方面。

① 机构的名称、性质、规模、地点等

机构的名称包括机构的全称和简称，机构的所有制性质，机构的注册资本，职工人数，通讯地址、电话、邮编及交通条件等。

② 机构的法定代表人

法定代表人往往是团体客户的决策者。对团体客户的接近，主要是对该决策人的接近。对法定代表人的评定内容与评定个体客户的内容相同。此外，还要对其他能影响决策的人进行了解。

③ 经营状况

经营状况包括生产、技术、销售等方面的情况，产品的质量、价格，产量和工艺，使用的设备、原材料以及现有设备的技术水平，还包括其产品市场、经济效益等。对经营状况掌握得越详细，推销工作越顺利。

④ 采购习惯

每个团体客户一般都有自己传统的采购习惯，主要包括采购设备、原材料的类别，采购渠道、方法、数量、采购周期以及对采购品、渠道、方法的满意程度。只有对客户的采购习惯进行认真、全面、细致的评价，才能在推销接近和推销洽谈中取得主动权，有针对性地说服客户，以促进洽谈的顺利进行。

⑤ 团体客户的其他情况，如经营目标、知名度、资金周转、信用等

此外，推销人员还应重视对老客户的重新评价。因为，随着市场经济的发展，各企业都要不断地调整自己的经营结构、经营方针，甚至经常进行人事、机构变动以适应市场竞争对企业经营发展和管理水平提高的要求。对老客户的重新评价，主要是对上述情况变动的重新调查、研究和分析，以便更顺利地实施推销接近工作。

（2）确定客户的需求

在客户资格评审和验定过程中，推销人员初步判断客户对产品有需求，但是客户有可能通过购买替代品或竞争对手的产品来满足这种需求，因此，在约见客户前和在约见客户的过程中，还要进一步判断客户的需要是否能指向本企业的产品。推销人员可以用以下步骤去观察、判断。

① 观察客户正在使用的产品

每个人的购买行为、购买模式受习惯的影响在一生中不会有太大的变化（除非有重大事件影响其生活）。因此，推销人员可以通过观察准客户目前正在使用的产品，推测出他今后需要的产品。

② 了解客户喜爱的产品特征

推销人员应调查了解客户最喜爱目前所拥有产品的哪些特性，是什么原因使客户购买这些产品的，所推销的产品是否具备这些属性。一般而言，如果客户喜爱某一产品的某些特性，他还会重复购买具有该特性的产品。通过这一调查推销人员可以预测客户是否会对所推销的产品感兴趣。

③ 发现客户改进的愿望

推销人员可以通过调查发现客户对现有产品有什么不满意之处，有哪些改进的愿望。由于事物是发展变化的，客户总是追求更舒适、更便利、更满意的产品，所以，从理论上说，

任何产品在满足需求时都会有欠缺，如果推销人员发现了现有产品的缺陷及客户希望改变的原因，就可以按照这个方向设计自己的推销，以满足客户希望改变、提高的愿望。

④ 提供解决办法

如果推销人员发现了客户期望改善的地方，并能够提供办法解决问题，增进其利益，那么向客户提供这个办法就是最好的约见理由。

上述约见准备内容的具体情况要因客户不同、所推销的产品不同而有所不同，推销人员还要结合自身的性格特征灵活掌握。

3.1.2 约见客户的工作内容

任何推销过程中的约见，都必须考虑以下四个问题。

1. 确定约见对象

确定约见对象是推销人员首先要明确的问题。推销人员应设法直接约见购买决策人或对购买决策有重要影响的人，即所谓要约见"适当的人"。如果推销的是个人家庭用品，访问对象容易确定；如果推销的是大型工业用品，推销人员将面对一个采购中心，这时最理想的情况是能够直接约见决策者。但一般大宗采购的决策权都是企业高层领导人，他们公务繁忙，往往会指派下级人员与推销人员接触、洽谈，然后再汇报情况，只有当他们认为有必要接见时，推销人员才能与之见面。因此，推销人员要拟订计划，首先选择一位对决策者有较大影响力的人作为初次约见对象，争取他的合作，然后再一步步地接近决策者。推销人员要有足够的耐心，切勿急躁冒进，因为企业的采购往往是大批量、周期性的、稳定的，值得推销人员花费较多精力去争取。

此外，在确定约见对象时，既要摸准具有真正决策权的要害人物，也要处理好相关的人事关系，避免因"不见真佛不烧香"，而得罪下级人员，这同样对推销不利。

2. 告知约见事由

任何人都不会接受没有理由的约见，特别是在双方还不十分熟悉的情况下。所以推销人员在约见访问对象时，必须告诉对方访问的原因和需要商谈的事项，使对方有所准备。就约见准客户而言，访问的事由主要是推销产品。但在买方市场条件下，以这个理由很难约见到客户，推销人员可以借一些其他事由来约见对方，常见的约见事由有以下几种。

① 市场调查

市场调查是推销人员的重要职责之一。推销人员要顺利地把产品推销出去，就必须了解潜在客户的需求与购买力。要达到这一目的，除了通过其他方法了解客户外，推销人员还必须亲自走访客户，通过面谈，了解客户的真实情况，或通过访问某一位客户，了解其他相关客户以及客户所在地的市场情况。这样，既可以搜集资料，也可以进一步为推销做准备。同时，优秀的推销人员往往会在客户的不知不觉中，把市场调查转为正式推销。

② 推销产品

推销人员向客户直接推销某种特定产品，这是推销工作的最终目的，但直接以此作为约见事由往往不易被客户接受。这就要求推销人员在约见前充分了解客户，在约见中能灵活运用各种推销技巧，设法沟通，使约见过程顺利进行。

③ 提供服务

推销和服务是分不开的，在推销活动中，利用提供服务为由约见客户，往往很受客户欢迎。服务可以分为推销前的服务、推销过程中的服务和推销后的服务。任何一种服务都应是客户乐于接受的。如果这些服务能由推销人员直接提供，自然会给推销人员提供许多直接约见客户的机会，利于推销人员与客户的直接沟通，利于建立良好的推销信誉，进而影响周围的客户，为今后的推销工作创造条件。推销人员还可以利用提供服务的机会推销产品。如某推销人员在帮助客户修理自己几年前推销给该客户的某产品时，可以借机向客户介绍、推销本厂新近生产的另一种产品。

④ 签订合同

推销人员与客户经过多次洽谈，最终达成交易，需要签订合同，商讨一些具体事宜。这种会见较容易些，但也应事先约见，以提高工作效率。

⑤ 收取货款

在现代市场经济条件下，一方面交易方式越来越多，如代销、试销、赊销、展销、经销、联销等，另一方面也使结算方式多样化，各种不同的结算方式，如延期付款、分期付款等应用于交易活动中。这样，回收货款就成为推销人员的另一重要任务。产品推销出去，货款不能及时、足额地收回，这不仅是推销工作的失败，而且也影响企业正常的生产经营活动对资金的需要。有经验的推销人员在推销开始前，就会对客户进行资信调查，在推销过程中与客户明确结算方式、时间等，从而保证了货款的及时回收。资金紧张的客户对于推销人员来说是不容易约见的，对此，推销人员应讲究约见艺术。

⑥ 走访客户

在日益激烈的市场竞争中，任何企业都应不断发现、发展新客户，并不断巩固老客户，建立自己稳定的销售网。所以，需要走访客户，尤其是老客户，以征求其对产品、服务的意见，并做好售后服务工作，以保持与客户长期的业务联系。以走访客户为由约见客户，容易使客户对推销人员，对推销人员所在的企业产生信任感，且容易被接受。同时利用这一方式，可以了解客户的近期信息或推销本企业近期的产品。

⑦ 寻找借口

推销人员以某种借口约见客户，比如慕名求见、问路、节日赠送、祝贺、代转口信等，以达到"投石问路"的目的。这种约见增强了人情味，客户容易接受。

推销人员约见客户的事由很多，应灵活运用，切不可千篇一律。每一种事由都应让客户乐于接受。为此，约见客户关键的问题是每种约见的事由最终只能是帮助客户解决问题，提供服务。推销人员在设想约见事由时，要采用换位思维方式，即从客户的角度出发，以客户需要为依据，触动对方的敏感点，这样提出的约见理由才能引起客户的兴趣。

3．选择约见时间

推销要掌握最佳的时机，推销人员一方面要广泛收集信息资料，做到知己知彼；另一方面要培养自己的职业敏感。具体约见时间的确定要因约见对象、约见事由、约见方式以及约见地点的不同而不同，但有一个原则要把握，即最好的时机是"雪中送炭"或"锦上添花"。如对方刚开张营业，需要产品或服务时，客户遇到困难需要帮助时，客户对原有产品不满意时；或者对方遇到厂庆纪念、大楼奠基、工程竣工、加薪提拔等喜事时。推销人员应根据下列因素来选择最佳约见时间。

① 访问对象的工作与生活特点

访问对象的时间状况制约着约见时间的安排，推销人员必须具体考虑访问对象的作息时间和活动规律。安排的约见时间，要尽可能避免访问对象工作忙碌、休息和心情不佳的时候。例如，全周工作的星期一，家庭主妇买菜做饭的时候，以及午休时间和客户生病的时候。当然，有些特殊的行业和产品，也可能这些时候是最佳的访问时机。

② 约见的目的要求

约见目的要求的基本原则是尽量有利于达到目的。如果约见的直接目的是正式推销，就应该选择有利于达成交易的时间进行约见；约见的目的是市场调查，则应选择市场行情变化较大或客户对产品有特别要求时进行约见；以提供服务为约见目的时，可选择客户的产品出现故障需要提供服务时；约见的目的是收取货款，就应了解客户的资金周转情况，在其账户上有余额资金时进行约见；如果是一般性的约见，并无特定目的，则应该把握适当时机，借机行事，随机应变；如以签订正式合同为目的，则应适时把握成交信息及时约见。

③ 约见的地点和路线

推销人员在约见客户时，应该使约见时间、约见地点和约见路线保持一致。一般说来，约见地点约定在家中，就要选择对方工作以外的时间；如果约定在办公室里洽谈，则应选择上班时间；如果约见地点是在公共场所，就要根据各个公共场所的特点来决定约见时间。

④ 访问对象的意愿

在约定访问时间时，推销人员要尊重访问对象的意愿，做到留有余地，最佳的办法是双方协商决定一个妥当的时间。一般来说，如果双方都有足够的把握，就可以约定一个固定的时间，例如，"今天下午三点整"。如果双方在推销访问前后还安排有其他工作，或者考虑到其他意外原因，就可以约定一个比较灵活的时间，例如，"今天下午两点半到三点"。

此外，推销人员要注意讲信用准时赴约，合理利用访问时间，提高推销约见的效率。

4. 选择约见地点

约见地点的选择对于约见的成功与否也起很重要的影响作用。约见的理由、对象不一样，约见的地点也应有所不同，基本原则是方便客户、有利推销。从推销活动的实践看，约见地点可选在客户的办公室、家庭、社交场所等。约见地点不同则推销效果不同，推销人员应学会根据具体情况进行选择。

① 住所

如果推销的是日用消费品，选择客户住所为见面地点无疑是最合适的。推销人员登堂入室，能深入了解客户，做好推销预测。如果推销的是工业用品，则不宜贸然造访决策人的住所，否则会使对方产生戒备心理，被拒之门外。但是当有人引见时，比如有与对方关系良好的第三者相伴，或带上与对方有交往的人的介绍信函，在这些条件下选择对方的住所作为见面地点要比在对方办公室更能创造良好的合作气氛。

② 办公室

客户的办公室是常用的约见地点，在这里双方有足够的时间来讨论问题，反复商议以达成共识。但是在办公室会面最容易被外界干扰。办公室人多事杂，电话不断，拜访者也不止一个人，因此，推销人员必须设法使客户集中注意力，争取尽快达成交易。

③ 社交场所

推销学家曾指出，最好的推销场所也许不在客户的家里或办公室，如果在午餐时，在网球场边或高尔夫球场上，对方对你的建议更容易接受，而且戒备心理也比平时淡薄得多。因为社交场所气氛轻松愉快，有利于拉近推销人员与客户的距离，增进理解和友谊，为推销工作打下良好基础。

3.1.3 约见客户的方法

约见的过程，实质上是推销人员与客户进行信息沟通的过程。因此，信息传递的方法也就是约见的基本方法。

1. 电话约见

电话约见是现代推销活动中常用的方法，其优势在于能在短时间内接触更多的潜在客户，是一种效率极高的约见方式。但电话约见也有明显的缺点：由于推销人员与客户没有直接见面，客户占主动地位，推销人员处于被动地位，容易遭到客户的推托和拒绝。

获得电话约见成功的关键在于推销人员必须懂得打电话的技巧：精心设计开场白，引起对方足够的好奇心，使他们希望继续交谈；约见事由的叙述要充分，用词简明精炼；态度要诚恳，语气平缓。电话约见可以依照以下几个步骤进行。

① 问候

接通电话后可利用对方的名字或职务正式问候，注意使用一种与众不同的方式以加深印象。

② 介绍

问候之后要进行自我介绍，并简要介绍推销人员所在公司的业务。注意要用以客户需求为导向的语言来叙述。假如推销产品是真空吸尘器，你应该说"本公司致力于为客户提供美好清洁的环境，以增进客户身体健康。"这样的语言会激起客户的好奇心，愿意继续与你交谈。

③ 感谢

对客户抽出宝贵时间接听电话表示感谢，使客户感觉到自己受到了充分重视，会很乐意再给你几分钟时间。

④ 目的

这一步骤接触到了约见的核心，推销人员要告诉客户约见的事由。较好的方式是由问题导出，例如"如果我们能使您家里时刻保持一尘不染而并不增加您的劳动负担，您会感兴趣吗？"

⑤ 约见

提出约见的请求，如果客户有意见面，要提前告诉他洽谈大概需要多长时间，并约定见面时间及地点。

⑥ 再一次致谢

进一步强调约见时间和地点，向客户表示感谢后结束谈话。

电话约见要掌握好时间和分寸，如果客户表示时间不合适或没有兴趣，则应立即停止对话并道歉，不要强人所难。所以，在通话时间上，除非客户特别感兴趣，否则应掌握在两分钟之内。

2. 信函约见

信函约见是推销人员利用书信约见客户的一种联系方法。信函约见的优点在于可以畅通无阻地进入客户的办公室或住所，避免了推销人员用其他方式约见客户时遇到的层层人为阻碍，也不需电话约见时的机智对答，而且费用少，是所有约见方式中成本最低的。信函约见的缺点也很明显，它花费时间长，反馈率低。

推销人员在写约见信函时应注意以下问题。

① 措辞委婉恳切

写信约见客户，对方能否接受，既要看客户的需求与购买力，也要看推销人员是否诚恳待人，一封措辞委婉恳切的信函往往能博得客户的信任与好感，也使对方同意会面。

② 内容简单明了

书信应尽可能言简意赅，只要把约见的时间、地点、事由写清楚即可，切不可长篇大论，不着边际。

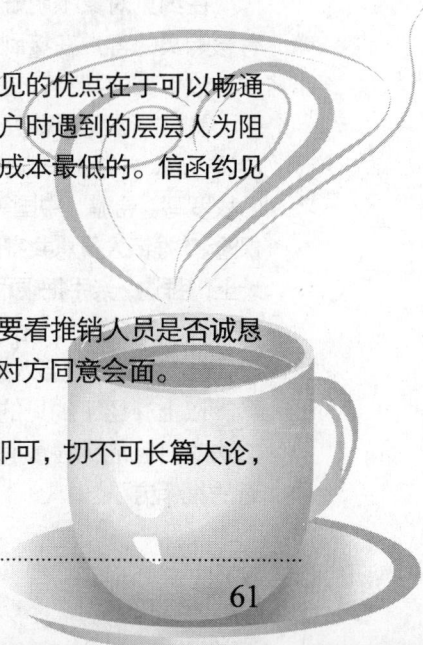

③ 传递的信息要投其所好

约见书信应该以说服客户为中心，投其所好、供其所需，以客户的利益为主线劝说或建议其接受约见要求，为此要做到真实性与适度修辞相结合。例如，用"物美价廉"来说明推销的水果，虽然简练，但较抽象，不如改成"汁多味甜，个大色艳，每公斤 1.80 元"，这样具体翔实，将苹果的色泽、口味、价格描述得一清二楚，给人一种感性印象，客户一般很快会给予答复。

④ 信函形式要亲切

约见信函要尽可能自己动手书写，而不使用冷冰冰的印刷品，信封上最好不要盖"邮资已付"的标志，要动手贴邮票。

⑤ 电话追踪

在信函发出一段时间后要打电话联系，询问客户的想法与意见，把电话约见与信函约见结合起来使用，会大大提高约见效果。

3. 当面约见

当面约见是推销人员对客户进行当面联系拜访的方法。这种约见简便易行，也极为常见。当面约见的优点是可以通过见面观察客户，与之交流感情，有经验的推销人员会给客户留下美好的印象，使客户愉快地接受约见。该方式的缺点是一旦当面约见遭到客户拒绝后，推销人员便处于被动局面，无法挽回败局。

当面约见的机会，往往是推销人员在某些公共场合与客户不期而遇，借机与之面约。但是这种机会并不常有，这就要求推销人员时时留心，了解重要客户的生活习惯、兴趣爱好，创造机会与客户见面，进而约定正式见面的时间。

4. 委托约见

委托约见是指推销人员委托第三者约见客户的一种方法，简称托约。委托约见中的第三者称转托人或受托人。转托人一般都是与访问对象本人有一定社会关系或社会交往的人，尤其与访问对象关系密切的人员或对其有较大影响的人士最为合适。这种方法的优点在于转托人与访问对象关系很好，容易得到对方接见的首肯。但是如果转托人与访问对象关系一般，则不易引起重视，或转托人不负责任将转约之事遗忘造成误约，这些都是委托约见的不足之处。

5. 广告约见

在约见对象不明确或对象太多的情况下，推销人员可利用各种传播媒介进行广告约见，有意购买的客户在接到信息后会主动来接触推销人员。用这种方法约见准客户，具有覆盖面广、效率高的特点，但其缺点是针对性较差，在约见对象较少的情况下，平均约见成本高。

美国布得歇尔保险公司曾用过这种约见方法。推销人员首先给客户邮寄各种保险说明书和简单的调查表，并附上一张优待券，写明"请您把调查表填好，撕下优待券后寄返我们，我们便会赠送2 枚罗马、希腊、中国等世界各国古代硬币（仿制）。这是答谢您的协助，并不是要您加入我们的保险。"推销人员总共寄出 3 万多封信，收到 23000 多封回信。推销人员便带着仿古钱币按回信地址上门拜访，亲手把硬币送给客户。由于客户现在面对的是前来送仿古钱币的推销人员，自然不会有戒心，在道谢后，就高兴地从各种古色古香的仿古钱币中挑选两枚自己喜欢的留下。推销人员这时就会不失时机地渗入推销话题。据说该公司获得 6000 名客户加入保险，在当时曾引起轰动。

以上介绍了约见的五种基本方法。作为推销人员应尝试运用各种不同的方法，判断哪种方法对自己的销售最有帮助，那么把它作为推销最基本的工具，同时虚心地向业内人士学习新的推销方法。

3.2 接 近 客 户

从整个推销过程来看，在完成约见工作后，推销人员就可以按照预定的时间、地点会见访问对象。所谓接近客户，是指推销人员正式接触客户，为推销面谈的顺利展开做铺垫的过程，是推销人员正式接触客户的第一个步骤。

现代推销理论认为接近客户的目的在于引起客户的注意、激发客户的兴趣、创造轻松友好的气氛，使双方顺利转入洽谈阶段，促成交易。这一阶段的重要作用在整个推销过程中不可忽视。要出色地完成接近客户的任务，达到预定的目的，必须做好接近前的准备工作，还要熟练掌握接近的技巧和常用方法。

【引例3-2】 一位英国皮鞋厂的销售业务员曾几次拜访伦敦一家皮鞋店，并提出要拜会鞋店老板，但都遭到了对方拒绝。这次他又来到这家鞋店，口袋里揣着一份报纸，报纸上刊登了一则关于变更鞋业税收管理办法的消息，他认为店家可以利用这一决定节省许多费用。于是，他大声对鞋店的一位售货员说："请转告您的老板，就说我有路子让他发财，不但可以大大减少订货费用，而且还可以本利双收赚大钱。"销售业务员向老板提供赚钱发财的建议，老板怎么会不动心呢？他肯定立刻答应接见这位远道而来的销售业务员。

3.2.1 接近客户前的准备

正式会见客户是一个非常关键的时刻，要在正式会见前做好最后的准备。这些准备包括以下内容。

1．明确约见目标

推销人员在出发前要明确此次约见客户的具体目标。有时约见客户的事由就是约见目标，但多数时候约见事由只是争取会见的借口，因此，推销人员要明确实际的约见目标。

2．制订推销访问计划

推销人员要根据实际目标以及与客户约定的时间、地点、约见时客户的初步反应等情况做销售预测，同时制订推销访问计划。

3．检查相关物品是否齐全

推销人员要带好推销的辅助资料，包括以下几种。

（1）名片

将个人名片印制得与众不同，如印上自己的照片，写上感谢的话语等，这样有助于加深客户印象。

（2）公司简介

简要介绍公司的名称、历史，特别是引以为荣的历史事件，目前为客户提供的服务和产品等。

（3）产品简介

简要介绍产品的各项技术指标。公司简介和产品简介要精美大方，以提升公司形象。

（4）样品

携带样品便于讲解、操作示范，增加客户的兴趣。但有的样品无法携带，可带其模型、照片等。

（5）价格单

价格单通常是提供给客户参考的价格条件，如折扣比例、赊销额度、送货条件等。

（6）其他

如笔记本、计算器等。

4．保持良好仪表及心态

推销人员心中要明确公司的销售政策、推销人员要根据所从事的行业和约见的场合选择合适的衣着，穿着得体会增进客户的认同感和信任感，有助于接近客户。

此外，良好积极的态度也很重要，它会感染客户做出正面决策。因此，推销人员要暂时忘记生活中的烦琐杂事，把精力集中在即将到来的会面上。

3.2.2 接近客户的步骤

推销人员一切准备就绪后，前往约定地点与客户见面，开始正式推销访问。心理学研究表明，人们在见面的 10 秒后就会对对方做出许多判断，因此，推销人员要抓住这宝贵的瞬间，运用一定的表现技巧，以一种恰当的风度出现，给客户留下美好的第一印象。其步骤如下。

1．微笑

微笑是推销的第一技能，美国最大的连锁店沃尔玛的创始人沃尔顿生前用一句话概括了他成为亿万富翁的秘诀：低买低卖，微笑攻势。日本推销之神原一平也练就了一副"价值百万美金的笑容"，可见微笑在整个推销过程中的重要作用。推销人员在客户面前要真诚友好地微笑，这样可以缩短双方的距离，使客户有一种亲切感，减少抗拒心理。

2．注视

推销人员要用眼睛正视客户，用眼神传递正直、诚恳、自信、热情等情感，绝不能眼睛朝下或左顾右盼，使客户感到推销人员心不在焉，或不诚实、不热情。但要注意，注视并不是凝视，否则无法正常交谈。

3．问候

推销人员一定要问候客户，这是打开话语的最好题材。问候的方式取决于许多方面，推销人员应该根据不同的人、不同的时间、不同的环境来选择问候的方式，甚至对同一个人也不能总用一种问候方式。因此，推销人员要学会至少用三种方式迎接客户。

4．握手

握手是一种常见的礼节。如果客户有意，推销人员应热情地与之相握。握手时要握住对方的整个手掌，短暂而有力，但不能太紧。正确的握手姿势能表达一个人的自信和能力，同时也表达了对客户的敬意和信任。

5．自我介绍

在握手时很自然地进行自我介绍。推销人员应反复提及自己的名字，直到确信对方记住他。如果客户把你和其他人弄混了也许就会错过一次推销机会。

6．话题

话题是与别人交往的基础，适当的话题能够创造轻松友好的气氛，使客户对推销人员产生认同感，对完成接近客户这一阶段的任务有极大帮助。话题的寻找要通过仔细观察和丰富的经验。以下是大多数推销冠军在商谈中所选择的话题：对方的爱好、对方的工作、时事问题、孩子等家庭之事、影艺及体育运动、对方的故乡及所就读的学校、对方的身体健康等。以上步骤顺利完成后，推销人员就要把握好时机，把谈话推入下一阶段。

3.2.3 接近客户的方法

接近客户是推销活动中一个重要的环节，接近客户是让客户了解和注意产品，进一步了解客户的需求，以便为后续的推销洽谈做准备。在接近客户前首先要明确推销活动的目的，然后根据不同的目的和不同类型的客户，采用恰当的接近策略和方法。

1．接近客户的技巧

（1）鼓足勇气，增强自信心

推销人员的勇气和信心对接近客户、说服客户并赢得信任有很大的作用。美国加州大学洛杉矶分校曾对一万人做过调查，每个人都被问及：什么样的推销人员可以最终得到认可呢？其中55%的人认为是走路方式散发着自信的人。由此可见信心是多么重要。

在接近客户的过程中，推销人员可能遇到各种各样的困难，鼓足勇气、增强信心、正视和克服困难是现代推销人员必须具备的基本素质。我国由于几千年传统观念的影响，人们对商人存有偏见，加上确有个别推销人员不学无术、招摇撞骗，借推销之名行坑蒙拐骗之实，给推销人员脸上抹黑，更增添了推销人员正常接近客户的难度。推销人员要树立正确的推销观念，坚信自己的推销工作能够给客户带来利益，是一项利国利民、意义重大的工作，从而激发出巨大的勇气和能量。另外，推销人员平时应刻苦学习，掌握产品知识和推销技术，认真做好接近准备，这也是提高信心和勇气的途径。

（2）消除客户的紧张情绪，减轻其压力

从心理学角度看，当客户见到推销人员接近自己时，往往会产生紧张感，这种紧张或是来源于担心一旦接近推销人员就承担了购买义务的心理，或是来源于过去买东西吃过亏的经历。这种心理压力实际上是推销人员接近客户的无形阻力，也就是说当客户感觉到推销人员企图推销什么东西时，总是本能地设置一些障碍，严重干扰和破坏交谈过程的顺利进行。因此，推销人员要学会消除对方的紧张心理，制造轻松愉快的气氛。减压的方法有很多，常见的有以下几种。

① 延期法

当客户过于紧张时，任何有关推销的话语都是无用的。这时推销人员可以先说明今天来的目的不在于推销，而是提供产品信息，简单向客户解释和介绍产品后，留下名片，改天再来。这样会给客户留下好印象，下次再见面对方不会感到陌生，接触时间长了紧张感就会消失。

② 建议法

客户虽然对出钱购买产品会感到紧张，但他对能给自己带来利益的事情还是感兴趣的。推销人员要设法使客户相信这次会面是完全值得的，客户能从中得到一些有趣或有利的收获，从而使客户认识到不应从自身的好恶，而应从客观利益出发来考虑问题，消除了交易中的紧张气氛。

③ 调查法

推销人员可以告诉客户这次访问的目的只是为了做市场调查，听取各方面的意见，并希望对方坦率表明自己的态度。一般情况下，客户对产品或多或少都有些自己的看法，他会在发表意见时慢慢放松戒备心理。

④ 直接法

推销人员直接告诉客户完全不必有压力，如果无意购买，随时可以要求推销人员离去而不必感到为难。使用这种减压法时，销售人员应该自然、诚恳。

推销接近的最终目的是为了推销产品，因此，不能为了消除客户的紧张心理就只字不提推销。这就要求推销人员能正确处理这种微妙关系，抓住最佳时机转入推销洽谈，使客户轻松自如，心甘情愿地购买。

（3）控制接近时间，及时转入洽谈

从整个推销的过程看，接近只是其中一个环节，接近的目的不仅在于引起客户的注意和兴趣，更重要的是要转入进一步的推销洽谈。因此，推销人员要善于把握时机，及时将话题转入下一阶段。一般来说，每次接近的具体时间会因接触的人、洽谈的事、会见的地点不同而有所不同，有专家做过研究，认为平均每次推销接近的时间约为 15 分钟左右。时间太长会分散客户注意力，太短则会显得推销人员急于销售，反而吓跑客户。推销人员应掌握这个分寸，控制好时间。

2．接近客户的基本方法

接近准客户的方法有多种，运用起来又有很多技巧，推销人员应视具体情况灵活掌握。以下就几种常见的接近方法加以介绍。

（1）介绍接近法

介绍接近法是指推销人员自行介绍或经由第三者介绍而接近客户的办法。介绍的主要方式是口头介绍和书面介绍。在实际推销工作中，接近的客户不同，介绍方式也有所区别。

自我介绍，即推销人员要在口头介绍自己后，应主动拿出工作证、身份证、介绍信、名片等辅助材料来证明自己的真实身份，有时还要说明一些材料文字无法了解清楚的问题。运用这种方法关键在于推销人员要有专业的形象、彬彬有礼的态度和运用语言的技巧，才能求得对方的了解和信任，消除对方的戒心。自我介绍接近法除非经过事先约见，通常很难引起客户的注意和兴趣，也不容易转入正式洽谈，在实际工作中应配合其他方法同时使用，才能取得较好的效果。

他人介绍，是借助与客户关系密切的第三者的介绍来达到接近的目的。其形式有信函介绍、电话介绍、当面介绍等，效果要好于自我介绍。

（2）产品接近法

产品接近法，也称实物接近法，是指推销人员直接利用所推销的产品引起客户注意和兴趣，进而转入面谈的接近方法。

产品接近法符合客户认识和购买产品的心理过程。客户购买产品时，最为关注的不是推销人员的说服能力，而是产品的性能、品质、价格等指标。通常客户在决定购买前总希望彻底了解产品及其各种特征，诸如产品的用途、性能、品质、造型、颜色、味道等。有的客户还喜欢亲自触摸、检查、操作产品。推销人员采用产品接近法，直接把产品、样本、模型摆在客户面前，让产品作自我推销，给客户一个亲自摆弄产品的机会，以产品自身的魅力引起客户的注意和兴趣，这样既给了客户多种多样的感官刺激，又满足了客户深入了解商品的要求，这是产品接近法的最大优点。

【引例3-3】 20世纪80年代末，在春都火腿肠上市时，全国市场上充斥着用肥肉和大量淀粉作原料的所谓鱼肠、玫瑰肠，人们把春都火腿肠也误以为是这种一煮就烂的香肠，所以销路很不好。主管销售的副厂长雷志钦别出心裁地带上酒精炉和铝锅来到哈尔滨，找到当地最大的一家副食商场负责进货的领导和有关人员。雷志钦二话不说，先点火烧水，然后把自己带的火腿肠切成薄片放在锅里煮。大约半个小时后满屋飘香，雷志钦才熄火动筷，夹出完好无损、粉红鲜亮的火腿肠请大家品尝。这时人们才认识到春都火腿肠确实质量过硬。那家副食商场当场订货，其他经营单位也纷纷要求订货。东北成为春都火腿肠"煮"出来的第一个大市场。

这种方法最适合于具有独到特色的产品，或颜色鲜艳、雅致，或功能齐全，或造型别致等，因为这类产品很容易吸引客户的注意力诱发客户的询问。但是，采用产品接近法也存在一些局限。一般说来，运用产品接近法的效果要受以下一些因素的制约。首先，产品本身必须具有知名度或一定的吸引力，要能够激起客户的使用欲望，才能引起客户的注意和兴趣，使推销人员达到接近客户的目的。若产品本身不能激起客户的购买欲望，即使推销人员信心十足，也会难以奏效。其次，产品应精美轻巧、便于携带。不便携带的产品，如大型机器设备、重型机床等是无法利用产品接近法的。再次，产品必须是看得见、摸得着的有形实体，无形产品和服务（如各种保险、旅游服务等）无法利用产品接近法。最后，产品必须品质优良，不容易损坏或者变质，操作简便，使用效果显而易见，这样才经得起客户反复摆弄，并使客户从触摸、检验和操作中感受到产品所能带来的利益。

（3）利益接近法

利益接近法是指推销人员抓住客户追求利益的心理，利用所推销的产品或服务能给客户带来的利益、实惠、好处引起客户的注意和兴趣，进而转入面谈的接近方法。从现代推销原理来讲，这是一种最有效、最有力的接近客户的方法。因为它不仅符合客户求利的心理，而且符合商业交易中互利互惠的基本原则。客户购买产品的目的是想通过产品的使用价值的实现而从中获得某种利益，而工商企业的购买更是直接以赢利为目的。个人消费者总是希望同等的货币能够获取更多的使用价值，工商企业的购买则是希望能使本企业降低成本、提高效益、增加利润或得到其他利益，因此，物美价廉是客户普遍追求的一个目标，也是各类消费者维护和争取自身利益的一个重要手段。

推销人员采用利益接近法，直接陈述客户购买产品所能获得的利益，既避免了一些客户掩饰其求利的心理而不愿主动询问产品所能提供利益的障碍，帮助客户正确认识产品，增强购买信心，又突出了产品的推销重点，迅速达到接近的目的。在具体使用利益接近法时，要注意两点：一是对产品利益的陈述要能打动客户的求利心理，但必须实事求是，不可夸大其词，否则，就会失去客户的信任感或导致推销本身没有实际效益。在正式接近客户前，推销人员要科学地测算出产品的实际效益，并且要留有一定的余地。在接近客户陈述产品利益时，最好能出示财务分析资料、技术性能鉴定书、用户证明等资料予以印证。二是产品所能带来的利益要具有可比性。推销人员可以通过对产品供求信息的分析，使客户相信购买该产品所能产生的实际效益。这样，客户才能放心购买这种产品。

（4）问题接近法

问题接近法，也称问答接近法或讨论接近法，是指推销人员利用提问的方式或与客户讨论问题的方式接近客户的方法。在实际推销工作中，问题接近法常常与其他各种方法配合起来使用。例如，好奇接近法、利益接近法等都可以用提问作为引人入胜的开头。当然，问题接近法也可以单独使用。推销人员可以首先提出一个问题，然后根据客户的回答再提出其他一些问题，或提出事先设计好的一组问题，引起客户的注意和兴趣，引导客户去思考，环环相扣，一步步接近目的。

【引例 3-4】 图书推销人员可以采用下述问题接近客户："如果我送您一套有关合理利用时间的书，您能读一读吗？""如果读过之后觉得很有收获，您会买下来吗？"这两个问题简单明了，使对方无法回避，几乎找不出说"不"的理由，从而达到了接近客户的目的。

运用问题接近法时要注意，提问必须明确具体，突出重点，不可含糊不清，模棱两可，应抓住客户最关心的问题，把发问重点放在客户感兴趣的方面。切忌漫无边际，使客户摸不着头绪，也不可提出容易引起分歧的话题。

（5）好奇接近法

好奇接近法是指推销人员利用客户的好奇心理接近客户的方法。现代心理学表明，好奇是人类行为的基本动机之一，人们的许多行为都是好奇心驱动的结果。有经验的推销人员在推销时通常先抓住客户的好奇心展开攻势，引起对方的注意和兴趣，然后转入面谈阶段。

例如，推销人员在见到某公司经理时说："我这里有贵公司上个月失去的 200 位客户的资料。"一句话必然会引起该经理的极大兴趣，正式面谈也可就此展开。

运用好奇接近法要注意，推销人员无论是采用语言、动作、实物或其他什么方式唤起客户的好奇心，都应该与推销活动相关，否则将难以转入推销洽谈；唤起客户好奇心的事物应当符合客观规律，合情合理，奇妙而不荒诞，不可故弄玄虚，导致客户失去兴趣；还应当考虑到客户的文化素养和生活环境，要避免推销人员自以为奇特而客户却觉得平淡无奇，弄巧成拙反而妨碍了接近客户。

（6）表演接近法

表演接近法是指利用各种戏剧性表演技法来展示产品的特点，从而接近客户的方法。这是一种比较古老的推销术，如街头杂耍、卖艺等都是采用现场演示的方法招揽客户的，在现代推销环境中也有其一定的利用价值。

【引例3-5】　江苏省射阳县沙发垫厂新研制了一种"苏鹤牌"席梦思床垫，为了打开销路，厂里的推销人员把产品运到马鞍山，将床垫铺在热闹的市中心，让一辆载重 10 吨的卡车来回碾压，而床垫保持原样不变。观看了这一场景的群众无不确信"苏鹤牌"床垫的质量可靠，纷纷购买，使该床垫成为抢手货。

表演接近法实际上是把产品的示范过程戏剧化，迎合某些客户求新求奇的心理，甚至可以产生移情作用，把客户自然带入购买的情景中。在具体运用这种方法时应当注意：表演所用的道具应当是产品或者其他与推销活动有关的物品，表演的内容应与推销密切相关；应当尽量使表演产生戏剧效果，既出人意料，又合乎情理，要能打动客户，又不露表演的痕迹，即"无表演的表演"；应当尽量让客户参与其中，使之成为重要角色，以激发客户的兴趣，并增加真实感。

（7）求教接近法

求教接近法是指销售人员利用向准客户请教问题的机会来接近对方的方法。一般的人都有向别人显示自己才学的愿望，推销人员正是通过给客户提供这样的机会来接近客户，求教后提出推销要求，进行推销宣传，往往收到较好的效果。

例如，推销人员可以说："王工程师，您是电子方面的专家，您看看我们这个产品与以前的老产品有什么不同？"

（8）赞美接近法

赞美接近法是指推销人员利用溢美之词博得客户好感达到接近目的的方法。著名的人际关系学家卡耐基在《人性的弱点》一书中指出："人们的天性都是喜欢别人赞美的。"在现实生活中每个人都有值得赞美之处，推销人员应善于发现对方的优点，恭维一番，缓和气氛，使对方打开心扉。

例如，推销人员到客户家中去见面，对方有一个装修典雅的家，可以说："多么漂亮的家，你肯定花费了不少心思来布置吧？"

运用赞美接近法不是随便夸奖两句就能奏效，应该了解情况，选择时机，找出对方引以为自豪之处加以赞美，否则会起到相反的作用。

（9）震惊接近法

震惊接近法是指推销人员利用令人震惊的事物来引起客户的兴趣和注意，进而转入洽谈的方法。在现实生活中存在着许多令人吃惊但又不为人所注意的客观事实，人们或熟视无睹，习以为常，看不到其严重性，或有意回避，自欺欺人，不能正视危害。这时，如果推销人员能使客户清醒头脑，正视现实，进而提供解决办法，一般都能取得很好的效果。

例如，一位推销汽车轮胎的推销人员在接近客户时可以说："去年，高速公路上发生多起交通事故，有近1/3都是由于爆胎引起的。"以这种令人震惊的事实，提醒客户安装优质轮胎或及时更换旧轮胎的必要性。

运用震惊接近法要注意提供的令人震惊的事物或数字一定要真实，推销人员最好能提供真实性的证明，才能有说服力。

（10）馈赠接近法

馈赠接近法是指推销人员利用赠送小礼品的方式来引起客户注意和兴趣，达到接近客户的目的。所送的礼品应该是一些纪念意义强，具有一定特色又美观实用的物品，最佳方法是投其所好或是赠送与所推销的产品有关的小物件。小礼品可以使双方很快亲近和熟识起来。

【引例3-6】 一位推销员到某公司推销产品，被拒之门外。女秘书给他提供一个信息：总经理的宝贝女儿正在集邮。第二天推销员快速翻阅有关集邮的书刊，充实自己的集邮知识，然后带上几枚精美的邮票又去找经理，告诉他是专门为其女儿送邮票的。一听说有精美的邮票，经理热情相迎，还把女儿的照片拿给推销员看，推销员趁机夸其女儿漂亮可爱，于是俩人大谈育儿经和集邮知识，非常投机，一下子熟识起来。

运用馈赠接近法要注意不能违背党纪国法，变相贿赂，尤其不能赠送高价值的礼品，以免被人指控为行贿而损害推销人员的声誉和形象。

以上我们论述了十种接近客户的方法。此外，还有调查接近法、聊天接近法、陈述接近法等，这里不一一介绍。在实际工作中，推销人员应灵活运用各种接近方法，既能单独使用，也可以配合使用，还可以自创独特方法接近客户。

在推销活动中，接近和洽谈是一个统一的连续过程，接近是洽谈的开始，洽谈是接近的继续，二者是相互影响、相互渗透和相互转化的过程，中间没有绝对的界限。不过，接近和洽谈又是推销过程的两个不同阶段，二者的目的和任务不同，所采用的方式也不相同，从理论上做这样的划分有助于销售人员明确目的，看准方向，正确地运用各种推销技巧，提高推销效率。

小结

约见客户应做好事前调查，充分了解客户；做好思想准备，保持良好的心态。

约见客户的工作内容有确定约见对象、告知约见事由、选择约见时间、选择约见地点。

约见拜访的主要方法有电话约见、信函约见、当面约见、委托约见、广告约见。

接近前的准备工作有明确约见目标、制订推销访问计划、检查相关物品是否齐全、保持良好仪表及心态。

接近客户技巧有鼓足勇气，增强自信心；消除客户的紧张情绪，减轻其压力；控制接近时间，及时转入洽谈。

推销接近的主要方法有介绍接近法、产品接近法、利益接近法、问题接近法、好奇接近法、表演接近法、求教接近法、赞美接近法、震惊接近法、馈赠接近法。

第三部分　课题实践页

（一）选择题

1. 约见的最主要内容是（　　）。
A. 确定访问对象　　　　B. 确定访问事由
C. 确定访问时间　　　　D. 确定访问地点

2. 当面约见的最大优点是（　　）。
A. 节约成本　　　　　　B. 较少受地域限制
C. 节约时间　　　　　　D. 易于消除隔阂

3. 当你工作很忙时，怎样约见潜在客户（　　）。
A. 电话约见　　B. 信函约见　　C. 当面约见　　D. 委托约见

4. 在推销过程中，约见是接近的前奏，也是（　　）的开始。
A. 接近　　　　B. 说服　　　　C. 拜访　　　　D. 推销洽谈

5. 某矿山机械厂设计制造出新型采掘机，在向客户推销时，采用什么接近法比较可行（　　）。
A. 赞美接近法　　B. 利益接近法　　C. 介绍接近法　　D. 演示接近法

6. 一位推销办公用品的推销员对客户说："我有办法让你每年在办公用品上的成本减少30%"这种接近客户的方法属于（　　）。
A. 利益接近法　　B. 服务接近法　　C. 好奇接近法　　D. 产品接近法

7. 示范是推销人员向客户提供的一种证据。下列说法中不正确的是（　　）。
A. 注意示范的动作　　　　　B. 应该在使用中进行示范
C. 任何产品都应该戏剧性地示范　　D. 要让客户也参加示范

（二）简答题

1. 谈谈推销人员个人素质在推销接近时的作用。
2. 为什么接近不同的准客户需要收集资料的侧重点是不同的？
3. 推销人员在接近客户时，有哪些接近方法可以使用？
4. 推销人员在接近个人客户和组织客户时，运用的接近方法有区别吗？

（三）情景模拟题

主题：接近准客户的准备
要求：能够妥善做好接近前的准备工作，收集相关准客户的资料
准备：
1. 班级学生分组，每组人数应不多于 5 人。
2. 以推销矿泉水或自己熟悉的产品为例，选择人个客户、组织客户、老客户为接近的准客户，收集相关准客户的资料。
流程：
1. 力求使各小组接近的准客户的类别不同，分别有侧重地收集各类准客户的相关资料。

2. 以小组为操作单元，收集相关准客户的资料，最终撰写一份接近准客户的书面报告。

（四）案例分析题

1. 有一家鼓风机企业的推销员小李到上海一家企业去推销产品。小李几次约见该厂的厂长都没结果，始终没有机会与厂长接触。后来小李通过厂长的一个钓友得知该厂长爱好钓鱼，他便买来渔具学习钓鱼。之后，通过钓鱼，小李成了该厂长钓鱼圈里的一员，与厂长接触的次数多了，很快就和这位厂长成了朋友，后来厂长一次就购买了近50万元的鼓风机。

问题：

（1）小李通过收集哪些资料，接近了准客户，最后促成了销售？

（2）你还可以想到什么方法帮助小李接近准客户？

2. 恒暖公司是一家生产绝缘电热器的公司，产品主要适用于独栋别墅，其特点是能大大地节省采暖费用。下面是一位公司推销人员黄晓明上门推销的过程。

【场景】 客户把门打开一半，黄晓明向后退了半步。

黄晓明：您好！我能找马行天先生谈谈吗？

马行天：我就是，您有什么事吗？

黄晓明：这套房子这么漂亮，是您的吗？

马行天：是的。您到底有什么事呀？

黄晓明：我先做一下自我介绍。我叫黄晓明，是恒暖公司的。

【场景】 黄晓明递上了一张名片。马先生为了接名片，不得不向前走了一步。

黄晓明：马先生，我想您一定希望能够在最大限度上削减您的采暖费用。

马行天：对，可是我们一般不买上门推销的产品。

黄晓明：我也不建议您那么做，马先生！您还记得您去年冬天的供暖开支是多少吗？

马行天：记得，差不多3000元。

黄晓明：如果我现在说，根据目前的能源价格，您每年至少还可以从3000元中省出800元，那您感兴趣吗？

马行天：但是，您怎么能做到这一点呢？

黄晓明：马先生，如果我可以进去谈谈的话，只需要七分钟，您就可以知道，"恒暖"是怎样帮您做到这一点的，我可以进去坐一会儿吗？

马行天：您不能在门口说吗？

黄晓明：为了得出准确的数据，我必须看看您房子的墙壁和窗户。而且，在这儿我也没法把我的材料展示给您看！每年省出的800元一定值得您付出这七分钟的时间。

马行天：嗯，我一般是不让陌生人进来的，不过今天给你开个特例。我对你的产品还是比较好奇的。

问题：

（1）推销员黄晓明运用的接近方法有哪几种？

（2）简述该推销员推销成功的原因。

课题四 推销洽谈

技能目标	知识目标	建议学时
能够制订推销洽谈方案	➤ 理解推销洽谈的目标 ➤ 了解推销洽谈的内容 ➤ 熟悉推销洽谈的原则和步骤	4
能够在洽谈实施过程中达到预定目标	➤ 了解推销洽谈的方法 ➤ 熟悉推销洽谈的技巧	6
能够及时处理客户异议	➤ 了解客户异议的类型与成因 ➤ 理解异议处理的原则和策略 ➤ 熟悉客户异议处理的方法和技巧	6

第一部分 案例与讨论

案例 中韩谈判

中方某公司向韩国某公司出口丁苯橡胶已有一年的时间了，第二年中方又向韩方报价，以便继续供货。中方公司根据国际市场行情，将价格从前一年的成交价每吨下调了 12 美元（前一年 1200 美元/吨）韩方感到可以接受，建议中方到韩国签约。

中方人员一行二人到了首尔该公司总部，双方谈了不到 20 分钟，韩方说："贵方的价格仍太高，请贵方看看韩国市场的价格，三天以后再谈。"

中方人员回到饭店感到被戏弄，很生气，但人已来首尔，谈判必须进行。中方人员通过有关协会收集到韩国海关对丁苯橡胶的进口统计资料，发现从哥伦比亚、比利时、南非等国进口量较大，中国进口也不少，中方公司是占份额较大的一家。南非的价格最低但高于中国产品的价格。哥伦比亚、比利时的价格均高于南非。在韩国市场的调查中，批发和零售价均高出中方公司的现报价 30%～40%，市场价虽呈降势，但中方公司的报价是目前世界市场最低的了。

为什么韩方还这么说？中方人员分析，对方以为中方人员既然来了首尔，肯定急于拿着合同回国，可以借此机会再压中方一下。那么韩方会不会不急于订货而找理由呢？中方人员分析，若不急于订货，为什么邀请中方人员来首尔？再说韩方人员过去与中方人员打过交道，有过合同，且执行顺利，对中方工作很满意，这些人会突然变得不信任中方人员了吗？从态度看不像，他们来机场接中方人员，且晚上一起喝酒，保持着良好气氛。

从上述分析，中方人员共同认为：韩方意在利用中方人员出国的心理压价。根据这个分析，经过商量，中方人员决定在价格条件上做文章。总体上讲，态度应强硬，（因为来前对方已表示同意中方报价），不怕空手而归。其次，价格条件还要涨回市场水平（即 1000 美元/吨左右）。再者，不必用两天时间给韩方通知，仅一天半就将新的价格条件通知韩方。

在一天半后的中午前，中方人员打电话告诉韩方人员："调查已结束。得到的结论是：我方来首尔前的报价低了，应涨回去年成交的价位，但为了老朋友的交情，可以下调20美元，而不再是1200美元。请贵方研究，有结果请通知我们。若我们不在饭店，则请留言。"韩方人员接到电话后一个小时，即回电话约中方人员到其公司会谈。韩方认为：中方不应把过去的价格再往上调。

中方认为：这是韩方给的权利。我们按韩方的要求进行了市场调查，结果应该涨价。韩方希望中方多少降些价，中方认为原报价已降到底。经过几回合的讨论，双方同意按中方来首尔前的报价成交。这样，中方成功地使韩方放弃了压价的想法，按计划拿回了合同。

案例讨论

（1）中方的决策是否正确？为什么？
（2）中方是如何实施决策的？
（3）韩方的决策过程和实施情况如何？

第二部分　课题学习引导

4.1　洽谈方案的制订

推销人员成功地接近客户后，就会与客户展开实质性的洽谈。实质性的洽谈就是推销人员运用各种技巧介绍产品、处理客户异议、促进成交的过程。这一过程在全部推销活动中占有十分重要的位置。正式的推销洽谈，购销双方一般在事前已通过不同的渠道有所接触，双方均有交易的动机和意愿，在经过一定的准备后，双方在约定的时间、地点进行正式洽谈。

4.1.1　推销洽谈的任务

推销洽谈的目的在于激发客户的购买欲望，引导客户采取购买行为。要达到以上的目的绝非易事，推销人员必须千方百计完成以下几个方面的任务。

1．介绍企业情况，传递商品信息

推销洽谈的首要任务就是向客户介绍企业的经营、生产、信誉、效益等情况和产品的性能、特点、质量、价格等信息。让客户尽快地了解企业和认识产品，为购买决策提供信息依据。推销人员可以视具体情况，采用口头说明、产品示范、现代信息工具进行双方的信息交流，以便准确、全面、有效地传递推销信息，增强推销洽谈的说服力。

2．吸引并保持客户的注意和兴趣

客户的注意和兴趣是导致产生购买欲望的基础。虽然引起客户的注意和兴趣是接近客户阶段的任务，但在推销洽谈阶段仍然必须自始至终稳住客户的注意和兴趣。为此，推销人员要精心设计洽谈的内容和方式、方法，应有某些"独到之处"，促使客户注意和兴趣持续稳定或不断高涨，直至上升为购买欲望。

3．圆满回答客户问题，让客户放心

推销人员要尽心尽力地解答客户提出的各种各样的问题，对于客户因无知提出的问题，应耐心讲解，帮助客户加深认识；对于因信息沟通方式不当提出的问题，应改变沟通方式，重新发出信息；因信息内容不全面提出的问题，应发出新的补充信息；因信息不可信提出的问题，应尽可能提供有关证据，让客户放心。对于技术性强的产品，客户会提出许多有关的技术问题，推销人员能否正确解答并圆满解决这些问题，往往是推销成功的关键因素。所以推销人员要尽可能圆满地解答客户提出的每一个问题，让客户能放心地购买产品。

4．努力诱发客户的购买欲望

推销人员还必须使客户认识到购买产品的好处，诱发客户的购买欲望，首先，要了解客户有哪些需求，还存在哪些问题；然后，设法引导客户新的消费需求，帮助客户解决问题；最后，通过诱发客户的购买欲望，导致客户主动提出购买要求。

4.1.2 推销洽谈的原则

为了顺利达到推销洽谈的目的，推销人员可以灵活采用各种的方法和技巧与客户洽谈，但无论采用哪一种方法或技巧，都应该遵循以下基本原则。

1．针对性原则

推销洽谈必须服从于推销目的，具有明确的针对性。为此推销人员应做到以下几点。

（1）针对客户的购买目的和动机开展洽谈

客户的购买目的在于追求产品的使用价值，其购买动机多种多样，如有的求名、有的求美、有的求实等。在洽谈中推销人员应就产品的使用价值及针对客户的具体动机进行推销。

（2）针对客户的个性心理开展洽谈

客户个性心理各异，而客户个性心理对推销洽谈的影响不容忽视。只有针对不同个性心理的客户采用不同的洽谈策略，才可能取得洽谈的实效。

（3）针对产品的特点开展洽谈

推销人员应根据产品的特点设计洽谈方案，突出产品特色，增强洽谈说服力。处在激烈商品竞争市场条件下的推销人员，要想有效地区别产品、推销产品，必须善于分析、说明产品特性，推销与众不同的观念和产品，使自己处于有利的地位。

2．鼓动性原则

推销洽谈既是说服的艺术，也是鼓励的艺术，洽谈的成功与否，关键在于推销人员能否有效地说服和鼓动客户。推销人员须从下述方面努力，以求得洽谈的鼓动性。

（1）以自己的信心和热情去鼓舞和感染客户

推销人员的鼓舞力量来源于对本职工作、对客户和对产品的信心和热爱，只有热爱本职工作并坚信自己的工作有益于客户，相信客户需要自己的帮助而且自己的产品能满足客户的需求（企业应保证推销品能让推销人员树立起信心），才有可能去鼓动客户的购买信心与热情。情绪常常可左右购买决策，客户的情绪往往受推销人员的情绪的影响和感染，推销人员应以极大的热情去感染客户，以激发其购买热情。

（2）以自己丰富的知识去说服和鼓舞客户

推销洽谈须以丰富的推销知识为基础，离开了丰富的推销知识，所谓推销信心、推销热情均成为一句空话，鼓动和感染客户将是一种幻想。

（3）使用鼓动性销语言进行洽谈

洽谈中，推销人员既要善于用逻辑语言去准确地传递理性信息，更要善于运用情感性语言去生动形象地传递非理性信息。非理性的感情因素在购买活动中常常起着重要作用，影响着客户的购买决策，因此，情感性语言往往具有更大的感染力和鼓动性，更容易打动客户的心。

3．参与性原则

推销人员应设法引导客户积极参与推销洽谈。客户参与洽谈的程度直接影响着客户接受、处理、反馈信息和制订购买决策的水平。客户的积极参与也是促进推销信息的双向沟通，增强洽谈说服力的必要条件。推销人员应努力做到以下几点。

（1）与客户同化，消除客户的戒备心理

推销人员应与客户打成一片，加深对客户的了解，去寻找与客户相同或相似的因素以影响客户，使客户产生认同感，创造出良好的推销气氛，消除客户的心理防线，提高洽谈效率。

（2）认真听取客户意见

推销人员既要客户参与洽谈，就应该认真听取客户意见。认真聆听，既是尊重客户的起码要求，也是进行成功洽谈的基本技能。认真聆听，能使客户产生一种心理上的满意，有利于客户积极参与洽谈并做出购买决策。

在坚持参与性原则的同时，推销人员须注意掌握洽谈的主动权，要在控制洽谈的局面和发展进程的前提下，充分调动客户的积极性，以保证洽谈不致因客户的参与而改变方向。

4．诚实性原则

诚实性原则即推销人员切实对客户负责，诚实进行洽谈，不玩弄骗术。现代推销是诚实的推销，诚实是现代推销人员的起码行为准则。唯有诚实，才能取信于客户并赢得客户的信任。在现代推销环境中仍信奉欺骗性推销的，终会碰得头破血流。坚持诚实性原则包括以下三方面的内容。

（1）讲真话

讲真话也就是要真实地向客户传递推销信息，以争取客户的信任并利于客户在正确分析判断的基础上做出购买决策。

（2）卖真货

推销信誉靠卖真货才能树立，而信誉是推销的法宝。以假充真，以劣充优，只会害人害己。在造假仿冒技术日益高明的今天，保护消费者的利益，很大程度上要靠推销人员来把关，推销人员对此绝不能掉以轻心。

（3）出实证

实证包括推销人员的身份证明和产品证明两方面。真话真货要靠实证来证明，只有出示真凭实据，才能打消客户对推销人员、产品和推销信息的种种疑虑，坚定客户的购买决心。因此，实际推销中，推销人员必须适时地向客户出示真实可靠的推销证明，以增强推销的说服力。

4.1.3 推销洽谈的程序

一般来说，正式的洽谈活动从开始到结束，可划分为导入、概说、明示、交锋和协议五个阶段。

1．导入阶段

作为洽谈活动刚开始的导入阶段，主要是让参与洽谈的人相互认识和了解有关洽谈者的背景情况，如姓名、单位、职称、职务等。无论是正式或非正式洽谈，都应通过他人或自我介绍的形式让双方相互认识。在导入阶段，建立一种轻松、友好、愉快的洽谈气氛是非常重要的。要建立这种相互合作的洽谈气氛，使双方对所谈的问题形成共识、达到一致，需要一定的时间。不可能在洽谈刚开始，双方就直接进入实质性洽谈阶段。因此，导入阶段的话题最好是轻松的、非业务性的。双方可从以下内容入手。

① 谈各自的经历，曾经到过的地方、结交过的人物等以及社会新闻、文艺演出、足球比赛、家庭趣谈甚至当天的新闻摘要等。

② 私人问候，表现出你真正关心他人的情况，不带任何胁迫的语调。如开始可以说："您好!"然后谈一些私人间的话题，如："这个周末我钓鱼去了，我很喜欢钓鱼，您周末是怎样度过的？"这些话题有利于让气氛很快融洽起来。

③ 彼此有过交往的，可以先谈一下以往的共同经历和各自的所见、所闻、所感，制造一个轻松愉快的气氛。

这样的开局可以使双方找到共同语言，为彼此间的心理沟通作好准备。实际上，闲聊中双方已经开始传递信息了，它同样具有很强的感染力。这时推销人员的形象是给人的第一印象。推销人员的形象首先包括一个人的姿势，它可以反映出这个人是信心十足还是优柔寡断、是精力充沛还是疲惫不堪、是轻松愉快还是剑拔弩张。除了姿势以外，推销人员的形象还包括装束仪表。但仪表留给人的印象会很快被其他印象所加深。最强烈的印象，是双方目光的接触。从目光的接触中，可以了解对方是开诚布公还是躲躲闪闪、是以诚相待还是怀疑猜测。给人留下深刻印象的还有手势，很多情绪可以通过手势反映出来。比如握手可以反映出对方是强硬的、温和的或理智的。

2．概说阶段

概说的目的主要是让对方了解自己的推销目的及一些建议。概说时要注意隐藏起不想让对方知道的其他信息，不要把自己的所知和想法全告诉对方，造成底牌过早亮出而没有退路。因此，概说阶段应注意以下几个问题。

① 开始发言的内容要简洁，能把握重点并恰当表示感情，使对方明白你的意思，消除对你的戒备。发言的过程中也要注意对方的神态变化，适当调节音量使每个人都能听清楚。说话时要自信，不要犹豫畏缩。

② 开场白之后应留下一些时间让对方表达意见。注意对方对自己的推销有何反应，找出对方的目的和动机与自己原来的认识或设想有何差别，有些重点问题还应记录下来，显得自己重视对方意见。要让对方在交易条件方面首先提出意见，这是一个较好的办法，这样能使你知道一些对方的想法和愿望。例如，有的人总是要对方先对自己的产品估价，而他们却出人意料地以低于对方的价格签订协议。

③ 自己的言辞或态度尽量不要引起对方焦虑或愤怒，以免使对方产生敌意、防范甚至反击的态度。

④ 概说的时间不宜过长，这个阶段实际是双方相互试探的阶段，在尚未明了对方的意图时，如果一意孤行，往往容易丧失与对方合作的机会。相反，若得到对方的首肯，哪怕是轻轻的点头、微微的一笑、或是其他表示同意的态度，就等于向成功之门迈近了一步。

另外，在概说阶段，"报价"是一个实质性的问题。这里所说的"报价"不仅是指产品价格方面的要价，而是泛指洽谈一方向对方提出自己的要求。在推销洽谈中，报价是否得当对实现各方既定的谈判利益具有举足轻重的意义。例如，当买方准备以某种较高的价格买进对方的产品时，如果卖方的报价比较低，那么买方就会欣然接受，或者乘机以卖方所报的低价为起点争取进一步压价。又如，假使买方先报了价，并以某种较高的价格准备买进卖方的某种产品时，卖方得知报价比自己拟定的卖价还要高后，也会欣然接受，或者乘机以买方所报的高价为起点争取进一步抬价。总之，在概说阶段，所有的谈判者在报价问题上都应该采取审慎的态度，既要讲究策略，又要注意自己的谈判形象，讲究信誉。

3．明示阶段

一般来说，推销过程中双方必然会有一些意见分歧，明智之举是及早提出这些问题，并设法加以解决。明示阶段就是洽谈双方把自己的不同意见摆到桌面上来讨论的阶段。通常谈判中会出现四种主要问题，即自己所求、对方所求、彼此相互之求以及从外表看不到的内蕴之求。对这些问题，大家应当心平气和地进行讨论，尤其是推销人员为达到自己的推销目的，常常要从准客户的角度考虑问题，满足对方的需求，这是推销谈判与其他谈判的主要区别，也是推销成功的关键所在。

在明示阶段，洽谈双方之间会采用许多的信息传递方式。信息传递得当，会加强谈判的力度；倘若信息传递不当，就会在无形之中削弱谈判力度。推销专家指出，用多种不同的媒介来传递同样的信息，带给对方的传播效果是不同的。所以，谈判人员要选择最有效的传播媒介与沟通渠道。在推销洽谈中经常使用的传播媒介有这样几类：一是印刷物，如参考资料、统计报表、调查报告等；二是视听媒介，如录音、录像、照片等；三是实物模型，如产品、样本、机器设备等；四是谈判人员的交谈。总之，各种媒介都可以传递信息，都具有说服对方的作用。实物比图片更真实，事实数据比空洞的分析更令人信服。

在明示阶段，双方会进入实质性问题的磋商，彼此明确表示自己的要求，提出问题，回答问题，说明自己的意图，努力达到自己的目的。谈判人员从明确自己的目标开始，就决定了他在谈判中的态度，但是期望过高的明示会使洽谈一开始就陷入僵局，甚至可能导致谈判破裂，因此，最好以良好的判断力来确定自己的目标。

明示阶段也可应用"炒蛋战略"，即将许多谈判事项搅和在一起，一开始就讨论如送货日期、服务、品质、数量、价格、包装等一系列问题，把谈判前景变得很复杂，这是试探对方对于本次谈判是否已有充分准备，能否提出谈判主题。为了使谈判能顺利进行，要在明示阶段不断给对方传递各种信息，同时应该运用具有最佳传播效果的交流方式。在洽谈过程中还要利用许多可以说服对方的工具，如参考资料、技术规格、统计图表、文件、客户来信等。总之，对于自己所求、对方所求、彼此互求和蕴藏之求，要做到心中有数。

4．交锋阶段

推销洽谈的目的是要达成双方都认为是公平合理的交易。谈判中双方都认为自己能获得更多的利益和避免最少的损失，因此，彼此处于对立状态是不可避免的。对立可以说是谈判的先决条件，没有对立就没有所谓的谈判。对此，谈判人员必须存足够的心理准备，随时回答对方的质询并对对方的意见做出恰如其分的反应。对立状态在交锋阶段才会明显形成，但通过交锋并不是要分出胜负强弱。推销过程中的对立，只是利用施与受的原则找出双方妥协的途径。

在交锋阶段，双方都会列举事实希望说服对方，使对方了解并接受自己的意见。假如对方举出一个例子，要求己方接受他的观点，己方可能会马上举出另一个例子来反驳他。在反驳对方的意见时，要注意避免使用对抗性的语言。比如"你要么接受，要么放弃，没有任何讨价还价的余地"，或者"你说出这种话来，表明你丝毫没有谈判的诚意"等。这样做只会增强双方的对立情绪，拉大双方在心理上的距离。

交锋是洽谈的一个关键步骤，也是整个洽谈过程中最困难、最紧张的阶段之一，需要双方付出较大的努力，有可能通过一轮磋商双方就达成了一致，也有可能需要多轮磋商才能达成协议。每一轮磋商过程都是一次完整的回馈反应。当双方各自设下自己的目标、表达出自己的愿望后，就是一连串的回馈反应过程：提出要求—考虑表态—交锋磋商—坚持或让步。通过多次反复交锋，双方的观点渐趋一致，分歧与差异慢慢缩小。一次洽谈能否成功，关键就看交锋的结果。因此，谈判人员要表现出勇气、自信和毅力，要利用谈判的策略与技巧努力说服对手，实现互惠互利的谈判宗旨。在交锋阶段，双方存在不同的意见并不可怕，重要的是找出彼此分歧和差异的根源，从而判断能否克服分歧差异以及本次谈判的艰难程度。谈判人员对双方的分歧和差异要认真分析研究，明确谈判桌上的表面差异、实质差异、一般差异与原则差异。只要迅速找出问题的根源，使自己保持清醒的头脑，就能在谈判桌上时时处于主动的地位。

交锋之后便进入寻求妥协途径的阶段。妥协是谈判中不可缺少的手段和策略，但谁先向对方妥协以及在多大程度或范围上进行妥协，要考虑多种因素，并非谁先妥协谁就会败下阵来。如果对谈判准备得充分，对妥协的范围能心中有数，就会使妥协变得游刃有余，在退一步的同时也在进攻。虽然对某些问题妥协了，但也会因此得到其他补偿。所谓"失之东隅，收之桑榆"的道理就在其中。

5．协议阶段

经过磋商交锋和妥协退让，买卖双方认为已解决了交易问题，基本达到了各自的目标，便可拍板成交，签署购销合同。磋商结束后，双方要根据已经讨论过的各项内容起草一个备忘录。备忘录并不作为合同或已达成的协议，它只是双方当事人暂时商定的一般原则，是以后达成正式协议的基础。起草备忘录应注重它的内容而不是措辞。在一份完好的备忘录中，最重要的是要明确双方的要求和愿望，没有必要过分强调细节。备忘录虽然不是合同或正式协议，但一经形成，表示整个谈判过程已基本结束，下一步的工作就是签订合同和协议。

签约是谈判人员以双方达成的原则性协议为基础，对洽谈内容加以总结整理，并用准确规范的文字进行表述，最后由双方代表正式签字生效的工作。洽谈双方费尽心机，历经谈判准备、正式会谈等曲折复杂的过程，目的就是为了签订一个对双方都具有约束力、能保证彼此利益的协议。这个协议要求表述准确、内容全面，不允许产生歧义和遗漏疏忽，否则就可能给图谋分外之利的一方造成可乘之机，同时也会给另一方带来意想不到的损失。由此可见，原则性的协议与经过准确表述的正式协议之间是不尽相同的，协议一旦签字生效，双方必须认真履行。如果发生了违背协议的行为，双方可通过后续谈判来纠正和制止。因此，谈判人员必须熟记协议条文，在协议执行的有效期内向对方进行必要的提醒和交涉，以保证谈判协议的切实履行。

4.2　推销洽谈过程的实施

推销洽谈是推销的中心环节，是推销成败的关键。在与客户正式洽谈时，首先，要在见面之初营造积极友好、和谐融洽的洽谈气氛；其次，在洽谈中要运用各种语言及非语言技巧来与客户进行充分交流和沟通；最后，以恰当的方式进行产品报价和产品演示，从而使客户接受自己的产品，达成交易。

4.2.1　推销洽谈的方法

面谈的方式通常分为两类：一是提示法，二是演示法。提示法是指用语言手段启发、诱导客户购买产品的方法；演示法是通过产品本身及图文音像启发、诱导客户购买产品的方法。在实践中，这两类方法往往是配合使用的。

1．提示法

提示法主要是指推销人员通过直接提示法、间接提示法、积极提示法、消极提示法、动意提示法、明星提示法和逻辑提示法等不同的方法，提示客户产生购买动机，促使其作出购买决策，产生购买行为的推销洽谈方法。

（1）直接提示法

所谓直接提示法是指推销人员直接劝说客户购买所推销产品的方法。这是一种被广泛运用的洽谈提示法。这种方法要求推销人员接近客户后立即向客户介绍产品、陈述产品的优点与特性，然后建议客户购买。这种方法能节省时间、加快洽谈速度，符合现代人的生活节奏。在运用直接提示法时应注意以下几点。

① 提示要抓住重点

如果在推销准备阶段推销人员能对客户有较好的了解，在推销接近过程中，对客户的需求及购买动机有进一步的了解和印证，那么推销洽谈一开始，推销人员就可以直入主题，具体提示步骤为：首先，提示产品的主要优点与特征；进而提示客户的主要需求与困难；然后，直接提出解决的途径与方法；最后，直接诉诸客户的主要购买动机与想要获得的主要利益。总之，推销人员可以抓住重点，直接提示客户购买产品。

② 提示内容要易于被客户了解

采用直接提示法时，所提示的内容尤其是提示产品的特征与优点时应该是明显突出，显而易见，或经过解释能被客户理解的。如果经推销人员直接提示后，客户仍看不出产品的利益与优势，就会使客户产生异议，增加成交的困难。

③ 提示的内容应针对客户的个性

不同的客户有不同的需求、不同的购买动机与购买行为。而且，客户的需求、动机与行为之间还可能有相互矛盾、不合常理、不合规范的时候。因此，推销人员应充分考虑到对客户的尊重。只要客户需要并愿意购买，有时则不应指出或挑明客户的矛盾之处，说话要注意含蓄。

（2）间接提示法

间接提示法是指推销人员运用间接的方法劝说客户购买产品。例如，可以虚构一个客户，或一般化的泛指，而不是直接向客户进行提示等。由于采用间接提示法可以避免一些不宜直接提出的动机与原因，因而使客户感到轻松、合理，容易接受推销人员的购买建议。所以，间接提示法得到广泛的应用。运用间接提示法的一般步骤如下。

① 虚构或泛指一个客户，不要直接针对面前的客户进行提示，从而减轻客户的心理压力，开展间接推销。

② 使用委婉温和的语气与语言讲述购买动机与购买需求。尤其是对于一些比较成熟、自认为聪明、自视清高的客户，采用这种方法效果会更好。

③ 时刻注意控制推销洽谈的过程与内容。虽然是间接提示，但也不能脱离推销主题，更不能不着边际地举例。

④ 最后，主要是在洽谈后期采取直接提示法，以更好地把握推销机会。

（3）积极提示法

积极提示法是指推销人员用积极的语言或其他的积极方式劝说客户购买所推销产品的方法。所谓积极的语言与积极的方式可以理解为正面提示、肯定提示、热情的语言以及赞美的语言，会产生正向效应的语言等。当运用积极提示法时应注意以下几点。

① 坚持正面提示，绝对不用反面的、消极的语言，只用肯定的判断语言。

② 所用的语言与词句应是实事求是的，是可证实的。

③ 可以用提问的方式引起客户的注意，与客户一齐讨论，再给予正面的、肯定的答复，弥补正面语言过于平淡的缺欠。

（4）消极提示法

消极提示法是指推销人员不是用正面的、积极的提示说服客户，而是运用消极的、不愉快的、甚至是反面的语言及方法劝说客户购买产品的方法。运用从消极到不愉快，乃至反面语言的提示方法，有时也可以更有效地刺激客户，从而更好地促使客户立即采取购买行动。

消极提示法如果运用不当，会挫伤客户的积极性，导致洽谈气氛的骤然紧张，甚至不欢而散。因此，推销人员一定要谨慎使用这种方法，并注意下列问题。

① 推销人员应选好提示对象。反面提示法只适用于自尊心强、自高自大、爱唱反调、有缺陷但不愿让人揭短、反应敏感的客户；而对于反应迟钝的客户则不起作用；而对于特别敏感的客户又会引起争执与反感。因此，分析客户类型，选准提示对象成为运用这种方法的关键。

② 推销人员要慎重使用刺激性语言。在使用消极提示法时，推销人员不可避免地要用一些刺激性的语言和词句，但使用刺激性语言同样需要采取温和的、善意的态度，不能挖苦、讥讽客户，更不能以对方的生理缺陷来刺激客户。

③ 推销人员应在提示后，立即为客户提供一个解决方案，并应令客户满意，使客户感到推销人员的善意与服务精神。

（5）动意提示法

动意提示法是指推销人员建议客户立即采取购买行动的洽谈方法。当一种观念、一种想法与动机在客户头脑中产生并存在时，客户往往会产生一种行为冲动。这时，如果推销人员能够及时地提示客户实施购买行动，效果往往不错。例如，当一个客户觉得某个产品不错时，推销人员觉察到并及时提示客户："要订货最好是快点，不然因为订货太多，就难以保证交货期了。"只要提示得及时合理，效果一般不错。在运用动意提示法时应注意以下几点。

① 动意提示的内容应直接诉述客户的主要购买动机。

② 为了使客户产生紧迫感也即增强客户的购买动机，提示的语言必须简练明确。

③ 应分辨不同的客户，对于那些具有内向、自尊心强、个性强等特征的客户都不可以采用动意提示法。

（6）明星提示法

明星提示法是指推销人员借助一些有名望的人来说服与动员客户购买产品的方法。由于明星提示法迎合了客户的求名、求荣等情感购买动机，且明星提示法充分利用了一些名人、名厂、名家等的声望，可以消除客户的疑虑，使推销人员及其产品在客户心目中产生明星效应，有力地影响客户的态度。推销人员在运用这一方法时应注意四个方面。

① 所提示的明星知名度要高

推销人员所提示的明星，应该在全国、某一行业或在客户所处的地域有一定的知名度、美誉度且客户应该知晓。如向一位中老年人提示某歌星显然不适宜，而向一名中学生提示某歌星、某电影演员就比较有效，所以明星应该是客户所知晓的、熟悉的。

② 所提示的明星与推销品之间有联系

如运动员与运动鞋（服）、演员与化妆品等，否则，会使客户产生疑虑而失望。同时，推销人员所提示的明星与所使用及消费的产品都应是真实的。这样，推销人员一方面要事先做好向明星的推销工作，另一方面要重视与明星之间的关系、联系。否则，会引起明星的不满，进而影响推销人员及其企业的形象，最终使推销人员失去客户。

③ 利用自己的"名"来推销自己的产品

企业应有名牌意识，即名牌企业生产名牌产品，由自己的"名牌"推销人员去推销。这就要求一方面企业要不断加强内部管理，提高产品质量，热心公益事业，搞好公共关系，以扩大和提高自己的知名度、美誉度；另一方面推销人员要不断提高自己的素质，热心为客户服务，提高自己的知名度、美誉度，并在推销工作中处处维护企业形象等，这样，推销人员就可以借助于自己的"名"来推销自己的产品。这也是明星提示方法的一个重要战略、重要步骤，同时，这种策略比推销人员利用别人的名更有效、更容易激起客户的购买欲望。

④ 明星提示法不适用于理智型客户

（7）逻辑提示法

逻辑提示法是指推销人员利用逻辑推理，说服客户购买推销品的方法。逻辑提示法符合客户的理智购买动机。它是推销人员通过严密的逻辑推理，来启发、引导客户分析、思考、判断，使客户逐步认识推销品及其功能、使用、利益，促使客户实施理智的购买行为。逻辑提示法调动了推销人员和客户两方面的积极性，既能保持良好的洽谈气氛，又能促进推销目标和客户利益的实现，在实施过程中应注意以下几点。

① 逻辑提示法适用于理智型、文化程度高和专家型的客户。这类客户往往不会轻易接受推销人员的一般性介绍，只有在彻底弄清楚推销品的性能、质量、利益之后才会表露出购买意向。这就要求推销人员通过逻辑提示的方式帮助客户尽快认识推销品，促使其进行理智决策。

② 要以理服人，逻辑推理，即要求通过科学分析，做出科学论断，不能强词夺理。所以，推销人员必须熟悉推销品及其原理，熟悉市场，了解客户，掌握逻辑知识、哲学理论，把自己的推销说服工作建立在科学的基础之上，做到以理服人。

③ 通俗易懂，进行逻辑提示时应尽可能避免使用难懂的词句，尤其是对于一般的个体客户。推销人员应做到推理简明扼要，通俗易懂，亲切自然并善于总结自己的推销要点，使推销要点条理化。这样，推销人员既做到了推理的科学，又保证了推销语言的艺术性，这就增强了逻辑提示法的使用效果。

④ 把逻辑提示法与其他方法结合运用，推销人员在用科学道理阐述自己的观点时应结合其他方法，如行动提示法、积极提示法等，以达到优势互补的效果。

2．演示法

演示法是指推销人员运用非语言的形式，通过暗示、展示、音响等，促使客户购买推销品的洽谈方法。

（1）产品演示法

产品演示法是指推销人员通过操作示范、表演，说服客户购买产品的方法。这种方法是通过现场表演的方式，给客户一种暗示，让客户进行比较、选择并作出购买决定。它是一种十分有效的推销洽谈的方法。在使用产品演示法时，应注意以下几个问题。

① 根据推销品特点来选择演示方式、内容和地点。从推销品的性质上讲，有形产品容易进行演示，无形产品难以进行演示。在演示有形产品时，应进行实际操作表演；在演示无形产品时，应利用各种形象化手段，将无形产品实体化。从推销品的特点来看，体积和重量较小的推销品可以进行室内演示；而体积和重量较大的产品则可以进行其他形式的现场演示。对于携带方便的推销品，推销人员应该尽量携带产品，边谈话边演示；对于携带困难的推销品可安排具体时间和地点进行现场演示。事实上，所谓现场演示，也就是现场看货。

② 根据客户的特点选择演示的重点内容与方法，确定演示时间和地点。根据推销洽谈进展的要求，选择适当时机演示产品。

③ 鼓励客户参与演示，让客户亲身体验产品的优点，从而使其产生认同感与占有欲望。

（2）文字演示法

文字演示法是指推销人员通过演示有关推销品的文字资料来劝说客户购买推销品的面谈方法。在现代推销环境里，文字是传递推销信息的重要媒介，也是比较有利的刺激物。在无法或不便演示推销品的情况下，推销人员可以先行演示文字资料。与口头提示相比较，文字演示法更具有可靠性，能够增强客户的购买信心。

（3）图片演示法

图片演示法是指推销人员通过演示有关产品的图片资料来劝说客户购买推销品的面谈方法。与产品演示法相比较而言，图片演示法更方便，也更灵活。在不便于演示产品本身的情况下，可以考虑使用图片演示法。与文字演示法相比较，图片演示法具有更直观的特点，图片资料比较生动形象，容易被客户接受和理解，而且可以克服语言沟通方面的障碍，特别适于国际推销。文字演示法与图片演示法结合起来运用，可以做到图文并茂，使推销的效果会更加好。

（4）证明演示法

证明演示法是指推销人员通过演示有关证明资料劝说客户购买推销品的方法。现代市场交易的条件下，只有取信于客户，才能取得推销的成功。证明演示法就是通过向客户展示充分的证据，以取得客户信任的方法。一般地，在几乎所有的推销活动过程中，都使用这种方法。而在以上所讲的各种提示法以及产品演示法的运用中，都必须辅之以证明演示法。

4.2.2 推销洽谈的策略

策略是指人们谋事的计策和方略。推销洽谈策略是指推销人员在推销洽谈中为了达到某个预定的目标所采取的计策和方略。推销洽谈的策略很多，归纳起来有以下几种。

1．先发制人的策略

在推销洽谈中，常常会遇到一些客户提出棘手的问题与意见，推销人员虽然可以一一解答，但会显得被动。要扭转这种被动的局面，推销人员可以适时地运用先发制人的策略。

先发制人的策略，即估计到客户有可能提出的反对意见，抢在他前面有针对性地提出问题并做出阐述，发动攻势，有效地解答客户疑虑，排除成交的潜在障碍。

【引例4-1】 一个推销新型号复印机的推销员，知道某公司的采购科长急于采购一批复印机，但采购科长的思想比较保守，喜欢选购老牌号的复印机，对新型号的复印机持有怀疑态度。于是他找到这位科长说："我知道您对采购很有经验，不愿在型号的选择上冒风险，但我想，像您这样的老行家绝对不会一概排斥新型号的产品，因为现代科技的发展太快了，复印机的更新换代也是很快的，一旦一种新型号产品的质量与功能被大家证实后，价格就会提高，而旧型号也将被淘汰。这样来看，求稳本身不也是一种风险吗？现在我接触的许多客户都已改变了过去那种片面求稳的思想，不知您是否同意这种观点？"

当然，先发制人并不是在任何情况下都适用并都能获得成功的，有效运用该策略的关键在于：一是对对方的言行要有准确充分地判断和估计；二是自己要掌握充分的理由；三是要善于选择和灵活运用发动攻势的最佳方式；四是要及时把握机会，抢得"先言"的优势。

2．曲线求利的策略

在洽谈中，有时为了就某个问题用自己的观点劝说别人，正面说了不少道理却不能奏效，我们就选择对方不易察觉的突破口，避开正面阻挡进攻的障碍，从似乎与原话题不相干的角度向洽谈目标迂回前进，让对方在交谈中不知不觉顺着我方的思路走，承认我方的观点或意见。

从表面上看，曲线求利的策略走的是弯路，但由于它体现了避实就虚、乘虚而入、由虚而实的战略战术，所以在正面强攻不下或不宜正面进攻的情况下，它不失为一种灵活有效的说服方法。实施该策略时应注意洽谈的目标一定要明确，对迂回的路线要心中有数、步步为营，要尽量选择有隐蔽性的话题，力求适应对方"心理相容"的需求，然后再实施由虚而实的渐进过程，达到最终说服对方的目的。

【引例 4-2】 美国某电子公司有个叫威伯的推销员，他曾到乡村去推销用电，走到一家阔气的人家，户主是个上了年纪的老妇人，一看是电子公司推销员，就把门关闭了。威伯一看事情不妙，说："很抱歉，打扰了您，我也知道您对用电不感兴趣。所以，我这次来不是推销用电的，而是买鸡蛋的。"老夫人消除了疑虑，把门打开一些，探出头来，半信半疑地望着威伯，威伯继续说道："我看见您喂的道明尼克种鸡很漂亮，想买一打新鲜的鸡蛋回城。听到他这么说，老妇人把门缝看得更大一些，说："你为什么不用你家里的鸡蛋？"威伯充满诚意的说："我家的鸡下的蛋是白色的，不合适做蛋糕，我的太太就要我买些棕色的蛋。"不一会儿，老妇人走出门口，态度很温和地跟威伯聊起鸡蛋的事情，这时，威伯指着院子里的牛棚说："牛赶不上您养的鸡赚钱。"老妇人的心被说动了，因为他丈夫这么多年总不承认这个事实，于是，他将威伯视为知己，带他到鸡舍参观。威伯告诉老妇人，如果能用电灯照射，鸡产的蛋会更多，老妇人好像忘记先前的事情，反而问威伯，用电是否合算。当然，她得到了满意的回答。两个星期后，威伯在公司收到老太太寄来的用电申请书。

引例分析：威伯并没有直接提卖电，而是从侧面以买鸡蛋为突破口，攻破了老妇人的心理防线，最终达到了目的。

3. 扬长避短的策略

在推销洽谈中，买卖双方应当讲究信用、真诚相待。作为卖方，应当如实地反映产品的各项性能、用途和特点，不应靠欺诈的手段去蒙骗对方。但是这并不意味着对产品的所有缺点与不足都要一五一十地"和盘托出"，在推销过程中，为吸引客户注意、促成交易，适时地采取扬长避短的策略是必要的。

所谓扬长，就是在介绍产品时多讲产品的优点，要通过推销使对方看清楚产品的优点与其所能带给客户的好处，而避短则是在推销中对某些并不关键的不足之处巧妙地加以掩饰，特别是对某些过分挑剔、并借此压价的客户，此方法可以起到有效稳定产品价格的作用。

许多推销人员都对如何扬长颇有心得，而对如何避短则体会不深。下面重点介绍几点避短的常用对策。

① 和对手谈判前，首先要对自己的产品和其他竞争产品的优缺点了如指掌，并对客户可能挑剔的问题详细制订应对策略。

② 让企业内部人员全面检查和挑剔产品的毛病，找出其产生的根源，然后正确区分哪些是确实存在的，哪些并非关键性的缺陷，但如果不掩盖也会严重影响产品的售价与销量。

③ 对确实存在的缺陷，如果容易对付，一般可利用一些有说服力的资料或事实进行解释；如果不容易应付，需要运用安全答话或避重就轻等策略。

④ 如果产品的明显缺陷已被暴露，上述安全答话等策略也不能奏效时，卖方应顺其自

然地同意客户的意见，同时强调产品在其他方面的优点，如价格低廉和实用价值等，客户也许会放弃对缺陷的挑剔，因推销人员的真诚和负责的态度而同意成交。

4. 调和折中的策略

这是一种由双方分担差距，相互向对方靠拢，从而解决谈判分歧的做法。折中有一次折中和两次折中，也可通过内容不同但意义相当的条件参与折中。例如，当买卖双方价格相差10万元时，为结束洽谈，双方同意折中解决，即各让5万元。有时，还可通过价格与货物相抵来折中，如一方同意降价2万元，另一方同意减少2万元的货物，以解决4万元的差距。在合同条文的谈判中，双方将分歧点计数，称为"记分"，如共计10分，则各让5分以解决分歧，结束洽谈。

【引例4-3】 有一次，一个贵妇人打扮的女人牵着一条狗登上公共汽车，她问售票员，"我可以给狗买一张票，让它和人一样坐个座位吗？"售票员说："可以，不过它也必须像人一样，把双脚放在地上。"售票员没有否定答复，而是提出一个附加条件：要求狗像人一样，把双脚放在地上。

应用此策略时应注意。第一，选择时机。必须是双方均已做了明显的让步之后，在最后的条件决定之时。第二，不宜率先提出折中，以免离成交点太远。第三，在提出折中或响应折中时，不宜宣称这是最后的折中，以保留再折中的权力。第四，折中时应注意手上留有让步的余量。

【引例4-4】 一艘船即将沉没，船长下令弃船。但有几个人不愿意跳船，大副没有办法，只好请船长出面。船长和每个人说了一句话，他们二话不说，纷纷跳了下去。大副很好奇，问船长都说了些什么。船长说：我告诉德国人，跳船是命令！于是德国人跳下去了。我告诉英国人，跳船是高尚的绅士行为！于是英国人跳了。我告诉法国人，跳船是一件很浪漫的事情！于是法国人跳了。于是意大利人跳了。我告诉美国人，跳船是极其危险的！于是美国人跳了。

4.2.3 推销洽谈的技巧

推销洽谈反映一种交换关系，但同时又是人与人之间思想、情感交流和沟通的过程。洽谈能否成功，在很大程度上取决于推销对象，如果推销人员可以判断出对方的个性类型、性格特点和担负的使命，并以此为据来调整自己的态度和做法，就为取得谈判的成功打下了基础。在洽谈中，如何选择不同的策略去适应、抵制或改变对方的动机并为自己的辩护提供余地，需要借助一些方法和技巧。

1. 倾听的技巧

在交谈中，倾听是非常重要的。对推销人员而言，只有通过倾听才能了解对方对推销产品的看法及购买意向。

提高交谈中倾听的水平，要掌握如下要领。

① 要给对方创造发言的机会，交谈中会说话的人都应是会听话的人，所以善谈者绝不喜欢长篇独白，而是注意多给对方说话的机会。比如，把自己的意思简明表述之后说一句"您的意思呢？"或"我很想听听您的高见。"

② 聆听时要聚精会神，表情专一，在听的过程中要做到身心投入、目光专注，时而凝神深思、时而点头应和、时而会心微笑。切忌漫不经心、心不在焉、左顾右盼、摆弄他物、老看手表或随意插话。

③ 要边听边思，不但要听得详尽、完整，辨清语音，理清语意，而且要善于去粗取精、去伪存真、由此及彼、由表及里，抓住主干和核心，揣摩对方谈话的弦外之音和真实意图。

④ 要始终保持冷静的心态和从容的风度，即使遇到令自己不愉快的话题和语气也不要感情冲动、失去控制。事实证明，越是在对方的气头上，我们就越要认真、专注地倾听，这不但有助于弄清真相，找出对策，而且有助于消除对方的怒气，平心静气地解决问题。

【引例4-5】 俞小姐是从事天然食品推销工作的。一天她在给一位老夫人做上门推销时，她已把这种食品的功能和效用清楚地讲完了，而对方反应冷漠。临出门前，她忽然看到窗台上有一盆美丽的盆栽，种的是红色的植物。俞小姐就对老太太说："好漂亮的盆栽啊！平常似乎很少见到。""确实罕见。这种植物叫嘉德里亚，属于兰花的一种。"老太太马上话多起来，开始有些情绪激动。见此情况，俞小姐马上接着问："的确很美，会不会很贵呢？""很昂贵。这盆盆栽就要800元。"俞小姐想：我的天然食品也是800元，于是慢慢把话题转入重点："每天都要浇水吗？""是的，每天都得细心养育。""那么，这盆花也算是家中的一分子喽？"这一句话果然发挥了效用，立刻让对方觉得俞小姐是有心人，于是开始倾囊传授所有关于兰花的学问，而俞小姐也聚精会神的听。告一段落，俞小姐就把刚才心里所想的事情说出来："太太，您今天买我们的天然食品，就当作今天买一盆兰花吧。"结果那位老太太竟爽快地答应下来。她一边打开钱包，一边还如此说道："即使我女儿或我丈夫，也不愿听我嘀嘀咕咕讲这么多，而你却愿意听我说，甚至能够理解我这番话。希望改天再来听我谈兰花，好吗？"

2．提问的技巧

在洽谈中常常需要运用提问技巧引起对方的注意，同时获得自己不知道的信息和资料，传达自己的感受，控制洽谈的方向。提问技巧的关键不在于提问的多少，而在于是否善问。推销人员应根据洽谈对象、内容和目的的不同采用各种不同的提问方式。在一般的洽谈场合提问主要分为封闭式提问和开放式提问两类。

（1）封闭式提问

封闭式提问是指由特定的领域带出特定答复的问句，一般用"是"或"否"作为回答。例如，"上次到公司没看见您，您是否出差了？"这类问句，可以使发问者得到特定的资料或信息，而答复这类问题也不必花时间思考。但这类问句含有一定程度的威胁性，往往引起人们不舒服的感觉。这类问句分为以下几种情况。

① 选择式问句，即给对方提出几种情况让他从中选择的问句，例如，"您需要的颜色是银白色还是浅灰色？"，"给您来一杯茶，还是一杯咖啡，或者一杯冰水？"等。这都是提出两个以上的条件供对方任意选择，对方只是在指定范围内选择。

② 澄清式问句，即针对对方答复重新让其证实或补充的一种问句，例如，"您说这类设备要订购100台，决定了没有？"这种问句的目的是让对方对自己说的话进一步确认。

③ 暗示式问句，这种问句本身已强烈地暗示出预期答案，例如，"这种款式现在市场供不应求，价格还会上涨，您说是吗？"这类问句中已经包含了答案，无非是敦促对方表态而已。

④ 参照式问句，即把第三者的意见作为参照系提出的问句。例如，"经理说，今年把采购量提高10%，你们认为怎么样？"这类问句中如果第三者是对方熟悉的人，对谈判对手会产生重大的影响。

（2）开放式提问

开放式提问是指在广泛的领域内提出具有广泛答复的问句，通常无法用"是"或"否"

等简单的措辞答复。例如，"您看我们的洽谈应当怎样开展才好？"，"您对明年的市场变化有什么考虑？"等。这类问句因为不限定答复的范围，所以能使对方畅所欲言，获得更多的信息。开放式问句还有以下一些句式。

① 商量式问句，是和对方商量问题的句式，例如，"下月与上海某厂有一项业务洽谈，你愿意去吗？"，"这次给你方的折扣定为 3%，你认为如何"等。这类问句一般和对方切身利益有关，属于征询对方意见的发问形式。

② 探索式问句，是针对对方答复内容继续进行引申的一种问句，例如，"您提到谈判中存在困难，能不能告诉我主要存在哪些困难？"这类问句，不但可以获取比较充分的信息，而且可以显出发问者对对方所谈问题的兴趣和重视。

③ 启发式问句，是启发对方发表看法和意见的问句，例如，"明年的物价还要上涨，你有什么意见？"这类问句主要启发对方谈出自己的看法，以便吸收新的意见和建议。

在洽谈过程中，发问者要多听少说，多运用开放式问句，谨慎采用封闭式问句。发问者应事先了解对方的情况；打好腹稿，注意发问的时机，取得对方同意后再进一步提问，由广泛的问题逐步缩小到特定的问题，避免含糊不清的措辞，避免使用威胁性、教训性、讽刺性的问句，避免盘问式或审问式的问句。

3. 答复的技巧

推销洽谈中答复问题是一件很不容易的事情，因为推销人员对回答的每一句话都负有责任，都将被对方理所当然地认为是一种承诺。这便给推销人员带来一定的精神负担和压力。因此，一个推销人员推销水平的高低，很大程度上取决于其答复问题的水平。

一般情况下，在推销洽谈中应当针对对方的提问实事求是地正面回答。但是，由于推销洽谈中的提问往往千奇百怪、形式各异，都是对方处心积虑、精心设计之后所提的，有一定的目的性。如果对所有的问题都正面提供答案，并非明智之举。所以，答复问题也必须运用一定的技巧。答复问题的技巧主要有以下几种。

（1）不要彻底答复对方的提问

答复者应将提问的范围缩小，或者不作正面答复，而对答复的前提加以修饰和说明。例如，对方询问我方的产品质量如何，我方不必详细介绍产品所有的质量指标，只需回答其中主要的某几个指标，从而形成质量很好的印象即可。总之，对对方提出的某些问题，如果觉得和盘托出于我方不利，可以只作局部的答复，适当留有余地，以免让对方了解我方的底牌，使我方陷于被动。

（2）针对提问者的真实心理进行答复

有时提问者有特殊的目的，有意识地含糊其辞，使所提的问题模棱两可。此时，如果答复者没有认清提问者的真实心理，就可能在答复中出现漏洞，使对方有机可乘。因此，答复者在遇到这种情况时，一定要认真分析，揣摩对方真实心理，然后针对对方的心理作答，切不可自作聪明，按自己的心理假设进行答复。

（3）拖延回答

在谈判中遇到一时难以答复或有待请示查询的问题时，不必勉强作答，完全可以用"资料不全"、"需要考虑"、"有待请示后再答复"等作为理由延缓解答，这并不是无礼的表现。

（4）含糊应答

当遇到一些比较棘手，难以作确切回答，但必须予以答复的情况时，可以运用这种含糊的应答法，即借助一些宽泛模糊的语言，使自己既作了答复，又留有余地，具有某种弹性，即使在意外的情况下也无懈可击。例如，当对方询问我方是否将价格再压低一些时，我方可以答复"价格确实是大家非常关心的问题，不过我们的产品质量和售后服务都是第一流的……"

（5）反诘诱问

反诘诱问即对方提出某一问题后，我方虽掌握足够的资料却不直接答复，而是按照一定的思路步步为营、环环相扣地向对方进行反问，尽量使对方每问必答，而且不得不对我方的反问表示同意，从而身不由己地进入我方预定的目标范围，然后我方再综合对方对反问的回答，概括出对方的结论作为我方的答复。这种答复方法由于充分利用了对方的答案，所以使对方感到难以反驳，容易折服。

（6）不予理会

对一些明显不值得回答或不便回答的问题完全可以不予理会。当然，不要只是简单地沉默不语，最好是转移话题或以资料数据不齐为托辞，拖延或拒绝回答。

4．说服技巧

在洽谈中最重要、难度最大的事情就是说服对方接受你的观点，这是因为谈判双方各自的主张存在着利益冲突。因此，要让一方轻易放弃自己的主张而赞同对方的主张是不可能的。根据经验，如果双方发生了分歧，而谁也说服不了对方让步的话，就会形成僵局，给以后的谈判带来阴影，导致双方谈判失败。要在谈判中发挥说服的作用，可采用如下方法。

① 洽谈中讨论问题的顺序应当按先易后难的原则去安排。这样做容易取得成效，使双方从一开始就显示了合作的诚意和彼此的信任，从而为谈判的发展创造良好的气氛，减少彼此的戒备心理，增强双方对交易成功的信心与愿望。双方意向差别较大的问题可以放在较后的位置并安排较多的时间去讨论，这时由于前面的谈判成果已增强了双方的合作意向，谈判的困难会相对减少。

② 在说服对方时免不了要陈述利害关系，一般应先讲利的一面，然后再以委婉的口气陈述弊的一面。这样做是因为谈判者以追求利益为目标，十分注意利益的得失，我们首先迎合对方利益的需要，有利于激发对方的兴趣和热情。

③ 在洽谈中双方既有合作，又有冲突。因此，在说服对方时应该尽可能强调利益的一致性与互利互惠的可能性，这样有利于激发对方在认同自身利益的基础上接受建议。

④ 既然谈判者的目标是要满足自己的需要，因此，要在说服过程中尽量去发现对方的迫切需要或第一位需要。如果发现对方的需要正好与自己的提议相互一致，双方往往一拍即合。

⑤ 为了协议的快速和顺利达成，在说服他人时不应单纯强调未解决的争议问题，应重点宣传已解决的问题，这有助于增强双方合作的信心和热情。

⑥ 要特别重视首尾两部分内容的安排及语言技巧的运用，因为开头与结尾给人留的印象比较深刻，所以可把最重要的问题放在首尾部分。

⑦ 拿出充分的证据或有说服力的资料来证实自己的解释或要求，使对方在事实面前心悦诚服。

⑧ 该对问题作结论时不要推辞，应简单明了、准确无误地陈述结论。

5．讨价还价的技巧

报价与让价是推销谈判和价格讨论中的主要内容，应掌握以下技巧。

（1）报价技巧

对于推销人员来说，推销产品的价格越高越好，但是报价只有在被对方接受的情况下才能产生预期的效果，才有可能成交。价格水平的高低并不是由任何一方随心所欲决定的，价格的确定要受到供求关系和竞争情况以及推销对象经济状况等因素的制约。因此，推销人员向对方报价时不仅要考虑按报价能获得的利益，还要考虑报价被对方接受的可能性。

① 确定价格的上下限

在基本掌握了市场供求及竞争情况后，推销人员可根据市场的行情变化并结合本企业的实际情况，拟定出价格幅度，确定一个大致的报价范围，确定报价的上下限，即期望标准和临界标准。在很多情况下，上限报价能为企业争得主动，原因如下。

* 高报价给自己设定了一个价格上限，按常规，报价一经喊出就不能再提出更高的要价，买方也不会接受比这更高的价格。

* 在价格谈判中，卖方为了推动谈判的进程，往往根据情况适当地作一点让步，满足对方的某些要求，以打破僵局或换取对己方有利的条款。可见，高报价是常用的交易筹码。

* 高报价往往对成交水平，即对卖方最终的实际收益具有不可忽视的影响。开价越高，在对方愿意接受的情况下，卖方的收益就越大。尤其在卖方的价格策略为"厚利少销"的情况下，高报价的策略更为重要。

* 采用高报价策略，一开始就能削弱对方的信心，并乘机摸清对方的实力和立场。

应当注意的是，卖方的报价应是防御性的最高报价，应把报价的高低与对方的意图、谈判作风等因素结合起来考虑。同时，上述报价策略并不是漫天要价，必须限定在事先确定的合理价格范围内，否则会阻碍谈判顺利进行。

【引例4-6】 某甲想到一家公司担任某一职务，某甲希望年薪为2万元，而老板最多只能给某甲1.5万元。老板如果说"要不要随便某甲"这句话，就有攻击的意味，某甲可能扭头就走。而老板不那样说，而是这样跟某甲说："给某甲的薪水，那是非常合理的。不管怎么说，在这个等级里，我只能付给某甲1万元到1.5万元，某甲想要多少？"很明显，某甲会说"1.5万元"，而老板又好像不同意说："1.3万元如何。"某甲继续坚持1.5万元。其结果是老板投降。

分析：表面上，某甲好像占了上风，实际上，老板运用了选择式提问技巧，某甲自己却放弃了争取2万元年薪的机会。

② 把握报价的时机

在洽谈中，不管卖方提出的价格多么合理，价格本身并不能使对方产生成交欲望，对方注重的首先是所谈项目对自己的价值。因此，应首先讨论项目的价值，待对方对此有所了解后再谈项目的价格。有时对方一开始就询问价格，此时最好回避报价，因为对方还未听到项目介绍。应坚持先价值后价格的原则，等介绍完项目的种种优势后再回答对方。

③ 采用价格分割策略

这是一种将大计量单位的价格化为小计量单位的价格的报价方法。比如，不讲一箱商品的价格是多少，只讲每件商品的价格是多少。这种策略利用了买方的求廉心理，具体有以下两种价格分割形式：用较小单位的价格报价；用较小单位的价格进行比较。

（2）让价技巧

让价技巧是卖方不以牺牲自身利益为代价，而以满足买方心理需求、达成交易为目标的一种价格技巧。假如，有一位卖主准备让价60元，应该怎样去做呢。可以有多种做法，我们从中列举八种形态（见表4-1）。

表4-1 让步形态

让步形态	第一次让步	第二次让步	第三次让步	第四次让步
1	0	0	0	60
2	15	15	15	15
3	8	13	17	22
4	22	17	13	8
5	26	20	12	2
6	49	10	0	1
7	50	10	-1	+1
8	60	0	0	0

第一种让步形态（0，0，0，60）是一种坚定的让步方式。它让对方认为妥协的希望很小，如果是一个三心二意的买方早就放弃了讨价还价。但如果买方是一个执着的人，他会坚持到最终迫使卖方作出让步。这种让步形态容易形成僵局。

第二种让步形态（15，15，15，15）是一种平均的让步形态，将会鼓励买方继续期待更新的让步。

第三种让步形态（8，13，17，22）往往会给卖方造成重大损失。因为这种让步会引导买主相信"更令人鼓舞的结果就在前头"，买主的期望会越来越高。

第四种让步形态（22，17，13，8）显示卖方虽然愿意让步，但其立场越来越强硬，让步的幅度越来越小。

第五种让步形态（26，20，12，2）表现出较强的妥协意愿，不过这种让步形态也告诉对方，让步是有限的。刚开始有提高买方期望的危险，但是随着让步幅度的减小，买方会认识到更进一步的让步已经是不可能了。

第六种让步形态（49，10，0，1）是一种巧妙但又很危险的让步形态。巧妙是因为它能使对方的心理经历由喜到忧、又由忧变喜的曲折过程。危险的是由于卖方第一次让步太大，容易失去在较高价格上成交的有利时机。

第七种让步形态[50，10，（-1），（+1）]是从第六种形态演变而来的。第三期微小的涨价表现出更坚定的立场，第四期又恢复到第二期价位，这会使买方感到非常满意。

第八种让步形态（60，0，0，0）有极大的危险性，一开始就让价60元，把买方的期望大大提高，可是紧接而来的是卖方不妥协的强硬态度，极可能使谈判陷入僵局。

6. 掌握时机的技巧

推销洽谈和推销接近都是在为成交作准备，但是也不能排除在这些阶段迅速成交的可能性，例如，在洽谈阶段就有可能达成协议时，就应迅速成交。推销人员要把握这种快速成交的时机，以提高推销的效率。

（1）发现成交信号

推销人员在推销洽谈中，要以高度的职业敏感来识别和捕捉成交信号，依据成交信号当机立断地采取适当的办法促使准客户立即采取购买行动。

抓住成交信号应包括两个方面：一是要抓住准客户对推销产品或推销建议的积极反应和表示肯定的信号，二是要抓住准客户对推销产品或推销建议有异议的信号。准客户异议虽然是成交的直接障碍，但也是成交的明显信号。正如俗话所说："嫌货才是买货人"，对推销产品毫无兴趣的准客户是不会提出异议的。

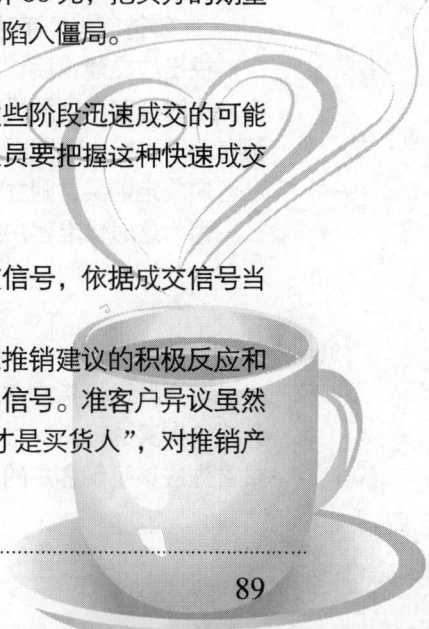

（2）时机的选择

研究表明，促成交易的时机是有规律可循的。在推销过程中，准客户的购买欲望在推销说明的刺激下是逐步提高的。推销人员促成交易的最好时机是在准客户购买欲望的兴奋点达到最高时。当然，最佳时机需要推销人员在推销洽谈的过程中去发掘和把握。

（3）掌握时机的三种手法

① 向准客户施加压力的手法

美国有位推销专家说过："在推销中只有两种压力——不是'高度压力'，也不是'低度压力'，而是'令人不悦的压力'和'乐于接受的压力'……"如果你以报酬作为推销的最大动机，那么你很快发现这份推销工作令人不悦；假如你的推销动机是想帮助客户实现心中最大的愿望，那么你对客户施加的压力就会被对方欣然接受；因此你可以毫不犹豫地去运用这种压力。有些推销人员对在帮助准客户实现其愿望的基础上施加成交压力的必要性认识不足，不敢直接施加成交压力，因而导致成交拖延甚至失败，这对买卖双方都是损失，如图4-1所示。

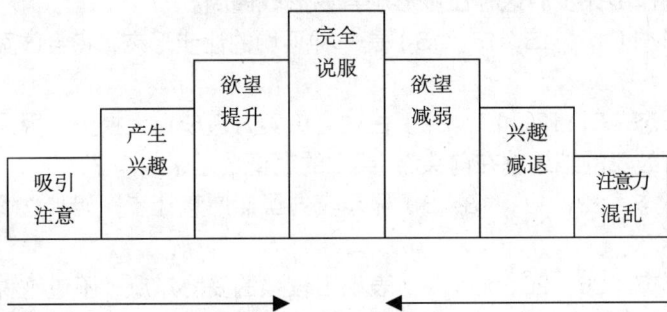

图 4-1　准客户在推销过程中的反应

② 尝试促成交易的手法

首先，当准客户发出某一成交信号时，就应抓住机会进行试验性促成，即用实验的方式去了解准客户是否有购物意图；其次，进行促成尝试，要求准客户做出购买的决定；最后，作为成交请求，要求准客户给出要或不要的答复。如果没有把握而只进行试验性促成去暗示成交，暗示成交成功则导致准客户真正成交，暗示成交失败则有利于摸清准客户的真实异议，此时推销人员需进一步处理异议才能促成交易。

③ 等待回报的手法

提出成交建议后，推销人员要保持一定的沉默。许多推销人员忍受不了沉默的压力，其实，这时准客户所承受的压力要比推销人员大得多。如果让准客户先开口，则他的任何话语都有助于推销人员判断其对推销产品的态度，帮助推销人员确定自己应采取何种行动。假如准客户决定购买，则立即成交，如准客户提出异议，那么推销人员将知道准客户关心的是什么。因为这时候准客户提出的异议多数是真正的异议。

4.3　客户异议处理

客户异议是指客户对推销人员及其推销的产品提出的不同意见或相反的看法，并以此作为拒绝购买的理由，推销的过程其实就是处理客户异议的过程。在化解客户异议前，推销人员首先应该了解客户的真实想法，探究其产生异议的真实原因。其次，有些客户异议其实并非客户的真实想法，只是客户的借口，所以应该分清真假。在处理客户异议前，分清异议的类型有助于更好地化解客户异议。

4.3.1 分析客户异议的成因

【引例 4-7】 一位财政金融计算器的推销人员向一家公司的经理推销自己的产品。

客户："你们的商品价格太高了。"

推销人员："太高？"

客户："你们产品的价格几乎比你们的竞争对手的价格高出 25 美元。"

推销人员："这正是您应该买我们产品的原因啊。我们的产品有许多好的品质，每个人都认为其物有所值。没有一种其他的产品能有我们产品独特的时间特征。您只要按一下这个按钮，就会看到时间和日期。"

客户："这很好，但我感兴趣的是我的秘书能用于计算薪水总额、税收以及其他商业申请表的计算器。"

推销人员："您所说的仅仅是这种计算器最基本的一些功能。"

客户："是这样的，你们有没有比这种便宜的计算器？"

推销人员："我明白您的意思了。但我认为质量也是一个重要的考虑因素，我们的计算器保证可以使用 5 年而不需要维修，这比竞争对手产品的有效使用期要多出 2 年，这就相当于每月的花费仅 2 美元。"

客户："也许你是正确的，但我还需要考虑一下。"

推销人员："经理，您付给您的秘书多少工资？"

客户："每小时 10 美元。"

推销人员："哦，先前我计算过，用我们的计算器可使你每天节省 2 小时的工作时间，相当于每天节省 20 美元，一周就是 100 美元。这些都代表您腰包中的金钱。如果您还下不了决心，这可是一个损失。"

客户："这么说的话，那我就买吧。"

引例分析：客户异议是推销活动过程中必然会出现的现象。一些成功的推销人员认为，客户提出异议正是推销所追求的目的和效果。一旦客户提出了真实异议，推销就进入到双向沟通阶段，推销人员才有可能进行有针对性的介绍与解释。只要客户提出的不是拒绝性异议和明显的托辞，就表明客户已经开始对产品发生兴趣。因此，推销人员应尊重客户异议，欢迎客户提出各种意见。

1. 客户异议的含义和类型

（1）客户异议的含义

客户异议是准客户对推销人员的陈述不明白、不同意或反对的意见。客户表示异议而打断推销人员的话，或就某问题拖延成交等都是推销过程中必然会遇到的情况。推销人员必须乐于接受客户异议，因为客户异议对推销人员来说不仅不是坏事，而且会给推销活动指明方向。

客户异议具有两面性。其一，它可能是成交的障碍。如果客户没有得到满意的答复，他就不可能采取购买行动。其二，客户异议也为交易成功提供了机会。如果推销人员能够恰当地解决客户提出的问题，使客户对产品及交易条件有充分的了解和认同，就可能产生购买意向。推销人员应该设法引导客户公开异议，认真分析并及时总结，采取恰当方式妥善处理异议，克服客户为成交设置的种种障碍，取得最终的成功。

（2）客户异议的类型

了解客户异议的类型有助于推销人员选择有效的异议处理方法。异议的主要类型包括以下几种。

① 需求异议

客户自认为他根本不需要推销产品而产生的异议。这类异议是推销洽谈过程中客户最容易提出的一种异议。常见的表现形式有："这种产品我不需要"，"我刚买过"等。这种异议比较难对付，这就要求推销人员准确把握有关客户需求状况的信息，并具有把客户的注意力、兴趣吸引到推销产品上来的能力。当然客户确实不需要这种产品时，不要试图去说服，而应礼貌地结束推销，必要时改日再登门拜访。

② 支付能力异议

客户认为他支付不起购买产品所付的款额。常见的表现方式有："这东西不错，可惜我没有那么多钱购买。"，"等以后资金周转过来再谈吧。"对此，推销人员要认真分析，很多财务异议通常是客户作为讨价还价或拒绝购买的策略。如果客户以财力状况不佳作为借口而拒绝购买，推销人员应暂时避开价格，而把客户的注意力吸引到产品的质量、性能上，强调自己的产品确实能满足客户的需求，能给客户带来真正的好处。如果客户目前确实财力状况不佳，资金周转困难，推销人员确认客户资金情况将会好转或有潜力时，可以提出分期付款、贷款、赊欠等可行的购买方案，以解决客户目前存在的问题，促进交易达成。

③ 权力异议

权力异议指客户表示无权对购买作出决策而拒绝购买的一种异议。常见的形式有："这东西不错，只是我一个人做不了主，等领导回来再谈吧。"一般来说，客户提出权力异议往往是拒绝购买的一种借口，所以推销人员要事先了解客户是否拥有决策权。如果对方是以此为借口，推销人员可以用适当的语言指明真相。如果对方确实无权作出购买决策，推销人员应立即终止这种无效的推销，而转向真正的目标客户。

④ 产品异议

产品异议指客户对产品的功能作用、质量用途等提出的异议。这种异议表明客户已经对产品有一定的兴趣，只是对产品的性能、质量提出怀疑。常见的表达形式有："这种产品我用过，但不太方便"或"你厂生产的产品的质量不如某厂生产的"等。产品异议受客户对产品的认识水平、购买习惯、使用经验、广告宣传及各种因素的影响，带有一定的主观色彩。但有些产品异议确属产品本身的问题。如果属于客户对产品了解不够或使用方法不当而产生的异议，推销人员可采用当场讲解、示范表演等方式予以化解。如果是产品本身的问题，推销人员应尽量收集客户的意见，尽快将信息反馈给本企业，以便对产品进行改进和完善。

⑤ 价格异议

客户认为产品价格过高或过低而提出的异议。这主要是由客户的购买习惯、购买经验、认识水平以及受社会环境因素影响而对价格产生的一种异议。价格异议是推销中最常见的一种异议。

⑥ 信用异议

客户认为推销人员的信用度低，或者对推销人员所代表的企业的信用度表示怀疑而产生异议。特别是知明度不高的小企业往往会面临这个问题。这就要求推销人员以诚恳的态度、耐心的说明、高质量的产品和优质的服务去打动客户，赢得客户的信任。

⑦ 交货期异议

客户对推销人员能否按照合同要求的各项内容在限定时间内交割货物表示怀疑所产生的异议。

⑧ 推销人员异议

推销人员异议指客户对推销人员提出不信任意见而产生的异议。在某些情况下，客户对所推销的产品感兴趣，也确有购买动机，但由于推销人员的傲慢或言语不当冒犯了客户，引起客户的反感而拒绝购买。在这种情况下，推销人员应主动向本企业反映情况，及时更换推销人员，以便促成交易的达成。

⑨ 服务异议

客户对购买产品后能否得到运输、零配件供应、安装调试、技术培训等售前、售中、售后的服务项目或对推销人员承诺的服务项目能否落实所持的异议。对于这类异议，推销人员应据实向客户讲明本企业有关服务项目的规定，消除客户疑虑。但对本企业不能承担的服务项目，不要轻易许诺。

⑩ 购买时间异议

客户认为现在不是最佳购买时间而想推迟购买的异议。常见的表现形式有："让我考虑一下再说吧。"或"你过几天再来，让我们商量一下。"对这种异议，推销人员要认真分析。如果客户确实存在一定的困难，推销人员应在力所能及的情况下帮助客户解决困难，促成交易。如果客户是以此为借口拒绝购买，推销人员应在了解情况的基础上，采取一些针对性的措施。

上述异议按照是否反映客户的真实想法可划分为真实异议和虚假异议。虚假异议是客户为掩盖其真实想法或者拒绝推销人员及产品的一种借口；真实异议才是推销人员所要了解的各种发自客户内心的不同意见。

2．客户异议的根源

客户异议的根源是多种多样的，从分类上看，客户异议的根源既有必然因素又有偶然因素；既有可控因素又有不可控因素，既有主观因素又有客观因素，既有来自客户方面的因素又有来自推销方面的因素；既有客户愿意说明的原因，又有客户不愿说明、不想让他人知道或者连客户本人也搞不清楚、说不明白的原因。由于引起客户异议的各种原因之间互相联系、互相影响，使客户异议变得更为复杂和难以捉摸。下面从两方面列出客户异议的根源。

（1）客户方面的原因

① 客户没有认识与发现自己的需求

由于客户没有发现自己存在的问题，没有意识到需要改变现状，而固守原来的消费方式，对于购买对象、购买内容和购买方式墨守成规不思改变，缺乏对新产品、新服务项目、新供应商的需求与购买动机。推销人员对于这类缺乏认识而产生需求异议的客户，应通过深入全面地调查了解后确认客户的需要，并从关心与服务客户的角度出发，利用各种提示和演示技术，帮助客户了解自己的需求和问题，刺激客户的购买欲望，提供更多的推销信息，使客户接受新的生活方式和消费方式。

② 客户缺乏商品知识

随着现代科技的发展，旧产品的市场寿命周期日趋缩短而新产品的层出不穷。有些新产品，尤其是高科技产品的特点与优势并不能一目了然。加之我国人口的总体文化水平偏低，很多人缺乏有关高新科技产品的知识，从而导致了客户异议的产生。推销人员应当能够以各种有效的展示与演讲方式深入浅出地向客户推荐商品，进行有关的启蒙与普及工作以消除客户异议。

③ 客户的偏见、成见或习惯

偏见与成见往往不符合逻辑，其内容也十分复杂并带有强烈的感情色彩，不是靠讲道理就可以轻易消除由此而产生的异议的。在不影响推销的前提下，推销人员应尽可能避免与客户讨论偏见、成见和习惯问题。在处理这类客户异议时，推销人员首先要推销的是新的消费观念和消费方式，引导客户改变落后的生活方式，推动社会的进步。

④ 客户有比较固定的采购关系

大多数客户在长期的生产生活中，往往与某些推销人员及其所代表的企业形成比较固定的购销合作关系。当推销人员不能令客户相信他会得到更多的利益与更可靠的合作时，客户是不愿轻易舍弃老关系的。

⑤ 客户的自我表现

有的客户因个性所致，喜欢通过反对与批驳推销人员来表现自己，他们希望借以显示自己的多识、高明、聪明、关系广、消息灵、有办法……推销人员应以耐心、包容的态度对待这类客户异议。

⑥ 客户的无知

很多客户不是产品的行家，而且一般人在高新科技面前都会显得比较无知，从而产生诸多异议。对此，推销人员不仅应熟知产品，而且还应掌握各种展示与讲解方式，能以各种有效的形式与深入浅出的语言向客户介绍商品。

⑦ 其他的偶然因素

在推销过程中也会遇到来自客户的无法预知的偶然因素导致的异议，如客户的一时心绪不良、工作不顺利等，都会导致异议。

（2）推销方面的原因

① 推销品方面的问题

首先是推销产品不能满足客户需要，这不仅包括推销产品质量方面的问题，也包括产品功能不全的问题，包装方面的问题，产品外观形体方面的问题，产品使用方便的问题等；总之，无论是产品的核心部分、形体部分还是附加利益部分，只要有一个方面令客户不满意，或者推销产品不能比竞争对手的产品更能令客户满意，或者推销人员不能立即令客户相信推销产品正是客户所需要的，或者推销产品有不可改变的缺陷，这些都可能构成来自推销方面的客户异议。

② 推销品的价格

这是推销人员遇到的最多、最常见的一种客户异议。客户产生价格异议的原因主要有：客户主观上认为推销品的价格太高，物非所值；客户希望通过价格异议达到其他的目的；客户无购买能力；推销人员推销不利等。要解决这类异议，推销人员必须加强学习，掌握丰富的商品知识和市场知识，熟练掌握推销技艺，提高自身的业务素质。

③ 企业或推销人员以往的销售信誉不佳

由于推销人员在以往的推销活动中有不良表现，造成自身的推销信誉不佳。客户一旦认为推销人员的信誉不佳，则会形成很多异议。以往信誉不佳的记录可能是：没有很好地履行合同，尤其是发生货不对板的事；个人信誉不足，曾经有过信用不好的记录；推销人员说话不诚恳、不守信、爱说大话空话，或者客户从一些生活细节中，认为推销人员是一个不重视信誉、缺乏信用的人；这些都可能极大地损害推销人员的商业信誉，从而引发难以处理的客户异议。

④ 推销服务质量不高

商品的销售服务作为附加产品，可使客户获得附加利益。它包括商品的售前、售中和售后服务。在日益激烈的市场竞争中，客户对销售服务的要求越来越高。销售服务的好坏，直接影响着客户的购买行为。因此，商品的销售服务是现在乃至将来市场竞争中的最有效的手段，推销人员为减少客户异议，应尽其所能地为客户提供一流的、全方位的服务，以赢得客户、扩大销售。

4.3.2 处理客户异议

要成功化解客户异议,首先,要掌握处理客户异议的原则,即事先做好心理准备和应答语的设计准备工作,选择恰当的回答时机(预先回答、立即回答或延后回答),以真诚、友好的态度来对待客户异议,绝不与客户争辩。其次,对于不同的客户异议,应选择恰当的方法和技巧(如否定法,补偿法等)进行化解。

1. 处理客户异议的原则与策略

(1)处理客户异议的原则

推销人员不能限制或阻止客户异议,只能设法加以控制和引导。在控制和引导客户异议时应把握以下原则。

① 情绪轻松,避免紧张

推销人员要认识到客户异议是必然存在的,在心理上不可有反常的反应,听到客户提出异议后应保持冷静,不可动怒,也不可采取敌对行为,应当继续以笑脸相迎,同时了解反对意见的内容、要点及重点,一般多用下列语句作为开场白:"我很高兴您能提出此意见"、"您的意见非常合理"、"您的观察很敏锐"等。当然,如果要轻松地应付客户异议,推销人员必须对商品、公司政策、市场及竞争者有深刻的认识,这些是控制和引导客户异议的必备条件。

② 认真倾听,真诚欢迎

推销人员听到客户提出的异议后,应对客户的意见表示真诚的欢迎,并聚精会神地倾听,千万不可干扰。此外,推销人员必须承认客户的意见,以示对其尊重,这样当你提出相反的意见时,客户也容易接纳。

③ 重述问题,证明了解

推销人员向客户重述所提出的反对意见,表示已经了解。必要时可询问客户重述是否正确,并选择反对意见中的若干部分予以诚恳的赞同。

④ 审慎回答,保持友善

推销人员对客户提出的异议必须审慎回答,应以沉着、坦白及直爽的态度,将有关事实、数据、资料或证明以口述或其他方式送交客户,以解决问题。假如当时不能解答,就应当明确承认,不可乱说。

⑤ 尊重客户,圆滑应付

推销人员切记不可忽视或轻视准客户的异议,以避免引起客户的不满或怀疑使推销无法继续下去。推销人员也不可赤裸裸地直接反驳客户,如果粗鲁地表示反对,甚至指责其愚昧无知,会使客户受到伤害。

⑥ 准备撤退,保留后路

推销人员应该明白客户的异议是不能轻而易举解决的,不过面谈时所采取的方法对于双方将来的关系都会有很大的影响。如果认为一时不能成交,那就应设法敲开今后重新洽谈的大门,以期再有机会去解决这些分歧。因此,推销人员要时时做好遭遇挫折的准备。如果还想得到最后胜利的话,在这个时候便应"理智地撤退",而不可露出不快的神色。

2. 处理客户异议的基本步骤

(1)认真听取客户的异议

推销人员对客户的异议首先应从内心深处予以欢迎并在行动中表现出来。其次,应认真听取客户异议,让客户把话说完,不要中途插话,也不要漫不经心,要让客户感受到足够的重视。最后，推销人员要带着浓厚的兴趣去听取客户异议，在语言和行为表情上给以适时的反应，鼓励客户把心中的疑问全部讲出来。

（2）回答客户问题前，应有短暂的停顿

不要急于回答客户的问题，要让客户觉得推销人员的回答是经过思考后才做出的，是负责任的，不是随意敷衍客户的。另外，停顿也会让客户更加注意听取推销人员的意见。

（3）要对客户表示理解

推销人员要明白，从客户的角度讲，提出的异议是合情合理的。推销人员要向客户表示理解他们考虑问题的立场和方法，当然这并不意味着推销人员要完全赞同客户的观点。在解决客户异议阶段，推销人员与客户之间肯定会有矛盾和分歧，为了减少对立，推销人员要赢得客户在情感上的认同。

（4）复述客户提出的问题

重复客户的语言和观点是交流的一种技巧。这样做至少有四个方面的好处：其一，表明推销人员认真听取了客户的意见；其二，检验推销人员是否正确理解了客户的观点；其三，可以使客户对推销人员复述的自己的观点进行思考，而对推销人员而言，又避免了对较棘手的问题马上表示肯定或否定；其四，鼓励客户以合乎逻辑的方式继续表明观点。

（5）回答客户提出的问题

一般来说，对客户提出的问题推销人员都应予以回答。从推销心理学上讲，客户希望推销人员认真听取自己提出的异议，尊重自己的意见，并且希望推销人员能及时做出令人满意的答复。因此，在大多数情况下，一旦客户提出异议，推销人员就应该按以上步骤及时处理。但是在某些特殊情况下，推销人员可以回避或推迟处理客户异议，比如，在面谈开始阶段客户提出的价格异议，推销人员可以暂时不加处理。对于客户提出的虚假异议或明显的借口，推销人员也可以不予理会。当然，这些不理会或不解决不能影响推销和成交，不可造成不良后果。因此，在实际处理客户异议时推销人员只有选择最有利于处理客户异议的时机，才能取得处理客户异议的最佳效果。

3．处理异议的策略

（1）转折处理策略

这是推销活动中经常用到的一种策略，即推销人员根据有关事实和理由来间接否定客户的意见。采用这种策略时，首先要承认客户的看法有一定道理，也就是向客户做出有限的让步后才讲出自己的看法。这种策略一旦使用不当，可能会使客户提出更多的意见。在使用该策略的过程中要尽量少使用"但是"一词，而实际谈话中却包含着"但是"的意思，这样的效果会更好。

例如，当客户认为推销人员推销的服装颜色过时了，推销人员可以这样回答："小姐，您的记忆力的确很好，这种颜色几年前已经流行过。我想您是知道的，服装的潮流是轮回的，如今又有了这种颜色回潮的迹象。"这样推销人员就轻松地反驳了客户的意见。当然，如果再举几个例子，效果一定会更好。

（2）转化处理策略

这种策略是利用客户的反对意见本身来处理客户异议。客户的反对意见具有双重属性，既是交易的障碍又是交易的机会。推销人员要善于利用其积极因素去抵消消极因素。

例如，当推销人员敲开办公室门时，经理说："对不起，我很忙，没有时间和你谈话。"这时不妨说："正因为您忙，您一定想过要设法节省时间吧，我们的产品一定会帮助您节省时间，为您提供闲暇。"这样一来，客户就会对推销人员的产品产生兴趣。

这种方法是直接利用客户的反对意见来转化其反对意见。当然，推销人员在应用这种策略时应讲究必要的礼仪，绝对不能伤害客户的感情。这种策略一般不适用于处理与成交直接相关或敏感性强的反对意见。

（3）以优补劣策略

如果客户的反对意见的确指出了产品或公司的缺陷，千万不可以回避或直接否定，明智的方法是肯定有关的缺点，然后淡化处理，利用产品的优点来补偿甚至抵消这些缺点，这样有利于使客户的心理达到一定程度的平衡，从而做出购买的决策。

例如，推销人员推销的产品质量有些问题，而客户恰恰提出："这东西质量不好。"推销人员可以从容地告诉他："这种产品的质量的确有问题，所以我公司削价处理，价格优惠很多，而且公司还要确保这种产品质量不会影响到您的使用效果。"这样一来既打消了客户的疑虑，又以价格优势对客户购买给予了激励。

（4）委婉处理策略

推销人员在没有考虑好如何答复客户的反对意见时，不妨先用委婉的语气把对方的反对意见重复一遍，或用自己的话复述一遍，这样可以削弱对方的气势。有时转换一种说法会使问题容易回答得多。注意推销人员只能减弱而不能改变客户的看法，否则客户会认为推销人员是在歪曲他的意思而对推销人员产生不满，你可以在复述之后问一下："您认为这种说法确切吗？"然后再说下文，以求得客户的认可。

（5）合并意见策略

这种策略是将客户的几种意见汇总成一个意见，或者把客户的反对意见集中在一个时间进行讨论，总之要削弱反对意见对客户所产生的影响。注意不要在一个反对意见上纠缠不清，因为人们的思维具有连带性，往往会由一个意见派生出许多反对意见。要在回答了客户的反对意见后马上把话题转移开。

（6）反驳处理策略

从理论上讲，这种策略应该尽量避免使用，因为直接反驳客户容易使气氛僵化，使客户产生敌对心理，不利于客户接纳推销人员的意见。但如果客户的反对意见来自对产品的误解或你手头上的资料能帮助推销人员说明问题时，不妨直言不讳，但要注意态度一定要友好而温和，最好引经据典，这样才更具有说服力，同时又可以让客户感到推销人员的自信，增强客户对产品的信心。

例如，客户提到推销人员的产品售价比别人贵，如果你的公司实行了推销标准化，产品的价格有统一标准，你就可以拿出目录表，坦率地指出对方的错误之处。

（7）冷处理策略

对于客户的一些不影响成交的反对意见，推销人员最好不要反驳，采用不理睬的方法是最佳的。千万不能对客户的反对意见立刻反驳或以其他方法处理;那样就会给客户造成推销人员总在挑毛病的印象。当客户向推销人员抱怨与成交无关的问题时，最好不予理睬，转而谈你要说的问题。

例如，客户说："啊，你原来是公司的推销员，你们公司周围的环境可真差，交通也不方便!"尽管事实并非如此，你也不要争辩，你可以说："先生，请您看看产品……"推销专家认为，在实际推销过程中80%的反对意见都可以冷处理。

4．处理客户异议时的常用技术

（1）反驳技术

这是推销人员根据较明显的事实与理由直接否定客户异议的一种技术。反驳技术的优势在于可以给客户一个简单明了、不容置疑的解答，可以增强客户购买特定商品的信心。但是如果运用不好,会导致推销人员与客户之间的正面冲突。运用反驳技术时应注意以下的问题。

反驳技术只适用处理因为客户无知、误解、成见或信息不灵而引起的真实异议,不适用于处理虚假异议以及因情感或个性问题引起的异议,也不适用于处理有自我表现欲望和较为敏感的客户所提出的异议。

反驳必须有理有据。如果推销人员在反驳中不能以理服人,则会被客户当作一种狡辩给予再次反驳。

反驳客户异议的过程中,推销人员应始终保持十分友好的态度,维持良好的气氛。

推销人员在反驳客户异议的过程中应注重向客户提供更多的信息。

(2)间接处理技术

这是推销人员根据有关事实与理由间接否定客户异议的一种技术。其基本公式是:"您的看法有一定道理……不过(但是)……"间接处理技术较技术委婉诚恳,但也会带来一些问题,如削弱推销人员的说服力,使客户在心理上增加异议信心,严重时会令客户感到推销人员在玩弄技巧,回避矛盾,进而认为推销人员是不可靠的。使用间接处理技术时应注意以下的问题。

间接处理不适用于敏感、固执、个性强、具有理智性购买动机的、探索性的客户。

推销人员应注意选择好重新说服的角度。间接处理技术成功的关键在于避开客户异议后,应该从什么角度、以什么思维方式、用什么内容及重点重新展开推销说服。

推销人员应围绕推销的新要点提供大量信息,增强说服力。

注意选择合适的转换词。间接处理技术讲究转换词的运用,应尽量做到语气委婉、转折自然。

(3)利用技术

这是推销人员直接利用客户异议转化客户异议的一种技术,是一种"以子之矛,攻子之盾"的方法。比如,客户说:"价格又涨了。"推销人员就可以说:"是的,价格涨了,以后可能还会涨,现在是购买的好时机。"

利用技术是一种有效的客户异议处理技术,其优点是推销人员正视客户异议,在肯定客户异议的基础上进行转化,并不是回避异议,因而有争取客户合作、调动客户积极性、化消极因素为积极因素、化阻力为动力、一箭双雕的推销功效。但是,利用技术也有一定的局限性,即推销人员直接利用与转化客户异议,会使客户产生一种被人利用与愚弄的感觉,可能引起客户的恼怒与反感,也会引起客户的失望或迫使客户提出新的更难处理的异议。

(4)询问技术

这是推销人员通过对客户异议提出疑问来处理客户异议的一种技术。比如,客户说:"我就是觉得产品不够好。"推销人员可以问:"你觉得产品在哪些方面不好?"追问客户异议的真实原因,以求获得更多信息。推销人员在运用询问技术处理客户异议时应注意以下的问题。

① 及时询问客户,了解客户的真实想法。

② 针对有关的客户异议进行询问,对次要的或无效的客户异议则不应该询问。

③ 询问应适可而止,并注意尊重客户,不要使客户产生心理压力,更不应把客户逼到山穷水尽的地步。

(5)补偿技术

这是推销人员通过对客户异议进行补偿来处理客户异议的一种技术。推销人员所推销的产品不是十全十美的,如果客户看到了产品的短处,推销人员应理智客观地对待客户异议,承认产品的缺点并作说明与解释,使客户相信产品的长处大于短处,优点多于缺点,那么客户很可能会购买。运用补偿技术时应注意以下的问题。

① 推销人员应该实事求是地承认与肯定客户异议。

② 推销人员必须及时提出产品与成交条件有关的优点及利益，有效地补偿客户异议。

③ 推销人员应进一步针对客户主要购买动机进行补偿，淡化异议，强化利益。

（6）不理睬处理技术

这是推销人员有意不理睬客户某些异议的一种技术。客户异议是多种多样的，客户的许多异议属于无效、无关异议，甚至是虚假异议，对此，推销人员在不影响最终成交的前提下可以不予理会。在应用不理睬处理技术时应注意以下的问题。

① 不理睬处理技术只适用于处理无关的、虚假的异议。

② 推销人员应专心而认真听取客户提出的所有异议。

③ 推销人员对于偏激、不尽情理的异议应保持清醒的头脑和宽大的胸怀，不与客户斤斤计较，不去辩论是非曲直，有效控制自己的心理活动并保持良好的推销气氛。

（7）预防技术

这是推销人员为了防止客户提出异议，而抢先就客户可能提出的异议进行主动处理的一种技术。长期从事推销活动的人会发现，客户肯定会对商品提出某些特定的异议，对付这类异议最常用的方法是编制标准应答语。具体程序是：把每天都遇到的客户异议写下来，进行分类统计，依照每一异议出现的次数多少排列出顺序，出现频率最高的异议排在前面，以集体讨论方式编制适当的应答语，并编写整理成章，大家都要记熟，由老推销人员扮演客户，轮流练习标准应答语，对练习过程中发现的不足，通过讨论进行修改和提高，对修改的应答语进行再练习，并最后定稿使用。最好是印成小册子发给推销人员，以供随时翻阅，达到运用自如的程度。

推销人员事先预测到客户会提出的一些异议及其内容，并在客户开口前进行解释，先发制人，可以起到预防客户异议的作用。预防处理技术在应用时应注意以下的问题。

① 预防技术不适用于自高自大、自以为是、爱唱对台戏的客户；不适用于处理无关、无效异议；不适用于处理涉及客户主要需求与主要购买动机方面的异议。

② 推销人员必须做好充分的准备工作。

③ 推销人员必须强化自己提出的异议，以防止客户提出新的购买异议。

④ 推销人员应注意说话的措辞，不可将客户作为批评与反驳的对象。例如，只能说："有人……"，而不要说："你可能会……"

（8）更换技术

这是当客户因为对推销人员本身有异议时，通过更换推销人员对客户异议进行处理的一种技术。推销活动是人与人打交道的，受到人的各种因素的影响。有时客户确实需要这种产品，仅仅是因为执行推销任务的推销人员与客户在气质、性格、爱好等方面不投机，或者由于推销人员的礼仪不周引起客户异议，导致推销人员长期推销无结果，这时如果换一个不同类型的推销人员与客户接触，可能会取得成功。采用更换技术时应注意以下的问题。

① 只有当其他异议全部排除，客户的确是因为推销人员的原因而拒绝购买时，才可使用更换技术。

② 新推销人员与其前任推销人员应有明显的个性差异。新推销人员不可贬低前任推销人员，应注意在客户面前树立与重塑企业形象。

（9）定制式技术

这是指推销人员按客户异议内容重新制造与推销符合客户要求的产品的一种技术。现在的产品不一定都能满足客户的需求，推销人员应认真分析客户异议，准确地向企业反映客户的需求，与企业的各部门取得联系，在可能的情况下通过改进产品和推销消除异议，达成交易。定制式技术的应用是一个复杂的过程，应注意以下的问题。

① 企业应切实树立市场营销观念。使所有部门与全体员工都认识到满足客户需求是企业的最高原则，是企业解决矛盾、处理关系的准则。

② 推销人员应掌握足够的信息，以便在推销过程中分清哪些客户异议可以满足，哪些异议目前企业已经满足。

③ 推销人员应讲究职业道德，讲究信用。信用是推销人员的一大财富，在与客户签订合同或其他形式的契约后，要认真履行。

5. 处理客户抱怨的技巧

对于推销人员来说，听客户喋喋不休的抱怨绝非是一件快乐的事，甚至许多人一听到客户抱怨便头疼不已，采取充耳不闻、敷衍了事的态度。其实，客户对商品或服务有所抱怨，说明客户对它还抱有某种期待和信赖。

【引例4-8】 某日，王先生带着他4岁的儿子去公园。在公园门口小摊上看见一种电动玩具小汽车，孩子吵着要买，王先生只好花50元买了一辆。可是到了第二天，不知是小孩的玩法不合适，还是玩具车本身的质量有问题，玩具车一动也不动了。无奈之中，王先生只好安慰伤心的儿子说："没办法，这是在地摊买的，过几天再买一个好的给你。"几天后，王先生在单位附近的一家商店里看到了同一款式的电动玩具小汽车，价格比地摊上的贵10元，就又给孩子买了一个。孩子很高兴地玩了起来，可到了第二天，车子又不动了。王先生在确认孩子的使用方法无误后感到十分恼火，认为在商店买的玩具绝不应该出现这种情况。于是，他拿着小汽车找到那家商店，商店换给他一辆新的电动玩具小汽车。

看了这个例子，读者能否得到某种启发呢？以不同的价格购买了同一种电动玩具小汽车，在同样是第二天出故障的情况下，王先生对卖者表现出截然不同的态度。对小摊主只是一笑了之，自认倒霉，因为他本来对小摊主的产品质量没抱太高的期望，完全是以碰运气的态度来购买的；而对于百货商店或一流的大商场则完全不同，因为这些商店的信誉高，王先生就会期待获得与其相符的商品质量和服务水准，一旦商场的商品和服务与王先生的期望有出入，他就会产生抱怨，并要与之理论，期望得到补偿。所以说，遭到客户的抱怨，表明这家商店值得信赖，正因为客户对这家商店的商品和服务有很高的期待，他们才会强烈抱怨。

由此可以得出一个全新的观点，客户的抱怨是客户对于企业的信赖与期待，同时也是该企业的弱点所在。正因为如此，推销人员不必害怕客户抱怨，而必须重视客户抱怨，努力改善自己的工作，通过正确处理抱怨使客户对企业更加满意。

（1）认真分析客户抱怨

客户为什么老是抱怨呢？为避免或减少客户的抱怨，国外一些老牌企业十分注重在五个层次的服务上下功夫，它们是：第一，企业希望提供的服务；第二，企业能够提供的服务；第三，企业实际提供的服务；第四，客户感受到的服务；第五，客户期望得到的服务。这五者之间，如果任何一个层次未能做好，客户的抱怨就会发生。只有认真分析客户的抱怨，找出其原因，才能采取有效措施。导致客户产生抱怨的因素，最常见的有以下两类。

① 推销方式欠妥

a. 接待慢，冷落了客户。

b. 缺乏语言技巧，如不会打招呼，不懂得回话；说话没有礼貌，过于随便；说话口气生硬，不会说客套话等。

c. 不顾客户的反应，在接待客户的过程中，不考虑客户的需求和偏好，只是喋喋不休地对产品进行说明，引起客户的厌烦和抱怨。

d. 商品的相关知识不足，无法满足客户的询问。

② 服务态度欠佳

a. 与同事聊天，不理会客户，客户对某商品产生兴趣，并想向推销人员进行询问时发现推销人员正在聊天，而且谈兴正浓，似乎并没有注意到他的出现，于是客户觉得自己在这里成为多余，要买商品的念头也因抱怨而消失。

b. 一味鼓动客户购买，推销人员在销售过程中表现出过分的殷勤，不停地劝说客户购买，让客户觉得对方急于向自己推销，在心理上形成一定压力的同时也形成了一道防线。

c. 客户不买时马上板起面孔，甚至恶语相待。

d. 表现出对客户不信任，在平价超市、开架书店、临时销售现场等应特别注意处理好这一问题，既要管好商品，又要尊重客户。

（2）换位看待客户抱怨

当客户产生抱怨时，推销人员千万不要一味地向客户解释或辩白，这样只会浪费时间和令客户更加反感。对待客户的抱怨，首先要虚心接受，紧接着应站在客户的立场上对这种抱怨做深入的分析。

① 要耐心听，不与其争辩

【引例 4-9】 美国纽约电话公司曾遇到一个蛮不讲理的客户，他拒付电话费，声称记录是错的。他暴跳如雷，破口大骂，甚至威胁要砸碎电话机，同时写信给报社，向公共服务委员会抱怨，为此与电话公司打了好几场官司。公司派出好几个人去处理此事都失败了。后来，公司派出一位最有耐心的职员。在他面前，那位客户仍是没完没了地大发脾气。第一次，这位职员静静地听了三个小时，对客户所讲的每一点都表示同情，后来他又去了三次，每次都静听客户的抱怨。在第四次会谈时，客户的态度渐渐地变得友好起来。最后，这位职员说服客户加入他的"电话用户保护协会"，与此同时，客户付清了全部账单，结束了他的投诉。

引例分析：对大部分客户来说，抱怨产生后，并不一定非要企业有形式上的补偿，只是要求能发泄一下自己心中的不满，得到卖方的认同和理解，消除自己心中的怨气，使心理上得到一种平衡。而如果企业员工连"耐心地倾听"这一点都做不到，客户必然是火上浇油，抱怨升级。

因此，在处理抱怨事件时，首先要让客户把内心的牢骚话全部说完，推销人员要认真地听，同时用"是"、"确实如此"等语言以及点头的方式表示同情，不要流露出不耐烦的态度或讽刺、挖苦客户，更不能用"不，我没有那个意思"或"根本就不是那么回事"等话语来打断客户。

当推销人员自身无法解决客户的抱怨时，可以请营销主管或经理出面。营销主管或经理在调解中一定要以中肯的态度耐心听取客户意见，这对客户将是一个很好的心理安慰，有利于抱怨的消除。客户将内心的不满发泄得越充分，他与企业的矛盾越容易得到化解。

② 要从客户的角度出发

【引例 4-10】 某女士去商场买电池，回家将电池安装在石英钟上后，发现其中一个电池的电力不足（也许是完全没电），石英钟的指针仍然不动。她立即到商场找到卖给她电池的售货员，要求调换。售货员经过检测后发现该电池确实有质量问题，但这时他不是坦率地承认自己的过错（售出时没检查），而是埋怨那位女士当时没提出要检查。女士大为恼火，双方吵了起来。这时，来了另外一位售货员，他想以中间调解人的姿态劝说女客户，但说话口气明显偏袒："不是已经给你换了吗？还吵什么？"女士一听更加愤慨，提出要退货并要见商店的负责人。结果，一桩很容易处理好的抱怨事件由于两位售货员的错误做法而逐渐升级。

引例分析：如果那位售货员能诚恳地说一句"对不起，是我的错，我刚才忘了帮您试一试。"然后再换给这位女士一只新电池，料想这位女士也会谅解这位售货员。同样，另一位售货员在调解过程中，若能站在客户的立场上，对女士说一句："对不起，是我们的不对，不是您的错儿。"也不至于让事态向更严重的方向发展。因此，要想让抱怨顺利解决，在接受抱怨时必须从客户的角度考虑问题。在处理抱怨时，一句体贴、温暖的话语，往往能起到化干戈为玉帛的作用。

我国有句俗话叫做"将心比心"，就是说为人处事要经常用自己的感受去体察别人的感受。当客户投诉时，最希望自己的意见能得到对方的同情和尊重，希望自己能够被理解。因此，发生抱怨后推销人员一定要站在客户的立场上，经常想一想"如果我是客户，我会怎么样？"对客户的抱怨要诚心诚意地表示理解和同情，要坦诚地承认自己的过失，绝不能找各种理由为自己辩护或开脱。

（3）为客户抱怨提供方便

① 适时撤换当事人

当客户对某推销人员的服务与沟通不满时，便会产生一种排斥心理，假如这位推销人员继续按照自己的想法向客户解释，客户的不满与愤怒会加剧，在这种情况下，最好的办法是请该推销人员暂时回避，另请一位企业员工充当调解人。这位调解人最好是一位有经验、有人缘的高级主管，如商品部经理、公关部经理或市场部经理等。由高级主管出面调解，客户有受重视的感觉，在心理上容易得到安慰。此时，由于高级主管具有一定的权力和威望，他的话容易使客户相信。再则，由于高级主管有权做出某种决定，客户会认为与其沟通能够切实解决问题。所以由高级主管出面调解比由其他人员出面调解效果要好。

在调解人面前，客户为争取同情与支持，一般都愿意把自己表现得通情达理，所以客户的情绪容易得到控制，沟通也容易进行。

② 适时改变场所

在售货现场发生的客户抱怨，经常是客户和推销人员的大声争吵，两人吵得面红耳赤、互不相让，即使增派调解人也无法使客户安静下来。这时的客户可能属于天生大嗓门，也可能是想借高声来压倒对方，表明自己有理，当然也有个别客户属于胡搅蛮缠。当抱怨的客户在现场大声吵闹时，会影响其他客户的购物情绪，有的客户只顾看热闹而没有购买商品的兴趣，有的客户则唯恐避之不及，一走了之。而且客户在情绪激动时，也会说出许多不利于企业形象的话，诸如："你们企业怎么尽卖些假冒伪劣品？"、"你们这家企业怎么如此不讲信誉？"等，甚至还可能对其他客户说："千万别买这家企业的货，根本不可信!"。在这种情况下，调解人首先要稳定自己的情绪，不能受客户情绪的影响而违背了自己作为中间调解人该有的立场。

更换交谈场所常常是处理客户抱怨的一种有效方法，其具体步骤如下。

a. 语言感召

对客户说："这里太热，我们先到办公室喝点儿茶，再慢慢谈好吗？"或者说："站着讲话不方便，请到接待室坐下来谈!"

b. 热情接待

引导客户到办公室（招待室）坐下，最好倒一杯茶或递一支烟，让客户缓和一下情绪。

c．交谈前冷处理

调解人可以对客户说："我们正在调查事件的原因，请您先休息一下。"或者说"负责人马上就来，请您稍候。"然后轻轻关上门让客户一个人留下来休息。对于大声吵闹的客户来说，突然远离争吵现场，独自一人留在空旷的招待室里，精神会逐渐松弛下来，加之卖方为他提供舒适的场所和烟茶以缓解情绪，客户会很快冷静下来。如果是反省力很强的客户，甚至会为刚才的激动暗暗后悔。此时要注意，让客户独自等待的时间一定要适当，太短的话，客户的情绪未完全缓和下来，容易再度发怒；而时间太长，客户又会认为没人理他，可能火气更大，一般以 5～10 分钟为宜。

d．进行交谈

估计客户情绪已基本平静下来时，调解人或负责人可进入接待室，对客户说："对不起，让您久等了，我是这儿的经理，我叫××。"这时的客户可能变得十分理智，也许会主动对调解人说："对不起，刚才我实在太冲动了。"在这种情况下，沟通就十分容易了。

③ 适当改变时间

如果更换调解人员，改变沟通场所，都不能平息客户的怒气时，就应将调解改天进行。调解人可以对客户说："真是对不起，今天我们的负责人刚巧出去了，他要我们转达他明天到您家中去拜访您。"或者说："今天我们经理太忙，实在抽不出空，您先回去休息，明天我们经理专程到家中拜访您。"这时千万别忘了仔细记下客户的住址、电话，然后按约定派人到客户家中拜访、道歉，直至客户满意为止。到客户家中拜访，为了尽快得到客户谅解，可以备些小礼品以表诚意，这些小礼品并不一定要十分贵重，但品质必须有保障，绝不能把不新鲜的水果、假冒名牌的烟酒及劣质的工艺品送给客户，否则反而会让客户更加反感。一般来说，经过一夜的休息，加之卖方第二天如约前来拜访，客户的态度都会有所转变，此时再向客户诚恳地道歉并加以解释，客户就容易接受了。

（4）处理客户抱怨的"禁句"

产生抱怨的客户犹如一堆干柴，任何一点火花都会燃起满腔怒火。如果在沟通过程中负责调解的人员说话不慎、用语不当，就容易使客户火冒三丈，使矛盾更加激化。因此，在沟通中最好避免使用以下话语。

"这种问题连三岁小孩都知道"。当客户不了解商品的特性或使用方法而向推销人员询问时，推销人员最容易说这句话。这句话极容易引起客户的反感，认为推销人员是在拐弯抹角嘲笑自己。

"一分钱、一分货"。刘女士为她刚上小学的儿子买一个新书包，价格比较便宜，结果没用两天就开线了。刘女士找到那家商店，售货员说："一分钱、一分货，当初你为什么不买贵一点儿的呢？"客户听到这种话，会感到售货员在小瞧他，认为她买不起高档品，只配用廉价品，会伤害客户的自尊心。

"不可能，绝不可能发生这种事"。一般商家对自己的商品或服务都是充满信心的，因此，在客户提出抱怨时，推销人员常常用这句话来回答。其实，这句话表示卖方并不相信客户的陈述，怀疑客户在撒谎，这必然引起客户的极大反感。

"这种问题请去问生产厂家，我们只负责销售"。尽管商品是由厂家生产的，但是商店购进商品进行销售，就应当对产品本身的品质、特性有所了解，对客户负责。因此，以这句话来搪塞、敷衍客户，表明卖方不负责任，不讲信誉。

"嗯……这个问题我不大清楚"。当客户提出问题时，推销人员的回答若是"不知道"、"不清楚"，表明这家企业的推销人员没有责任感。有责任感的推销人员一定会尽一切努力来解答客户提出的问题，帮助客户克服困难。

"我绝没有说过那种话"。

【引例4-11】 陈小姐要去外地探亲，到某商店为她6岁的小外甥女买条裙子。她看中了一条式样新颖、价格也很高的连衣裙，由于拿不准大小是否合适，便去询问售货员。负责接待她的售货员一口咬定能穿，而且还承诺"如果穿不上，可以拿回来退换"。当陈小姐把裙子作为礼物送给小外甥女时，却发现裙子太小套不进去。探亲结束后，陈小姐又去找那位售货员要求退货。可售货员坚决不退，只同意换，而且矢口否认当初关于"能穿"和"可以退换"的承诺，说："我不可能那样说！"

引例分析：在这桩抱怨事件中，如果售货员不否定自己曾做下的许诺，从其他角度劝说客户另换一种尺寸或款式的裙子，陈小姐未必会断然拒绝，但由于售货员一口咬定自己并没有答应能退，反而让陈小姐觉得非退不可，不然就可能担上说谎的罪名。在销售活动中不应有"绝对"这个字存在，不管推销人员说与没说，都不可以使用这个富有挑战意义的字眼，以免激起客户的逆反心理。

"我不会"、"不会"、"没办法"、"不行"这些否定的话语表示卖方无法满足客户的希望与要求，应尽量避免使用。

"这是企业的规矩。"、"对不起，这是本企业的规矩。"推销人员以这种话来应付客户抱怨的情况时有发生。其实，企业的规章通常是为了提高工作效率和服务质量而制定的，制定规章的目的是更好地为客户服务，而绝不是为监督客户的行为和限制客户的自由，即使客户不知情而违反了卖方的某些规章，推销人员也不可粗暴地指责客户。

"总是会有办法的"。这一句态度暧昧的话通常会惹出更大的麻烦。因为对急于想要解决问题的客户来说，这种"车到山前必有路"的不负责任的说法只会更令人失望。

"改天我再和你联系"。这也是一句不负责任的话，在客户提出的要求或问题需要花一些时间解决的情况下，最好的回答是："三天以内一定帮您办好，×月×日以前我一定和您联系！"给客户一个明确的答复，一方面代表卖方有信心帮助客户解决问题，另一方面也不会让客户感到是在受愚弄。"您先回去吧，改天我再同您联系！"这句话常常会让客户觉得是卖方为了打发自己离开而采取的缓兵之计。

以上是处理客户抱怨时应该避免使用的"禁言"。这些言语容易对客户造成伤害，使抱怨升级，必须严禁使用。

小结

在推销过程中从开始到结束可分为导入、概说、明示、交锋和协议五个阶段。导入阶段主要是洽谈人员相互介绍，建立一种轻松、友好的气氛的过程；概说阶段主要是双方明确推销的目的和建议的过程；明示阶段是双方亮出观点，找出分歧的过程；交锋阶段是双方针对分歧进行磋商的过程；协议阶段是双方经磋商达成一致后签订合同的过程。

推销洽谈策略是为了达到预期推销目标而采取的计策和谋略，主要有先发制人、曲线求利、扬长避短和调和折中策略。

推销洽谈技巧是根据对方态度借助一些方法来进行的，为应付对方各种动机提供回旋余地，增加推销洽谈的"弹性"，主要由倾听、提问、答复、说服、讨价还价和掌握时机的技巧组成，推销洽谈的技巧应根据不同的洽谈对手、环境和情形来展开，遵循有礼、有节、适度的原则。

客户异议是推销活动过程中必然出现的现象，它是客户对推销人员的陈述不明白、不同意或反对的意见。其类型各种各样，从产生的根源上看主要来自于客户方面和推销方面。

处理客户异议可供选择的策略主要包括转折处理策略、转化处理策略、以优补劣策略、委婉处理策略、合并意见策略、反驳处理策略以及冷处理策略等。

处理客户异议常用的技术有：反驳技术、间接处理技术、利用技术、询问技术、补偿技术、不理睬处理技术、预防技术、更换技术以及定制式技术等。

处理客户抱怨应注意做好如下工作：认真分析客户抱怨，分析客户抱怨的原因是推销方式欠妥还是服务态度欠佳；换位看待客户抱怨，要耐心倾听、不与其争辩，要从客户的角度出发；为客户抱怨提供方便，可以适时撤换当事人、改变场所、改变时间；处理客户抱怨时注重避免使用某些用语。

第三部分 课题实践页

（一）选择题

1. 交易谈判的核心议题是（ ）。

A. 价格 　　　　　　　　 B. 质量

C. 数量 　　　　　　　　 D. 交货方式

2. 客户异议是成交的障碍，但它也表达了这样一种信号，即客户对推销品（ ）。

A. 愿意购买 　　　　　　 B. 不满意

C. 产生兴趣 　　　　　　 D. 没有兴趣

3. 让步时机选择的关键是（ ）。

A. 对方已经让步 　　　　　　　　 B. 我方尚未让步

C. 对方压迫我方让步 　　　　　　 D. 己方较小的让步给对方较大的满足

4. 对客户不影响成交的反对意见，（ ）是最佳的。

A. 反驳法 　　 B. 反问法 　　　　 C. 补偿法 　　　　 D. 冷处理法

5. 通常不直接表现出来，而间接表现为质量异议的客户异议是（ ）。

A. 需求异议 　　　　　　　　 B. 权力异议

C. 时间异议 　　　　　　　　 D. 支付能力异议

6. 假定最大让步值为 60 货币单位，以四轮让步完成，正确的让步方式是（ ）。

A. 22 / 17 / 13 / 8 　　　　　　 B. 8 / 13 / 17 / 22

C. 0 / 0 / 0 / 60 　　　　　　　 D. 15 / 15 / 15 / 15

7. 反驳法可以根据事实否定客户的异议，这种方法在理论上讲应该是（ ）。

A. 尽量避免 　　 B. 直接运用 　　　 C. 效果很好 　　　 D. 利于成交

8. 推销失败的原因很多，但总结起来无非是两个方面，即客户方面和（ ）。

A. 商品方面 　　 B. 供货商方面 　　 C. 推销方面 　　　 D. 代理商方面

9. 推销人员异议属于（ ）。

A. 货源异议 　　 B. 需求异议 　　　 C. 服务异议 　　　 D. 企业异议

10. 一客户提出，"你们的产品又涨价了，我们买不起。"推销员回答，"您说得对，这

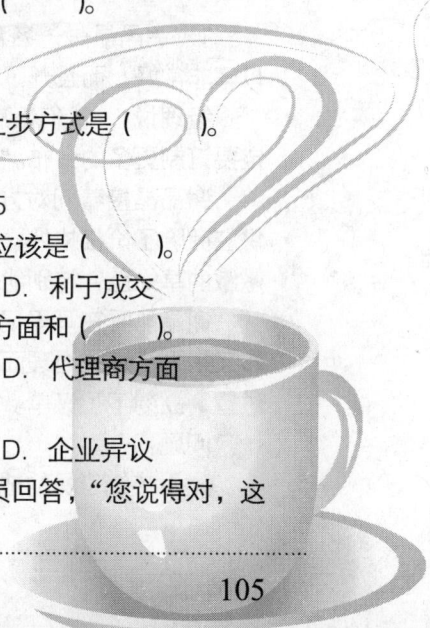

些东西的价格又涨了。不过现在它所用的原材料价格还在继续上涨，所以商品的价格还会涨得更高。现在不买，过一段时间更买不起了。"这种处理客户异议的方法为（   ）。

    A. 直接否定法   B. 间接否定法   C. 转化法   D. 补偿法

（二）简答题

1. 进行推销洽谈时，推销人员还应该注意哪些肢体语言？
2. 选择一种商品，运用费比法进行销售陈述。
3. 推销洽谈的原则是否重要？
4. 制订推销洽谈方案前要做哪些信息搜集工作？
5. 洽谈方案包括哪些内容？
6. 对于客户异议，应该在什么时机回答好呢？
7. 在运用不同的客户异议处理方法时，应该分别注意哪些问题？
8. 怎样辨别真假异议？你还有什么更好方法？
9. 为什么说"嫌货才是买货人"？

（三）情景模拟题

主题：客户异议的处理方法

要求：学会用六种方法处理客户异议

准备：

1. 班级学生分组，每组人数应不多于5人。
2. 各小组选择不同的产品，如衣服、手机、计算机、日化品等。
3. 每个小组要运用六种方法来化解所选产品的客户异议。

流程：

1. 小组成员分别扮演客户和推销人员。
2. 扮演客户的小组成员不断提出异议，异议可以是针对各方面的。
3. 扮演推销人员的小组成员至少运用六种方法处理客户提出的各种异议。

（四）案例分析题

1. 谢晶晶是一名台布销售员。她在步步高饭店进行拜访时，发现这家饭店在该地区的口碑非常好，而且开了多家分店，于是就主动向对方经理请教。

经理说："我们饭店从明年开始就要以此地为中心，向全国各地辐射建立分店，到时肯定要订制更多的台布。"

谢晶晶接着问对方，对台布市场有什么看法。经理说："隔行如隔山，但我也知道你们供应商除了价格战外，就是花色战。照我看，明年的台布市场可能是单色、纯色的天下，像嫩嫩的草绿色，特别能活跃视觉。"

谢晶晶听在耳里记在心中。次年，该饭店向全国进军时，她带着精心准备的纯色系列花布又来到了那位经理面前，尤其是经理提到的那种嫩绿色就有十几种之多，使对方看后大喜过望，立刻下了订单。

问题：

（1）该销售员的成功之处在哪里？

（2）推销洽谈前的准备工作为何非常重要？

2. 刘梦海在看一只名牌手表，他很喜欢。他想买，只是觉得价格太贵。

刘梦海：这表看起来不错！

销售员：您很有眼光！这是劳力士新推出的款式，在中国限量销售。

刘梦海：价格有点贵……

销售员：名表哪有不贵的呀？戴这种表就是为了显示身份。

刘梦海：我可不这么看，买的是品质，可不是牌子。

销售员：这个牌子就是这个价码，你可以看看别的，那边的便宜。

刘梦海：怎么，你以为我买不起？

销售员：难道你买了吗？

刘梦海：你这是什么态度，不可理喻。

问题：

（1）这位销售人员在处理客户异议时违背了什么原则？

（2）如果你是这位销售员，你将如何处理客户异议？

课题五　推销成交

技能目标	知识目标	建议学时
能顺利达成交易	➤ 了解并学会辨别成交的信号 ➤ 熟悉并掌握促成交易的基本策略 ➤ 熟悉签订合同的要点	6
能进行售后跟踪	➤ 了解售后跟踪的内容 ➤ 理解售后跟踪的意义 ➤ 掌握售后跟踪的方法	4

第一部分　案例与讨论

案例　奔驰汽车公司的销售服务

德国著名的奔驰汽车公司的销售服务措施简直就是撒向全国乃至全世界的两张网。它的第一张网是推销服务网：任何一位客户或潜在的客户在它的推销处或推销人员那里，都可以对其汽车的样式、性能、特点等得到全面的了解。而且，根据客户的不同需求和爱好，对诸如车型、空间设备、车体颜色，甚至不同程度的保险钥匙等，都可以分别给予满足。在德国的公路上，平均不到25公里就有一个奔驰汽车的维修站。维修站的工作人员技术娴熟、态度热情，修车速度快。在任何一条公路上，如果奔驰汽车出了故障，车主只要向就近的维修站打个电话，维修站就会派技术人员来帮助修理，或者将车拉到站里进行修理，一般的修理项目当天就能完成，不影响车主的使用。

案例讨论

（1）奔驰汽车公司的售后服务有何特点？
（2）售后服务的意义何在？

第二部分　课题学习引导

5.1　达成交易

在实际的销售过程中，推销人员会发现客户往往不愿明确表示成交意向，更不愿主动提出成交。但是客户的成交意向总会通过各种方式表现出来。推销人员应当能察言观色，分析和判断客户的需求、购买动机和购买行为特点，及时发现、识别和利用客户表现出来的各种成交信号，准确捕捉客户的各种成交信号，识别客户的成交意图，不失时机地促成双方的交易。

5.1.1 推销成交的内涵和原则

历史上有一大批取得了辉煌业绩的推销人员，他们在不同的时期，以不同的方式和技巧推销不同的商品，都取得了成功。如果对他们的推销生涯进行认真研究和分析，我们就会发现他们在推销活动中都遵循了一些共同的推销成交理念和原则，这些理念和原则是他们成功的法宝。了解并掌握这些理念和原则，将使推销人员在错综复杂的推销环境中，妥善处理各种矛盾，顺利达成交易。

1．推销成交的内涵

所谓推销成交，是指客户接受推销人员的购买建议及推销演示，立即购买推销产品的行动过程。推销成交是面谈的继续，也是整个推销工作的最终目标。在推销成交时，推销人员不仅要继续接近和说服客户，而且要采取有效的措施帮助客户做出最后的选择，促成交易并完成一定的成交手续。可以从以下几个方面理解推销成交。

① 推销成交是推销人员积极发挥主观能动性，实现最终目标的过程。推销人员是促成推销成交的主体，而客户是推销成交的客体。客户虽然是推销成交的客体，但不是被动地接受推销，特别是在买方条件下，客户已经成为市场的主宰，引导着推销人员的推销活动。因此，要想实现推销成交，主体必须善于发挥主观能动性，采取恰当的推销手段和方法进行劝说和演示，积极建议客户购买。

② 推销成交还是说服客户，促使其采取购买行动的过程。这个过程就是前面介绍过的著名的爱达模式。

③ 推销成交又是推销人员和客户之间进行反复信息沟通的过程。推销成交离不开信息沟通。一方面推销人员要接收客户发出的信息，了解客户的购买心理；另一方面还要向客户传递信息，通过多种渠道和方法，如广告、建议、劝说、演示等，让客户了解自己的企业和所推销的产品。这一过程不可能一次完成，推销人员和客户要经过多次反复的信息交流和沟通，才能实现推销成交目的。

2．推销成交的原则

推销人员在进行推销成交时应遵循以下基本原则。

（1）互利互惠的原则

互利互惠原则中的"利"是指利益，"惠"指给予或得到好处，概括起来是指交易双方彼此要为对方提供利益和好处。因此，在推销成交中，买卖双方是按"自愿让渡"的原则进行的，推销人员不能强迫客户购买，而推销一旦成交，彼此要为对方提供利益和好处。

推销成交最忌讳的就是交易只对一方有利，而另一方没有利益或得不偿失，甚至受到伤害（时间损失、体力损失、精力损失、财力损失等）。例如，在卖方的暴力威逼或花言巧语的欺骗下，客户买下了伪劣产品，这种推销成交就不是互利互惠和平等的行为。又如，欺行霸市、强买强卖、缺斤短两、以次充好、以假乱真等，都不符合互利互惠原则。

互利互惠的原则是买卖双方达成交易的基础，因为商品交易是买卖双方自主自愿的行为，如果一方感到交易对他不利，就难以成交。这也是交易行为与慈善行为、馈赠行为的本质区别。

贯彻互利互惠的原则应该做到以下几点。

① 对企业没有利益的买卖不能做，对客户没有利益的买卖更不能做。只对客户有利的成交是推销人员难以接受的，推销人员如果不能从交易中获利，就难以维持生计、发展事业、

实现其自身的价值。反之，只对企业有利而对客户不利的交易也是不应该做的，因为，这不仅有悖于推销人员的职业道德，还会使推销人员失去大量的客户，造成经济上的损失。所以，对企业没有利益的买卖不能做，对客户没有利益的买卖就更不能做。

② 要明确交易给双方带来的利益，一笔买卖成交能给双方带来的利益似乎是很明显的，但很多时候我们对一些本来存在的利益视而不见。同一种商品给客户带来的利益可以是物质上的也可以是精神上的；可能对甲无用但对乙用处极大；也可能甲看重其物质利益而乙看重其精神享受。当然，不同的商品给客户带来的利益不同，不同的客户对商品的选择也各不相同，这就要求推销人员首先要熟悉商品的自然属性和社会属性，其次要熟悉客户的共同心理需求和特殊心理需求。

获得报酬是推销人员明显的利益追求。但如果有一笔交易，从中获得的不是利润和金钱，而是可以增加一大批客户，开发一块市场，为今后的推销工作创造更多的赢利条件（例如，免费赠送、试用等），应如何处理。明智的推销人员都会做出肯定的选择，他们选择牺牲眼前的小利，而获得长远的利益。因为推销人员在推销商品、传递信息、开拓市场和建立信誉等方面的任何一项进展，都意味着将来可能获得利益。如果简单地用利润或金钱来衡量交易成功与否，不符合互利互惠的原则。

③ 充分展示商品或服务能给客户带来的利益，是说服客户成交的主要途径。在交易中，客户最注重的是自身的利益，所以推销人员充分向客户展示商品或服务能给他们带来的利益，是说服客户购买的主要途径。这种利益展示做得越充分、越具体，客户被说服的可能性就越大。

④ 找出成交双方利益分配的最佳点，公平合理的交易是双方都能获得好处，但获得好处的多少不一定是相等的，因此，互利互惠也不等于双方均利均惠。成功的推销人员总是在保证客户满意的前提下，争取自己的最大利益。如何分配双方的利益，寻找到双方利益分配的最佳点，这是推销人员要为推销成交做的最后一项重要工作。解决以上问题，要靠推销人员对商品、市场及客户心理的把握，靠他们娴熟的推销技巧。如果一个推销人员自己获得了很大的利益，但损害了客户的利益；或者本来对方得到三分利益就能满足，推销人员却给了他四分、五分，这都不算成功的成交。

（2）转变客户使用价值观念的原则

① 转变客户的使用价值观念

使用价值是指商品的有用性，观念是指人的思想意识或认识。转变客户使用价值观念，就是转变客户对商品有用性的认识，向他们推销正确的消费理念。

前面讲到，推销人员推销的商品必须能给客户带来利益和好处，客户才可能购买。但能给客户带来利益和好处的商品，他就一定购买吗？不一定。这是因为消费者是否购买某一商品，除了经济因素以外，还有对商品使用价值即商品有用性的认识问题。

【引例5-1】 "味道好极了"是雀巢速溶咖啡的一句著名的广告词，在中国家喻户晓，妇孺皆知。速溶咖啡以物美价廉、省时省力而受到现代人的欢迎。但是速溶咖啡在刚上市时却遭到市场的冷遇。公司为查明被冷落的真正原因，调查了一些家庭主妇。原来这些家庭主妇不买速溶咖啡不是因为它的口味不好，而是因为如果买了省时、省力、一冲即可的速溶咖啡后，怕自己的先生怪自己懒惰，是个不合格的家庭主妇。可见，是客户对商品有用性的认识即客户的观念出了问题，才导致了他们拒绝购买的行为。因此，转变客户的观念，千方百计使客户形成对商品使用价值的正确认识，才能说服他们购买商品。

推销专家海因茨·M·戈德曼曾告诫说："你不要单纯推销具体的商品，更重要的是推销商品的使用价值观念。"

② 推销商品的使用价值

在推销商品的使用价值时，应该做到以下几点。

a. 广泛深入发掘商品的使用价值。任何一种商品的效用都是多方面的。例如，窗帘既能遮挡人的视线，又能装饰美化房间，还能象征主人的身份、地位等。作为推销人员，要尽量发掘商品的功能，并把它展示在客户的面前。推销人员发掘商品的功能和效用越多，说服客户的机会就越多，帮助客户形成正确使用价值观念的可能性也就越大。

b. 认真深入地了解客户。推销人员要认真深入地了解客户的需求，了解客户的商品知识和消费心理，特别是他们的习惯心理等，然后进行有的放矢的说服工作。

c. 找准商品的使用价值与客户需要的最佳结合点。一种商品有多种属性和功能，不同的消费者选择其不同的功能或属性。例如，同样一件服装，有人看重它的款式，有人看重它的颜色，有人看重它的质地，有人看重它的价格，等等。如果推销人员能把客户最喜欢的商品属性展示在他们的面前，就能帮助客户形成对购买有利的使用价值观念。因此，推销人员要学会找准商品的使用价值与不同客户需求的最佳结合点，这对推销成交至关重要。

（3）与客户建立良好人际关系的原则

买卖双方既是一种经济利益的交换关系，又是一种人际交往关系。推销人员要想把商品推销给客户，从中赢利，必须首先与他们建立良好的人际关系。

所谓与客户建立良好人际关系的原则是指推销人员在推销商品时，必须与客户建立起和谐的人际关系。这种关系不仅是经济的、利益的，还是无私的和富于感情的；不能是假装的、虚伪的，而是真诚的、坦率的；不是短期的、权宜的，而是长期的、发展的；是互利互惠的、双方都感到满意的关系。世界成功的推销家，无一不是建立在良好人际关系基础上的。

（4）尊重客户的原则

尊重客户是指尊重客户的人格，重视客户的利益，满足客户的需要，使客户认为他在推销人员的心目中有分量、有地位。那么应该怎样尊重客户呢？

首先，要尊重客户的人格。人格是一个人在其先天生理素质的基础上，在一定社会历史条件下，通过社会交往而逐渐形成的稳定的心理特点的总和。由于人的先天生理素质、所处的社会地位、所从事的社会实践活动等不同，因此，人的个性及人格特点也各不相同。每位客户都有自己的人格特征和个性特点。推销人员在推销商品时一定要注意到这一点，并根据客户个性推销商品，如果忽视了客户的个性特点，他就会感到推销人员没有尊重他的人格。

其次，要尊重客户的身份地位。一个推销人员如果在一个公司的传达室问一位经理："您是这里的门卫吗？"这位经理一定会感到很不愉快，他认为你低估了他的身份地位。所以推销人员首先要搞清楚推销对象的身份地位后再进行推销活动。

最后，要尊重客户的权利。客户有了解、认识、挑选、作出购买决策的权利，也有不作出购买决策的权利。如果客户在反复询问、挑选商品时，推销人员若表现出不耐烦甚至拒绝，客户会认为你侵犯了他的权力。

关于如何把握尊重客户的原则，推销人员可以从以下几个方面做起。

① 进行换位思考

所谓换位思考，就是从客户的立场、角度来认识和思考问题，只有这样才能真正做到理解客户和尊重客户。

② 不要左右客户

推销人员在推销过程中可以向客户介绍商品、提出建议等，但买与不买由客户自己决定，这是对客户权力的尊重。

③ 善于赞美客户

赞美客户是推销人员表达对客户尊重的最有效方式。适时做必要的赞美和恰到好处的奉承，可以使客户感到自身价值的升值，使他们被尊重的心理得到极大的满足。

【引例5-2】 女作家威尔逊有一个精通雕刻的男仆，他最崇拜雕刻家鲍格伦。有一天，鲍格伦到威尔逊家做客，男仆因为兴奋过度，在端酒时竟把整杯酒泼到鲍格伦身上。男仆窘态毕露，一面赶紧用餐巾替鲍格伦擦拭，一面解释说："真抱歉，我服侍平凡一点的人总是好好的。"鲍格伦笑着对男仆说："我这一辈子，还没受到过这样的崇拜。"男仆真诚的赞美，不但使鲍格伦万分高兴，而且也给自己解了围。

④ 注意客户关心的事情

客户关心的事情往往与其利益和情感紧密地联系在一起。如果推销人员对客户关心的事情不能及时予以注意，会使客户感到你缺乏同情心，不尊重他的感情。

5.1.2 推销成交的信号

成交是推销工作的根本目标，一个优秀的推销人员应该具有明确的推销目的，要千方百计地促成交易。要想有效地促成交易，必须密切注意成交信号。然而，有时客户发出的成交信号稍纵即逝，需要推销人员及时捕捉。当成交机会还没有到来时，需要推销人员耐心地等待机会；当成交机会已经出现时，则需要推销人员及时抓住机会，善于利用机会。成交机会一般出现在客户发出购买信号时。有经验的推销人员特别善于捕捉客户透露出来的每一个有关的信息，并把它作为促成交易的线索，勇敢地向客户提出销售建议，使自己的推销活动趋向成功。而这些购买信号对促成推销人员与客户之间的交易发挥了重大的作用，作为推销人员对成交信号应具有高度的敏感性和捕捉能力。

1. 成交信号的识别

所谓成交信号是指客户在接受推销人员推销的过程中有意无意地通过表情、体态、语言及行为等流露出来的各种成交意向。我们可以把它理解为一种成交暗示。很多时候，客户为了保证自己提出的交易条件以及为争取主动，不愿意明确地提出成交表示。但是，客户的成交意向，又总会通过各种方式常常不很明显地表现出来。推销人员必须善于观察客户的神情、言行，捕捉每一个成交信号，及时促成交易。

客户发出成交信号的表现形式往往是复杂多样的，一般可以分为表情信号、语言信号和行为信号。推销人员可以通过察言观色，根据客户的面部表情、语言、动作、行为等变化来判断和识别客户的成交意向。

（1）表情信号识别法

所谓表情信号识别法，是指通过观察客户的面部表情来判断和识别客户成交意向的方法。人的内在心理活动，包括其深层的心理活动总是要通过其外部行为表现出来的，特别是通过其面部表情表现出来。同样，通过推销人员的有效劝说后，客户的成交意向也会在面部表情上反映出来，推销人员可以从客户的表情上获得成交信号。

① 目光

人的眼睛最富于表达，从一个人的眼睛中，往往能窥见其内心世界。如果一个人目不转睛地盯着看一个人，说明他对这个人感兴趣。同样，通过推销人员有效地推销和劝说后，使客户的目光集中到某一商品、产品的广告、产品说明书时，说明他对这个产品已发生兴趣，或者产生想购买的意向。

② 笑容

通过推销人员彬彬有礼、实事求是地介绍商品后，客户的脸上露出赞许的微笑时，暗示客户有购买的意向。

③ 凝视

当客户听了推销人员的介绍后，目光凝视某一商品并默默地进行盘算时，暗示客户已有心动意向。

④ 态度转变

客户开始对推销人员及产品表情冷漠、态度冷漠、言辞生硬、拒绝接受，但是经过推销人员的产品介绍后，客户的面部表情"由阴转晴"，面露微笑，态度也逐渐好转，这说明客户已开始注意产品并对产品产生了一定的兴趣，暗示着客户有成交的意向。

（2）语言信号识别法

语言信号识别法，就是通过客户的言谈话语来判断和识别客户成交意向的方法。

客户的言谈是判断和识别其成交信号的最直接的表现形式，如赞许的言辞、贬斥的言辞、提出要求、有意压价以及询问购买有关问题等。客户的话语则是判断识别他们成交信号的间接的表现形式，以此可以了解客户的成交意向。古人云："凡音之起，由人心生也。"说明客户的言谈话语能反映其心理状态。推销人员应能从客户有意无意流露出的赞叹、喜欢、夸奖、信任、请教和询问等多种多样的言谈话语中，捕捉到成交信号。

① 客户的询问

有时客户的成交信号是通过直接向推销人员的询问表达出来的。客户通过询问交货时间（贵公司什么时候能交货）、付款条件（贵公司对付款有什么限制吗）、交货方式（贵公司是一次交货还是分期交货）、产品质量（对该产品的质量贵公司有什么保证措施）等具体事宜，说明他们有购买意向，这是一种明显的成交信号。

② 客户的措辞

有时客户的购买信号表现得很微妙，他们可以通过某些措辞将购买信号传递给推销人员。例如，"这种产品确实非常漂亮!"，"不错!我很喜欢这种样式。"，"这种产品很适合我。"，"我早就想拥有这样一件产品了!"，"这样的车子骑起来很舒服!"，"别人也曾建议我买这样一件产品。"，"同事说这种款式非常适合我。"客户将对商品的兴趣、购买的信号隐藏在他们的措辞中，推销人员要训练自己的敏感能力，从言谈话语中找出客户的真实感受，促成交易。

③ 客户提出问题

客户会提出产品价格问题，如客户询问新旧产品的性价比问题；与竞争产品之间的价格差异问题；产品的成本价格问题；希望把价格定得更确切一点，等等，这往往表明客户已很现实地考虑到要购买了。客户也会对产品质量及产品加工问题提出具体要求，尽管他们有时会把这些问题当做异议提出来，这恰恰说明客户对该产品已有了深入的了解、一定的考虑和更具体的要求，表明他们有要求成交的意向。客户还会提出售后服务问题，当客户提出如何维修、能否上门服务以及退换条件、实行三包等问题时，说明客户已经在考虑购买产品以后的问题了，这也是一种明显的成交信号。

（3）行为信号识别法

所谓行为信号识别法就是通过观察客户体态、行为表现来判断和识别客户的成交意向的方法。

推销人员接待客户时不但要听其言，还要观其行。客户的购买意向还会通过体态、行为反映出来，客户的不同行为是他们不同心理状态的反映。例如，客户不由自主地点头称是；身体自然前倾；用手触摸商品等，都是发出的购买行为信号。具体表现为以下几点。

① 客户听了推销人员的说明或介绍后频频点头，是同意的信号。

② 客户表现得很轻松，并能专心倾听推销人员的说明和介绍，是对推销人员和产品有好感的信号。

③ 客户专心研究样品和有关资料，脸上显露出高兴的神情，是一种明显的成交信号。

④ 客户接受重复约见。客户通常是不愿意重复接见一位无望成交的推销人员的，如果客户乐于接受推销人员的重复约见或主动提出会面时间，就暗示客户有成交意向。

在面谈过程中，客户主动向推销人员介绍该企业负责采购的人员及其他有关人员，如果介绍的是企业高层决策者，表明已经做出初步的购买决定，一些具体事宜还待有关人员进一步谈判，这是一种明显的成交信号。

其他的成交信号包括客户认真地阅读推销资料；客户比较各项交易条件；客户有意杀价；客户担心修理费用高或维修困难；客户开始拿出支票或信用卡准备签字。

总之，客户的成交信号掩藏在客户的面部表情、语言、动作、行为的背后，推销人员要学会细心观察和用心体验，善于及时、准确地捕捉到成交信号，抓住合适的机会达成交易。

2．成交时机

客户的情绪、态度是复杂的，客户发出成交信号后，推销人员要善于抓住有利的成交时机，促成交易。最佳成交时机是客户对拥有推销品的欲望达到顶点时的心理瞬间，提出成交的时机过早或过晚均不利于成交。当客户还没有完全信服推销人员的推销说明、对推销品和服务的优点没有充分了解时，进行交易促成是一种冒险的做法。而当时机已经成熟时，推销人员若不提出成交，则会贻误成交时机。推销实践中，下列四种情况可认为是最佳成交时机。

① 客户做出积极的响应和肯定的表示时。

② 重大异议或问题得到解决，完全取得客户的信任时。

③ 重要的推销品利益被客户接受时。

④ 客户的成交信号由暗示转向明示时。

5.1.3 推销成交的条件

推销人员在推销商品时能否与客户达成交易，需要具备一定的条件，这些条件既包括推销人员本身的条件，又包括客户方面的条件，推销的成败与条件成正比例关系。

1．推销人员应具备的条件

① 熟悉产品知识

推销人员如果想成功地向客户推销产品，必须先对产品有深入的认识和了解，才能在推销时向客户说明产品的特性与优点，在客户提出疑问时不至于张口结舌，一问三不知。

作为推销人员应该熟知的产品知识包括产品的种类与历史，产品的制造过程，产品的特点，产品能带给客户的利益，交货期与产品的价格，售后服务，与竞争产品优缺点的比较。

② 熟悉客户

古代军事家孙子说："知己知彼，百战不殆。"熟知产品知识是知己，而熟悉客户的各方面情况就是知彼。

③ 做好心理上的准备

推销人员在推销商品前，应该做好两手心理准备：一是做最好的准备；二是做最坏的准备。如果推销顺利，是意外的收获；但如果推销不顺，也能泰然处之。

2. 客户应具备的条件

① 客户对推销品已经有了一个全面了解（包括产品质量、价格、性能等方面）。客户一般不会在自己还不完全了解产品时就接受推销建议，因此，使客户对推销产品有全面的了解，也是决定能否进入成交阶段的基础。推销人员可以通过提问的方法来检查客户是否了解该产品，是否愿意成交。如果客户还不了解产品，自然会毫不客气地拒绝推销人员的成交建议。

② 客户对所面对的推销人员及其所代表的公司有信任感和依赖感。能否让客户对他所面对的推销人员以及推销人员所代表的公司有信任感甚至依赖感，是达成交易的一个必不可少的条件。没有这种信任感，不管推销产品多么吸引人，客户都会拒绝成交，因为客户考虑更多的是购买产品后的效果，如果推销人员不能给客户一个可靠的信誉保证，客户不会轻易地签订购买协议。特别是那些推销不合格产品的推销人员，客户更不愿和他们打交道。因此，推销产品必须取得客户的信赖。

③ 客户对推销品产生兴趣和购买欲望。客户只有先对产品发生兴趣，产生了购买欲望，才能引导他们与推销人员达成交易。要想使客户对推销产品发生兴趣、产生购买欲望，推销人员的工作重心应放在推销说明和演示上。

5.1.4 运用成交方法

在推销洽谈的最后阶段，推销人员应该密切注意成交信号，做好成交的准备，同时还要学会运用不同的技巧和成交方法。由于推销人员推销的产品不同、对象不同、所处的社会环境和条件各不相同，因而采取的方法也应该有所不同，应该针对具体情况运用相应的推销方法和技巧，这是促使推销达到成交目的的重要一步。

所谓成交方法是指在最后的成交过程中，推销人员抓住适当的时机，启发客户做出购买决定、促成客户购买的推销技术和技巧。常见的方法主要有请求成交法、假定成交法、选择成交法、小点成交法及其他成交法。

1. 请求成交法

请求成交法是指在最后的成交阶段，推销人员根据客户发出的成交信号，适时地直接要求客户购买推销品的一种成交技术。这种方法直接而简单，是推销人员常用的方法。

在推销过程中，由于推销人员采用恰当的推销策略并运用其他有效方法吸引了客户对商品的注意力，使客户产生了购买动机，客户认为推销人员所推销的产品确实符合他们的需要，这时推销人员提出成交的要求，达成交易，是水到渠成、顺理成章的事。因此，这种方法使用起来较为自然，效果也最好。

请求成交法体现了推销人员的积极主动精神。当然，这种积极主动精神是以推销人员坚定的自信心为基础的。下面分析一些实例。

（1）"赵经理，您刚才提出的问题都已经解决了，这次您想购买多少？"一般来说，当推销洽谈中各种主要问题都已基本解决时，推销人员就应该及时提出成交的要求。

（2）"钱厂长，您既然没有什么不满意的地方了，就请您在这里签个字吧。"在推销洽谈中，推销人员进行介绍、说明、演示、重点提示，以期引起客户的购买反映。在客户没有提出异议、也没有明确地提出购买时，推销人员应该主动地向客户提出成交要求。

（3）"孙主任，谈了大半天，您也很忙，我也该告辞了，您要求什么时间交货？"在客户的心里已经做出了购买决定，只是久久不愿主动开口时，为节省时间，增强客户的购买信心，推销人员应该适当施加成交压力，直接要求成交。

（4）"李科长，既然东西好而不贵，您还是早些买下吧！"当推销人员妥善地处理了客户提出的质量和价格异议后，也就排除了成交的障碍。推销人员应抓住这一有利时机，立刻向客户提出成交要求。

（5）"周处长，这批东西质量不错吧？您想买哪种款式？"当推销人员捕捉到成交信号之后，就应立刻提出成交的要求。

运用请求成交方法时应该注意的是：要把握好请求成交的时机，要在客户已下定购买决心时，及时请求；推销人员要保持自然成交的态度，要不慌不忙，做到主动但不激动、请求但不央求，也不能过多地向客户施加压力；在运用请求成交法时，推销人员要注意自己的言辞和态度，语气要和缓，用词要适当，表达要简练明确，态度要从容、恳切，使客户产生信任感，这样才能收到较好的效果。

请求成交法的主要优点是：可以有效地促使客户立即做出购买决定，达成交易；可以充分利用各种成交的机会，发现客户有成交意向，便可立即提出成交要求；可以节省时间，提高推销效率，体现了灵活机动、主动进取的现代推销精神。因此，该方法是推销人员经常选用的基本成交技术之一。

请求成交法的缺点是：如果推销人员把握不好成交的时机，盲目要求成交，就可能产生成交高压，破坏成交气氛，造成客户有意或无意地抵制成交。

2．假定成交法

所谓假定成交法是指推销人员假定客户已经接受他的推销建议，直接要求客户购买其推销的产品的一种成交技术。这是一种基本的成交技术。

假定成交法建立在"客户会购买"的肯定假设基础上，推销人员以此为出发点，逐步展开各种推销方法，一旦获得进展，就可以向客户提出成交请求。由于这种方法是建立在肯定"客户会买"的基本假设基础之上的，因而推销人员认为客户具备了"有心购买"、"有钱购买"和"有权决定"三个有利的成交条件，这样就更坚定了推销人员对客户成交的信心。同时，推销人员的自信心又会增强客户的购买信心，缓解客户的心理疑虑，增强他们的购买意识。由于购销双方的相互信任，最终可促成交易成功。下面结合实例进行分析说明。

（1）"张科长，我们讨论的确实是一项互利互惠的方案吧？""的确如此。""既然如此，张科长，就这么定了，我们马上准备交货！"推销人员看准了成交时机，假定客户已经同意购买，用的是假定成交法提出成交的要求。

（2）"王经理，这个月订多少货？"推销人员假定客户这个月要购买他的产品，如果王经理确认购买数量，就表示已经成交。一般情况下，对购买频率高的老客户，可以采用直接假定成交法，直接要求客户采取购买行动。

（3）"李厂长，我用一下您的电话，通知单位立即给您发货。"如果厂长允许推销人员借用电话通知对方发货，就意味着他已经决定购买产品了。

（4）客户："是的，我们也认为这样的价格比较合理。"这时，推销人员马上从提包中掏出笔和合同，示意客户在合同上签字。

（5）"赵科长，这是订货单……"推销人员看准成交信号和机会，拿出订货单，摆开一副签订合同的架式，直接要求客户采取购买行动。

（6）客户："这样的价格比较公平合理，让人能够接受。"这时，推销人员马上拿出笔和合同说："您只要签上字，我们就可以送货了。"

（7）"这些东西给您包好。"售货员看准时机，假定客户已经决定购买，待对方一点头，交易就完成了。

假定成交法有优点也有缺点。其优点是节省时间，提高推销效率；可以适当减轻客户的成交压力。因为假定成交不是明示成交，而是暗示成交，可以把推销提示转化为购买提示，把客户的成交信号（成交意向）直接转化为成交行动，从而促成交易。假定成交方法是最基本的成交技术之一，具有广泛的用途，同时也是其他各种成交技术的基础。例如，选择成交法、小点成交法等都是以假定成交法为基础的。

这种推销方法的缺点是：可能对客户产生成交压力，破坏成交气氛；不利于进一步处理有关的客户异议；这种推销方法是推销人员把客户的暗示反映当作明示反映、把成交信号当作成交的行为，因此，如果推销人员把握不准成交的机会，就会引起客户的反感，反而会阻碍成交。

3. 选择成交法

选择成交法是指推销人员直接向客户提供一些可供他们选择的购买决策方案，并且要求客户立即选择其中的一种的成交技术。

选择成交法是对假定成交法的应用和发展，推销人员假定客户要购买所推销的产品，设想客户在购买时的不同选择，为客户提供一些符合客户需要的、与客户的需要相适应的选择方案，这样更有利于客户做出购买决策，尽快成交。在实际推销工作中，这种选择成交法的用途很广泛，具有很好的成交效果。下面结合实例进行分析说明。

（1）客户走进餐厅，服务人员立刻递上菜谱，说："先生，请您先点凉菜吧。是要中盘？还是要大盘？"这是给客户两种选择，促使客户在两个方案中决定一个，从而可以有效地防止客户的第三种选择——选择小盘。

（2）推销人员在客户即将决定进货之际立即问："冯经理，这次您进 1000 件还是 2000件？"推销人员根据客户的能力，为他提供两种尽可能高的数量让他选择。

（3）柜台上的商品琳琅满目，就在客户犹豫不决时，营业员根据客户的年龄、气质、职业等，为其提供两款较适合的时装："这是今年流行的最新款式，您是喜欢这件米色的，还是喜欢这件咖啡色的？"

推销人员在采用选择成交法时，要根据客户的购买动机、行为反映和实际情况，看准成交的时机，提出适当的选择方案，不是让客户在买与不买之间选择，而是把客户的选择限定在成交范围之内，在不同的数量、规格、款式、颜色、包装等方面进行选择。这种方法似乎是由客户自己做出购买决策，实际上推销人员已用假定的方式帮助客户做出了决策，仅给客户一定的选择权，但又没有强加于人的感觉。这种方法可以减轻客户购买时的心理负担，在一种良好的气氛中促使客户成交；同时，推销人员帮助客户选择商品，可以较快地完成交易。

推销人员在使用选择成交法时要自然得体，既要主动热情，又不能操之过急，不要让客户有"受人支配"的感觉。最关键的一点是推销人员要把握好客户的购买意向，为客户提供适合的选择方案。

选择成交法也是推销人员经常使用的一种推销技巧，具有广泛的用途。该方法成功地将选择提示原理运用于整个推销过程，给客户选择权仅是一种有效的推销手段（使客户难以全部拒绝成交选择方案），推销人员可以利用这一手段达到自己的特定目的。

4. 小点成交法

小点成交法是推销人员利用成交小点来间接促成大的交易的一种成交技术。小点即指较小的成交问题或次要的问题。推销人员通过小的成交问题和次要问题的解决，逐步过渡到大的交易。一般来说，从客户的购买心理看，在进行重大购买和成交决策时的心理压力大，因而比较慎重和敏感，缺乏购买信心，不会轻易做出明确的决策。而在处理较小的成交问题时则心理压力小，购买信心强，能较为果断和明确地做出购买决策。小点成交法正是利用了客户的这一心理活动规律，避免直接提出重大的和客户比较敏感的成交问题，而是先从小的和客户不太敏感的成交问题入手，先小点成交，再大点成交；先就成交活动的具体条件和具体内容达成协议，再就成交活动本身与客户达成协议；先在没有争议或不会引起争议的问题上达成协议，最终促进现实交易的成功。下面结合实例进行分析和说明。

（1）"张经理，这批货的价格够便宜的吧？如果没有其他问题的话，我们明天就给您送货。"推销人员向水果店推销低于一般市场价格的甜橙，推销人员知道在价格问题上不会引起争议。因此，先从不会引起争议的次要问题入手，争取客户购买。

（2）"赵厂长，设备安装和修理的问题由我们负责，如果没有其他要求，我们就这样定下来了。"推销人员没有直接提示重大的问题，而是先提出设备安装、修理等售后服务的小问题，先促成小点成交，再假定大点成交。在这种情况下，只要赵厂长接受了小点成交条件，推销人员就可以假定客户已决定购买他的产品，最终促使交易成功。

（3）"钱科长，您不必担心交货的时间问题，我们保证按期送到，您看怎么样？"推销人员抓住有利成交的时机，直接把成交信号转化为小点问题，这样既可以消除客户的疑虑，又可以有效地促使客户自动成交。

（4）在推销过程中，客户提出资金紧张，推销人员便机智地说："这个问题不大，对于你们这样历来讲信誉的企业，我们可以让你们分期付款。怎么样，明天我们就可以发货了吧？""孙厂长，关于付款方式问题，可以根据实际情况来定，支付现金和转账支票都可以，您就决定吧。"以上两个例子都是推销人员看准成交时机，把成交信号转化为小点问题，使客户的成交注意力集中在小点问题上，又把成交小点和成交选择结合起来，促成小点成交，假定大点成交，最终促成交易。

小点成交法是以假定成交法为基础的，推销人员假定只要小点成交，就能大点成交。小点成交是一种试探性的成交，运用这种方法时要求推销人员想方设法地直接促成小点成交，间接促成大点成交。推销人员要善于捕捉和利用各种成交信号，并直接把信号转化为成交小点，努力促成小点成交后，再把小点成交转化为大点成交信号，假定大点成交，最终达到成功交易。

小点成交法的优点在于它采取了先易后难、逐步推进的方法，避免直接提出成交的敏感性问题，有利于减轻客户成交的心理压力，同时由推销人员掌握主动权，既可以主动进攻，又可以为自己留有退路，非常灵活。

小点成交法的缺点是有可能分散客户的注意力，引起客户的误会，产生纠纷，使客户失去购买信心，因此推销人员不要盲目地进行成交尝试，乱用小点成交法。

推销人员在运用小点成交法时，要了解客户的购买意向，选择适当的小点，创造出良好的成交气氛；同时还要把小点与大点结合起来，先小点，后大点，以小点促大点成交。

5．从众成交法

从众成交法是指推销人员利用客户的从众心理来促使客户立刻购买商品的方法。

所谓从众心理是指人们追求和多数人行为相一致的心理，是一种普遍的社会心理现象。客户的购买活动既是一种个体行为，也是一种社会行为；既要受到客户个体购买动机的支配，又要受到购买环境的影响和制约。个人的认识水平和社会环境的压力是产生从众心理和行为的基本原因。推销人员可以利用客户的从众心理，利用周围的环境和一部分客户对另一部分客户的影响促成交易。下面结合实例进行分析和说明。

（1）"张小姐，这是今年最流行的款式，销售特别好，还不来一件？"

（2）"您看，这种新产品非常受欢迎，购买它的客户很多。"

（3）"王经理，我们厂生产的这种产品受到了客户的普遍好评，十分畅销，大多数商店都进了我们的货，您看这是几天来的订单，有全国十几个省、市、自治区的订单，还有国外的订单……"

以上推销人员的语言，都是在利用客户的从众心理，促使客户尽快做出购买决策。

有时客户在某零售商店前排队购买商品时，推销人员并不急于把客户打发走，而是用中等速度不紧不慢地接待客户，目的是始终保持一种热销的气氛，诱发客户的从众心理。

从众成交法的优点是，如果能创造出一种有利的购买环境，就可以省去许多推销环节，简化劝说的内容，利用客户之间的相互影响，有效说服客户。

这种成交方法的缺点是不利于推销人员准确地传递推销信息，缺乏劝说成交的针对性。这种方法只适用对从众心理较强的客户进行成交诱导，对那些自我认知意识较强的客户难以奏效。

推销人员使用这种方法时，要注意把握客户的购买心态，针对客户的从众心理进行积极诱导，要合理地利用客户的相互影响，绝不能采取欺骗的手段引诱客户。

6．机会成交法

机会成交法是指推销人员通过向客户提示最后成交机会，促使客户立即购买商品的一种成交方法。这种方法的实质是推销人员通过提示成交机会，限制成交内容、成交条件和成交时间，利用机会心理效应，增强成交的说服力。下面结合实例进行分析和说明。

（1）"目前这种商品供不应求，这是领导让我们留给老客户的，如果您现在买，还可以卖给您一些。"

（2）"这种商品价格上涨得很快，你们趁还没有提价之前赶快购买。"

（3）"我们的存货有限，要求定货的厂家又很多，如果现在就定货，还能保证你们的需要。"

（4）"如果最近两天还收不到你们的订单，我们就不能保证把这批货留给你们了。"

以上是推销人员在使用机会成交法推销自己的商品。实际上，客户不可能注意到所有的成交机会，而只注重重要的机会。机会成交法恰恰是在强调购买机会的重要性，刺激客户的购买动机和心理，激发其购买欲望，促成交易的实现。

7．提示成交法

提示成交法是指推销人员通过对推销产品的优点及购买后的利益进行概括和强调，促使客户作出购买决定的一种成交方法。

为了引起客户对产品的注意，激发其对产品的兴趣，推销人员往往在推销一开始就不断地向客户介绍产品的优点和利益，如果能引起客户对产品的浓厚兴趣，推销人员再采用提示成交法促使客户做出购买决定。推销人员可以把商品的优点和缺点分别进行分析对比，并运用补偿的方法，在说明产品优点的同时向客户指出这些优点可有效地弥补客户的担心，以此强化客户的购买心理。下面结合实例进行分析和说明。

（1）"这是我们新研制的产品，用起来省时省力，有其他产品不具备的优点。"

（2）"我们一起实事求是地分析了这种商品的优点和缺点，客观地说，任何商品都不会十全十美，这种商品的优点大于缺点，是值得信赖的。"

使用提示成交法，实际上是对推销要点的重复，因为某些推销要点只说一次，可能不会引起客户的足够重视和充分理解，所以需要在最后反复提示和强调，加深客户对商品的印象，以促使客户购买商品。

在运用提示成交法时，要求推销人员对产品的优点和缺点有充分的了解，并且在事前有必要的准备，做到胸有成竹。

8．优惠成交法

优惠成交法是指推销人员通过向客户提供某种优惠条件，而促使客户购买推销品的方法。这种方法的本质，是在利益上对客户做出让步，利用了客户的求利心理。推销人员在推销实践中深知市场竞争的激烈程度，有时为了更好地打开销路，就要向客户提供种种优惠，以便吸引住客户。给客户提供优惠的方式很多，例如，给予价格上的优惠、赠送礼品、提供附加的服务等。

客户对某一件商品爱不释手，却又下不了购买的决心。这时推销人员就可以说："我看您很喜欢这个商品，这样吧，价格上我给您打九折。一般情况下我们是不打折的，希望您能经常光顾。"

使用这种方法时应当注意，推销人员不得欺骗客户，也不能让客户产生所有商品都能打折和都有优惠的想法，否则就失去了优惠成交法的意义。这种方法如果能够应用得恰到好处，对于促使某些客户立即采取成交行动是十分有效的。

5.1.5　订立买卖合同

1．买卖合同的原则

买卖合同是指出卖人转移标的物的所有权于买受人，买受人支付价款的合同。推销人员与客户订立买卖合同后，才算真正意义上的成交。为保证买卖合同当事人的目的得以实现，企业获得较好的经济效益，就需要明确合同订立的原则。合同订立除了必须遵守合同法的基本原则外，还应遵循如下基本原则。

（1）买卖合同主体必须有法定资格

《中华人民共和国合同法》（以下简称《合同法》）第九条规定："当事人订立合同，应当具有相应的民事权利和民事行为能力。"也就是说，当事人应当具有相应的主体资格。

（2）当事人的委托必须有法定资格

在现实生活中，有些当事人由于各种原因，往往需要委托代理人来订立合同。委托代理是指代理人根据被代理人的授权，在代理人与被代理人之间产生的代理关系。当事人委托代理必须依法进行。委托代理人订立买卖合同，包括委托授权和委托合同两种形式。如果授权委托书授权不明，被代理人应与代理人一起向第三人负连带法律责任。合同的代理，是指代理人在代理权限内，以被代理人的名义订立、变更、解除合同的活动，直接对被代理人产生权利和义务的一种法律行为。代订合同是当事人双方建立合同关系时经常采用的形式。代理行为必须符合法律的要求。

（3）买卖合同的形式必须符合法定形式

合同形式是指体现合同内容的明确当事人权利义务的方式，是双方当事人意思表示一致的外在表现。订立合同的形式有书面形式、口头形式和其他形式。其中，书面形式合同有利于督促当事人全面认真履行合同，发生争议也便于分清责任和举证；口头形式的合同无文字为据，一旦发生争议难以举证，不易分清责任，以致当事人的合同法权益得不到保护；其他形式，即法律没有禁止的形式。

2．买卖合同的内容

（1）当事人的名称（或姓名）和住所

签订合同时，自然人要写上自己的姓名，法人和其他组织要写上单位的名称，还要写上各自的住所。

（2）标的

标的是指合同当事人的权利和义务共同指向的对象。标的是订立合同的目的和前提，也是一切合同中都不可缺少的重要内容。合同中的标的必须具体详细地注明产品的名称、商标、品名、型号、规格、等级、花色等。书写必须规范、准确、完整，不能采用简写、缩写、俗名、方言等，以免产生误解和纠纷。

（3）数量

数量是确定合同当事人的权利义务大小的尺度。订立合同必须有明确的数量规定，没有数量，合同是无法履行的。合同中数量的规定要准确、具体。书写数量所用的计量单位必须是国家规定的法定计量单位。

对于成套设备，可以附一清单，将主机、附机、附件、配套的产品、安装修理工具等的数量和名称一一罗列清楚。凡国家没有具体规定的可由供需双方商定，是以毛量计算还是以净量计算，是以体积计算还是以重量计算，在合同中都要明确。

（4）质量

质量是标的物的具体特征，也就是标的内在素质和外观形态的综合，是满足人的需要或生产的属性，如产品的品种、型号、规格和工程项目的标准等。质量条款由双方当事人约定，必须符合国家有关规定和标准化的要求。

关于产品的质量标准，《中华人民共和国标准化法》把它划分为国家标准、行业标准和企业标准三种。买卖双方可根据产品的种类和当事人的要求由双方协商签定。

（5）价款或报酬

价款或报酬，简称价金，是指作为买受人的一方向交付标的的一方支付的货币，是有偿合同的主要条款，如买卖商品的货款、财产租赁的租金、借款利息等。

（6）履行期限、地点和方式

履行期限是合同履行义务的时间界限，是确定合同是否按时履行或延迟履行的标准，是一方当事人要求另一方履行义务的时间依据。履行地点是当事人按合同规定履行义务的地方，即在什么地方交付或提取标的。履行方式是指当事人交付标的的方式，即以什么方式或方法来完成合同规定的义务。

（7）违约责任

违约责任是指当事人中的一方或双方出现拒绝履行、不适当履行或者不完全履行合同等违约行为后，对过错方追究的责任。违约责任的具体条款，当事人可以依据《合同法》在合同中约定。

（8）解决争议的方法

我国目前有四种解决合同争议的方法：一是当事人自行协商解决；二是请求有关部门主持调解；三是请求仲裁机关仲裁；四是向人民法院提出诉讼。合同当事人可以在合同上写明可以采取何种解决争议的方法。

除此之外，合同中还包括包装方式、检验标准和方法等条款。

3．买卖合同的格式

产品买卖合同是每个企业或经营商户经常接触到的，这里以工矿产品买卖合同为范本来掌握买卖合同的格式。

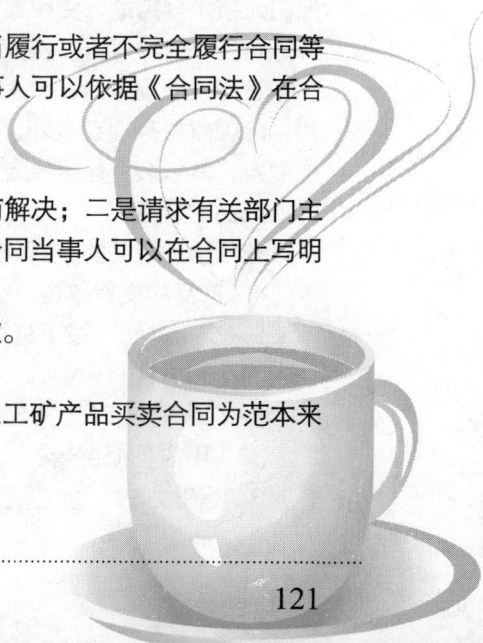

工矿产品买卖合同范本

订立合同双方：

购货单位：＿＿＿＿＿＿＿＿＿＿＿＿＿＿＿，以下简称甲方；

供货单位：＿＿＿＿＿＿＿＿＿＿＿＿＿＿＿，以下简称乙方。

经甲乙双方充分协商，特订立本合同，以便共同遵守。

第一条 产品的名称、品种、规格和质量

1. 产品的名称、品种、规格：＿＿＿＿＿＿＿＿＿＿＿＿＿。（应注明产品的牌号或商标）

2. 产品的技术标准（包括质量要求），按下列第（ ）项执行：

（1）按国家标准执行；

（2）按部颁标准执行；

（3）由甲乙双方商定的技术标准执行；

（在合同中必须写明执行的标准代号、编号和标准名称。对成套产品，合同中要明确规定附件的质量要求；对某些必须安装运转后才能发现内在质量缺陷的产品，除主管部门另有规定外，合同中应具体规定提出质量异议的条件和时间；实行抽样检验质量的产品，合同中应注明采用的抽样标准或抽验方法和比例；在商定技术条件后需要封存样品的，应当由当事人双方共同封存，分别保管，作为检验的依据。）

第二条 产品的数量、计量单位和计量方法

1. 产品的数量：＿＿＿＿＿＿＿＿＿＿＿。

2. 计量单位和计量方法：＿＿＿＿＿＿＿＿＿＿＿。

（国家或主管部门有计量方法规定的，按国家或主管部门的规定执行；国家或主管部门无规定的，由甲乙双方商定。对机电设备，必要时应当在合同中明确规定随主机的辅机、附件、配套的产品、易损耗备品、配件和安装修理工具等。对成套供应的产品，应当明确成套供应的范围，并提出成套供应清单。）

3. 产品交货数量的正负尾差、合理磅差和在途自然减（增）量规定及计算方法：

＿＿＿＿＿＿＿＿＿＿＿＿＿＿＿＿＿＿＿＿＿＿＿＿＿＿＿＿＿。

第三条 产品的包装标准和包装物的供应与回收

（产品的包装，国家或业务主管部门有技术规定的，按技术规定执行；国家与业务主管部门无技术规定的，由甲乙双方商定。产品的包装物，除国家规定由甲方供应的以外，应由乙方负责供应。可以多次使用的包装物，应按有关主管部门制定的包装物回收方法执行，有关主管部门无规定的，由甲乙双方商定的包装物回收办法，可作为合同附件。产品的包装费用，除国家另有规定者外，不得向甲方另外收取。如果甲方有特殊要求的，双方应当在合同中商定，其包装费超过原定标准的，超过部分由甲方负担；其包装费低于原定标准的，相应降低产品的价格。）

第四条 产品的交货单位、交货方法、运输方式、到货地点（包括专用线、码头）

1. 产品的交货单位：＿＿＿＿＿＿＿＿＿。

2. 交货方法，按下列第（ ）项执行：

（1）乙方送货；

（2）乙方代运（乙方代办运输，应充分考虑甲方的要求商定合理的运输路线和运输工具）；

（3）甲方自提自运。

3. 运输方式：＿＿＿＿＿＿。

4. 到货地点和接货单位（或接货人）：_____。

[甲方如要求变更到货地点或接货人，应在合同规定的交货期限（月份或季度）前40天通知乙方，以便乙方编制月度要车（船）计划；必须由甲方派人押送的，应在合同中明确规定；甲乙双方对产品的运输和装卸，应按有关规定与运输部门办理交换手续，做出记录，双方签字，明确甲乙双方和运输部门的责任。]

第五条 产品的交（提）货期限

（规定送货或代运的产品的交货日期，以甲方发运产品时承运部门签发的戳记日期为准，当事人另有约定者，从约定；合同规定甲方自提产品的交货日期，以乙方接到合同规定通知的提货日期为准。乙方的提货通知中，应给予甲方要的途中时间，实际交货或提货日期早于或迟于合同规定的日期，应视为提前或逾期交货或提货。）

第六条 产品的价格与货款的结算

1. 产品的价格，按下列第（ ）项执行：

（1）按照甲乙双方的商定价格；

（2）按照订立合同时履行地的市场价格；

（3）按照国家定价履行。

（执行国家定价的，在合同规定的交货或提货期内，遇国家调整价格时，按交货时的价格执行。逾期交货的，遇价格上涨时，按原价执行；遇价格下降时，按新价执行。逾期提货或逾期付款的，遇价格上涨时，按新价格执行；遇价格下降时，接原价执行。由于逾期付款而发生调整价格的差价，由甲乙双方另行结算，不在原托收结算金额中冲抵。执行浮动价和协商定价的，按合同规定的价格执行。）

2. 产品货款的结算：产品的货款、实际支付的运杂费和其他费用的结算，按照中国人民银行结算办法的规定办理。

（用托收承付方式结算的，合同中应注明验单付款或验货付款。验货付款的承付期限一般为10天，从运输部门向收货单位发出提货通知的次日起算。凡当事人在合同中约定缩短或延长验货期限的，应当在托收凭证上写明，银行从其规定。）

第七条 验收方法

（合同应明确规定：1. 验收时间；2. 验收手段；3. 验收标准；4. 由谁负责验收和试验；5. 在验收中发生纠纷后，由哪一级主管产品质量监督调查机构执行仲裁等。）

第八条 对产品提出异议的时间和办法

1. 甲方在验收中，如果发现产品的品种、型号、规格、花色和质量不合规定，应一面妥为保管，一面在30天内向乙方提出书面异议；在托收承付期内，甲方有权拒付不符合合同规定部分的货款。甲方怠于通知或者自标的物收到之日起超过两年内未通知乙方的，视为产品合乎规定。

2. 甲方因使用、保管、保养不善等造成产品质量下降的，不得提出异议。

3. 乙方在接到甲方书面异议后，应在10天内（另有规定或当事人另行商定期限者除外）负责处理，否则，即视为默认甲方提出的异议和处理意见。

（甲方提出的书面异议中，应说明合同号、运单号、车或船号、发货和到货日期；说明不符合规定的产品名称、型号、规格、花色、标志、牌号、批号、合格证或质量保证书号、数量、包装、检验方法、检验情况和检验证明；提出不符合规定的产品的处理意见以及当事人双方商定的必须说明的事项。）

第九条　乙方的违约责任

1. 乙方不能交货的，应向甲方偿付不能交货部分货款的____%的违约金。(通用产品的幅度为 1%～5%，专用产品的幅度为 10%～30%。)

2. 乙方所交产品品种、型号、规格、花色、质量不符合规定的，如果甲方同意利用，应当按质论价；如果甲方不能利用的，应根据产品的具体情况，由乙方负责包换或包修，并承担修理、调换或退货而支付的实际费用。乙方不能修理或者不能调换的，按不能交货处理。

3. 乙方原产品包装不符合合同规定，必须返修或重新包装的，乙方应负责返修或重新包装，并承担支付的费用。甲方不要求返修或重新包装而要求赔偿损失的，乙方应当偿付甲方该不合格包装物低于合格包装物的价值部分。因包装不符合规定而造成货物损坏或灭失的，乙方应当负责赔偿。

4. 乙方逾期交货的，应比照中国人民银行有关延期付款的规定，按逾期交货部分货款计算，向甲方偿付逾期交货的违约金，并承担甲方因此所受的损失费用。

5. 乙方提前交货的产品、多交的产品的品种、型号、规格、花色、质量不符合规定的产品，甲方在代保管期内实际支付的保管、保养等费用以及非因甲方保管不善而发生的损失，应当由乙方承担。

6. 产品错发到货地点或接货人的，乙方除应负责运交合同规定的到货地点或接货人外，还应承担甲方因此多支付的一切实际费用和逾期交货的违约金。乙方未经甲方同意，单方面改变运输路线和运输工具的，应当承担由此增加的费用。

7. 乙方提前交货的，甲方收货后，仍可按合同规定的交货时间付款；合同规定自提的，甲方可拒绝提货。乙方逾期交货的，乙方应在发货前与甲方协商，甲方仍需要的，乙方应照数补交，并负逾期交货责任；甲方不再需要的，应当在接到乙方通知后的 15 天内通知乙方，办理解除合同手续。逾期不答复的，视为同意发货。

第十条　甲方的违约责任

1. 甲方中途退货，应向乙方偿付退货部分货款____%的违约金。(通用产品的幅度为 1%～5%，专用产品的幅度为 10%～30%。)

(违约金视为违约的损失赔偿，但约定的违约金过分高于或者低于造成的损失的，当事人可以请求人民法院或者仲裁机构予以适当减少或者增加。)

2. 甲方未按合同规定的时间和要求提供应交的技术资料或包装物的，除交货日期得顺延外，应比照中国人民银行有关延期付款的规定，按顺延交货部分贷款计算，向乙方偿付顺延交货的违约金；如果不能提供的，按中途退货处理。

3. 甲方自提产品未按供方通知的日期或合同规定的日期提货的，应比照中国人民银行有关延期付款的规定，按逾期提货部分货款总值计算，向乙方偿付逾期提货的违约金，并承担乙方实际支付的代为保管、保养的费用。

4. 甲方逾期付款的，应按中国人民银行有关延期付款的规定向乙方偿付逾期付款的违约金。

5. 甲方违反合同规定拒绝接货的，应当承担由此造成的损失和运输部门的罚款。

6. 甲方如错填到货的地点或接货人，或对乙方提出错误异议，应承担乙方因此所受的损失。

第十一条　不可抗力

甲乙双方的任何一方由于不可抗力的原因不能履行合同时，应及时向对方通报不能履行或不能完全履行公司的理由，以减轻可能给对方造成的损失，在取得有关机构证明以后，允许延期履行、部分履行或者不履行合同，并根据情况可部分或全部免于承担违约责任。

第十二条　其他

按本合同规定应该偿付的违约金、赔偿金、保管保养费和各种经济损失的，应当在明确责任后 10 天内，按银行规定的结算办法付清，否则按逾期付款处理。但任何一方不得自行扣发货物或扣付贷款来充抵。

本合同如发生纠纷，当事人双方应当及时协商解决，协商不成时，任何一方均可请业务主管机关调解或者向仲裁委员会申请仲裁，也可以直接向人民法院起诉。

本合同自____年____月____日起生效，合同执行期内，甲乙双方均不得随意变更或解除合同。合同如有未尽事宜，须经双方共同协商，做出补充规定，补充规定与合同具有同等效力。本合同正本一式二份，甲乙双方各执一份；合同副本一式_____份，分送甲乙双方的主管部门，银行（如经公证或签证，应送公证或签证机关）等单位各留存一份。

购货单位（甲方）：_____（盖章）　供货单位（乙方）：_____（盖章）

法定代表人：_____（盖章）　法定代表人：_____（盖章）

委托代理人：　　　　　　　　　　　委托代理人：

地　　址：_____　　　　　地　　址：_____

开户银行：_____　　　　　开户银行：_____

帐　　号：_____　　　　　账　　号：_____

电　　话：_____　　　　　电　　话：_____

　　　　　____年____月____日　　　　　　　　____年____月____日

5.2　售后跟踪

推销人员的推销活动从寻找客户开始，经接触客户、进行推销洽谈、排除和转化客户的异议，最后实现成交。至此，推销活动作为一个完整的过程已经结束。但是，推销人员的推销活动是一个连续不断的工作，需要推销人员与客户建立起长期的合作关系，企业和推销人员应该善始善终地做好后续工作，妥善地处理好成交以后的有关事宜，包括回收货款、继续与客户保持和建立良好的关系、为客户提供优质的售后服务的全过程。

5.2.1　回收货款

售出货物与回收货款，是交易的两个方面，缺一不可。实际上，销售的本质就是将商品转化为货币，在这种转化中补偿销售成本，实现经营利润。收不回货款的推销是失败的推销，会使经营者蒙受损失。所以，在售出货物后及时收回货款，就成为推销人员的一项重要工作任务。

在现代推销活动中，赊销预付作为一种商业信用，它的存在是正常现象，关键在于如何才能及时、全额地收回货款。应该从下列几个方面加以注意。

1. 在商品销售前进行客户的信用调查

信用调查既是选择客户的技术，也是保证交易完成的安全措施。销售的前提是把商品销售给确实能收回货款的客户。所以，作为推销人员，必须精通信用调查技术，掌握客户的信用情况，以保证能确实地收回货款。

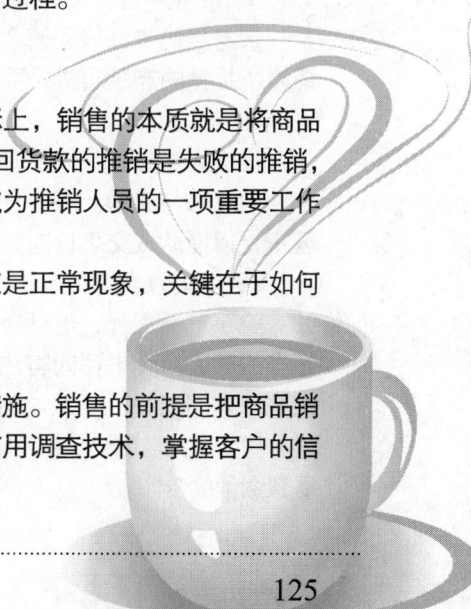

2．保持合适的收款态度

可以说，收款态度的强弱与货款回收的情况是成正比的。收款态度较弱，就无法确实收回货款；但收款态度过强，容易形成高压气氛，会影响双方今后的合作。所以，保持适度的收款态度是非常重要的。

3．正确掌握和运用收款技术

如以价格优惠鼓励现金付款；成交签约时要有明确的付款日期，不要给对方留有余地；按约定的时间上门收款，推销人员自己拖延上门收款的时间，会给对方再次拖欠以借口；注意收款的时机，了解客户的资金状况，在客户账面有款时上门收款；争取客户的理解和同情，让客户知道马上收回这笔货款对推销人员的重要性；收款时要携带事先开好的发票，以免错失收款的机会，因为客户通常都凭发票付款。如果确实无法按约收款时，则必须将下次收款的日期和金额，在客户面前清楚地作书面记录。让客户明确认识到这件事情的严肃性和重要性。

如果按约收到货款，也不能掉以轻心。如果收到的是现金，需仔细清点；收到的若是支票，更要看清楚支票中的各项内容，不能有误；否则，依然不能及时收到款项。

这里介绍的只是一些常用的收款技术。在实际工作中，还需要推销人员针对不同的客户，灵活机动，临场发挥。无论采用何种技术，推销人员的目的是明确的，即及时、全额地收回货款。

5.2.2　建立良好的客户关系

如上所述，推销人员与客户达成交易后，仅仅是一个推销过程的完成，而不是推销真正的结束，因此，推销人员应该把它看成是一个连续性推销的开始。推销绝不是拿到客户的订单就万事大吉，必须做好以下工作。

1．表达友好之情

当人们做出于对方有利的事情后，在心理上都期待得到对方相应的回报。同样，客户在购买了商品后，也希望推销人员对他有友好的表示。因此，推销人员应该根据双方的合作程度，表达出相应的感情。这种感情的表达可以是有声的语言，也可以是无声的语言（包括身体语言、表情语言等）。表达友好之情有下列三种主要方式。

① 亲身拜访

亲身拜访或许只是请个安、问个好，但会让客户感觉到推销人员不是过河拆桥，他不但愿对所推销的产品负责，而且仍旧非常关心客户。

② 信函问候。

推销人员在客户的婚丧嫁娶、病痛变故时，或在生日、年节时致函问候，会使对方感到意外的高兴与温馨。国外有经验的推销专家都是在生意成交的当天，寄一封别致的感谢信给客户，以便从成交之日起，就与客户建立起良好的关系。

③ 电话致意

除了信函之外，电话也是联络感情的有效工具。与信函相比，电话更方便、更迅速，在适当的时候打个电话向客户问候一下，简短的几句话，便会使客户感到很受重视，可以起到很好地联络感情的效果。但是，在表达感情时一定要把握好分寸，既表现得自然诚恳，又不能过分讨好客户。因为推销活动是互惠互利的行为。推销人员向客户道谢，不是感谢交易本身，而是感谢他的合作。

2．注意搜集客户信息，建立客户档案，维持与客户的关系

有人把企业与消费者之间建立起的巩固关系比喻为筑塘、蓄水和养鱼的关系，必须先筑塘蓄水，然后才能把千万条游进池塘里的鱼养好。

上海新服装商厦就采用了这种方法。他们平时非常注意搜集客户的信息，建立客户档案，保持与客户的联系。每当换季节时，商厦都为客户寄去精美的问候卡和彩色时装折页，上面有十几种该店新近推出的时装精品图片。这种走近人心里的问候和富有人情味的软推销，的确是一种挡不住的诱惑。

所以，培养企业、推销人员与客户稳固的关系，是企业和推销人员长期的和高层次的公关活动。所谓"筑塘"就是企业和推销人员要通过坚持不懈的努力，保持和客户的稳固关系；而"蓄水"则是企业和推销人员要坚持不懈、锲而不舍地投入爱心，进而使企业、推销人员与客户的关系犹如"鱼水之情"。有经验的推销人员都非常清楚，保持住一个老客户比物色两个新客户重要得多，这是因为每位推销人员都面临着日益激烈的竞争，你的竞争对手正在不断地访问和"拉拢"你的客户，千万不要有一天，你的老客户对你说"别人的货比你的好"。要避免出现这种情况，就必须与客户保持密切的业务关系和良好的人际关系，这是推销人员最重要的工作内容之一。今后的市场竞争，实际上就是对消费者的竞争，得人心者才能得到市场。

3．与客户保持通畅的信息沟通渠道

推销人员要想与客户建立起良好的关系，就必须与他们保持通畅的信息沟通渠道，以进一步了解和掌握客户的消费需求、消费心理的变化，搞好市场预测。

沟通信息的基本手段有：进行舆论调查，利用信息反馈，把反映上来的有关客户信息报告给企业领导和有关部门，并协同相关部门进行全方位的公关活动等。

【引例 5-3】 美国的一家公司，公关人员协同企业的领导和有关部门，开设了一所"倾听客户意见学院"，并派专职人员收集、分析和处理来自客户的意见。美国米利肯公司的经营战略中也实施了这样一些措施：让所有的推销人员都到生产制造部门实习一段时间，举办"如何站在客户的角度看问题"训练班；为公司服务部门的人员（如电话总机、发货人员等）举办训练班，利用录像、传真等手段，向他们介绍客户的生活和工作情况；不仅推销人员要接受训练，就连公司的高层经理人员都要接受一定的销售训练，来了解客户使用本公司产品的情况。公司的公关部门为配合推销工作，还邀请客户参观米利肯公司的设施，为客户放映有关米利肯公司发展的电影，以增加消费者对企业的感性认识。公司还在消费者中进行范围广泛、内容详尽的调查，调查中特别强调客户对公司的态度以及对公司各种做法的反映，甚至包括公司人员接电话的用语是否有礼貌这样的细节都在调查之列。美国米利肯公司通过不断完善沟通渠道，采取有效的方法，不仅与老客户保持住了良好稳固的关系，每年还发展了大量的新客户。

5.2.3 提供优质的售后服务

售后服务是指产品被售出后，由销售方围绕产品为客户提供的安装、调试、维护、质量保证、技术咨询、客户沟通等方面的服务。它既是推销的最后一个环节，也是下一次推销的开始环节。售后服务是一个长期的过程，其服务质量评价标准是客户的满意度。在市场竞争日益激烈的今天，售后服务已成为吸引客户的一个重要因素。在某种程度上而言，售后服务甚至比产品本身更能对推销工作起到决定性的作用。因此，做好售后服务工作，全面提升自己的服务品质，依赖服务来赢得客户并以此扩大产品销量，这在产品推销中显得尤为重要。

1．送货、安装维修及技术服务

（1）送货上门服务

客户购买产品后，可能存在运输的问题，需要商家或推销人员提供送货上门的服务。这些客户包括购买各种设备的组织客户，也包括购买笨重的家具、电器等商品的消费者（同时包括一次性购买数量很大的消费者）。一般而言，送货上门服务有两种常见的形式：一是自办送货，是指用商家自备的运输工具为客户送货；二是代办送货，是指商家委托专业的运输机构或物流公司为客户进货上门。

（2）安装维修服务

推销人员将产品销售给客户后，除了送货上门服务外，还应当视售出产品的技术要求提供相应的安装维修服务。如推销人员出售机器设备给企业用户，或出售需要技术人员安装调试以后才可以使用的产品给客户，这些产品需要在使用地进行安装调试，所以推销人员应当通知自己的企业或商家委派专业的技术人员上门服务，为客户免费安装并进行调试，让客户当场使用，保证售出产品的质量。大多数的客户缺乏某些产品的安装技术和安装条件，推销人员提供上门安装调试能够保证产品的正常运行和产品功能的正常发挥，不仅方便了客户，而且也减少了以后的维修业务量。有的商家由于没有提供安装服务，客户自行安装或让技术不够熟练的人员安装后，往往在使用过程中陆续出现问题，这样不仅损害了客户的利益，同时也影响了商家的声誉和日后的销售业绩。

例如，IBM公司在产品售出后，首先为客户免费安装计算机系统，如果遇到大客户搬迁，IBM公司的服务人员也会尽心尽力地帮助客户搬迁计算机系统。麦道自动化公司设在圣路易斯的总部搬迁，为了重新安装麦道公司的计算机系统，IBM公司的24名服务人员分成3组，一天24小时作业，历时1700多个小时终于完成了这项巨大的系统连接工程。IBM公司几十年如一日地为客户提供优质的服务，因此在世界上享有盛誉。

此处的维修，与下文"三包服务"中的包修很相近，但更强调在安装以后对产品的维修业务。一般将安装和维修视为一个整体服务，比如商家规定：某片区内的空调，谁安装谁维修，责任到人，对其工作给予一定压力，敦促其加强工作责任心。

（3）技术咨询服务

即使产品安装调试好了，客户在使用过程中也经常容易出现问题，导致产品不能正常发挥功用。其主要原因是产品的结构、性能、使用方法比较复杂，或是产品的技术性太强，客户缺乏相关知识而无法熟练掌握。此时，推销人员有必要对客户进行技术培训。

不单如此，企业商家可以开通一个给客户提供咨询服务的平台，随时解答客户在使用产品的过程中遇到的疑难问题，为客户提供产品的维修和保养知识。作为推销人员，还需经常走访客户以提供便利的指导和咨询服务，这样可以大量节省企业和商家的维修费用。

2．商品质量保证服务

商品质量保证服务即三包服务，是指企业和商家在规定的使用时间和使用条件下，如果商品出现质量问题，应当为客户包退、包换、包修，并承担由此产生的经济责任。推销人员在售出产品之后一般都会对客户做出一些承诺，如"我公司郑重承诺：凡公司产品如遇质量问题，七天之内包退，一年之内包换，三年之内包修！"对客户做出承诺就是为了对客户负责，保证售出产品的功能和使用价值能够圆满实现。

（1）包退

① 退货期限

包退服务对企业和商家的要求是很高的。推销人员如果做出包退的服务承诺，那么服务的期限应该设定的比较短。期限越长，客户退货的可能性越大。

② 退货原因

第一，在规定的时间内产品存在严重的质量问题，无法正常使用。使客户对产品质量及企业信誉产生怀疑并且不愿意进行维修和调换；第二，客户购买的产品在包退期限内出现轻于前者的质量问题或外观破损，并且客户不愿意维修或调换；第三，在包退期限内，客户发现该产品并不是自己喜欢的，继续拥有会使自己不舒服，并且产品无破损，不影响正常销售。

③ 客户心态

从表面上看，商家会因包退服务蒙受损失。事实证明，绝大部分的客户是理性的、通情达理的，不会无缘无故地退货。客户会这样认为，你敢做出退货承诺，那说明你的产品质量是过硬的，宽松的退货政策表明了企业的实力和信誉。例如，沃尔玛专门有一个退货专柜，从不问客户退货的原因就直接退货。沃尔玛生意兴隆、天天客户盈门，这就是全球最大零售商的风范。

④ 退货原则

推销人员在销售产品时应当向客户解释清楚退货的原则，即由于自己使用不当造成产品质量问题，是不给予退货服务的。例如，推销人员告诉客户，经常将手表放置在音响顶部，会造成手表磁化，不能正常使用，这种情况是不予退货的。

（2）包换

① 包换期限

包换服务是一种时间较长的产品质量保证服务。推销人员应当向客户讲明，在规定的时间内，如果客户购买的产品出现质量问题，将享受到换货服务。

② 换货原因

第一，产品在包换期内出现严重的质量问题并无法维修，企业、商家应该为客户包换同种类型或品牌的产品；第二，产品在包换期内出现有损功能正常发挥和影响产品外观的质量问题；第三，客户由于缺乏产品知识或在不了解产品的情况下而购买了不适合自己使用或不喜欢的产品，并且产品并没有出现质量问题，客户要求更换另一种款式或颜色的产品，商家应接受客户的要求。

③ 客户心态

包换服务的吸引力不及包退服务，但其影响力和作用也不可忽视。客户会考虑，虽然不能退掉产品，但起码可以在产品出现问题时换到一款有质量保证的、新的产品，如果还不行，还可以再换，总有一款产品是适合自己的。包换服务会提高商家的成本，但可以免去维修的麻烦。维修不见得比换一款新产品更省钱。

④ 换货原则

现代市场竞争如此激烈，商家逐渐转向以换代修的方法，即一旦商品出现质量问题，不论程度如何，一律给予调换。但推销人员应当向客户申明包换原则，如产品超出包换期限、因使用不当、人为原因损坏等的商品一般不在包换范围内。

（3）包修

包修服务是商家在售后服务中常见的产品质量保证形式，期限最长，通常是两年。在包修期限内，商家为客户免费维修，如果超出包修期限，则会收取一定的维修费用。对于组织客户的机器设备或大件的普通消费品，还提供上门免费维修服务，尽可能地便利客户。

质量再好的产品也会不可避免地出现质量问题，对产品实施包修服务，可使客户放心购买。在产品质量相同的情况下，提供包修服务或延长包修期限，有助于增强商家的竞争优势。例如，我国的家电市场竞争异常激烈，一些家电企业甚至打出终身免费维修的口号，可见商家在激烈竞争中对售后服务的重视。

【引例5-4】 卡特匹勒公司是美国的一个专门生产建筑机械的公司，该公司在经营中不仅坚持严格的产品质量控制，而且坚持"销售真正始于售后"的营销策略。他们在世界许多地区都设立了维修站和零件中心，因此，无论在世界的哪个角落，凡接到用户电话后24小时内，他们都能将零配件送到工地，该公司的技术人员也可同时赶到。公司规定，如果不能在24小时内抵达工地，免收所有的维修费用。为了保证做到这一点，该公司为本国的93家经销商和海外的137家经销商专门设立了一个配件中心，并在10个国家设有23处配件仓库，每个仓库负责一个特定区域的零配件供应，所有仓库的零配件的供应范围正好覆盖全世界。在这些仓库里，经常保持有20万种可供两个月使用的零配件存货。公司领导层在工作中力求做到以下几点。第一，坚持三个"首先"，即每季度首先检查维修情况，然后才检查生产情况；首先检查配件的生产情况，而后检查整体产品的生产情况；在生产中首先安排配件生产，保证维修需要。第二，尽量让用户一次买足施工过程中所需的全部产品，做到配套供应，方便客户使用。第三，重视售前服务。如主动向客户提供样本、商品目录、实物样品、参考价格表、说明书等，并举办现场展览会和操作表演。虽然该公司的产品普遍比竞争者的同类产品价格高出10%~15%，但用户仍然愿意购买卡特匹勒公司的产品。该公司征战全球的奥秘正是优质的产品加上完善的售后服务。

小结

推销成交是客户接受推销人员的购买建议及其推销演示，并且立即购买产品的行为过程。

推销成交应遵循如下原则：互利互惠的原则、转变客户使用价值观念的原则、与客户建立良好人际关系的原则、尊重客户的原则。

识别推销成交信号，可采用表情信号识别法、语言信号识别法、行为信号识别法等。达成一次交易，除了要善于识别推销成交信号、及时抓住机会外，还应注意达成交易所需的条件，包括推销人员应具备的条件，如熟悉产品知识、熟悉客户、做好心理上的准备等；客户应具备的条件，如客户已全面了解产品、客户对推销人员及其公司有了信任感和依赖感、客户已产生兴趣和购买欲望、某些信号表明客户即将购买、客户已准备作出最后阶段的洽谈等。

推销成交的常用方法包括请求成交法、假定成交法、选择成交法、小点成交法及其他成交法。

推销成交应做的各项后续工作有回收货款、建立良好的客户关系、提供优质的售后服务等。

第三部分 课题实践页

（一）选择题

1. 所代表的含义只有和具体的环境或背景联系起来时才能确定的成交信号是（　　）。

A. 语言信号　　　　　　　B. 非语言信号

C. 数字信号　　　　　　　D. 信息信号

2. 提出成交建议的最终目的是（　　）。

A. 要立即达成交易　　　B. 让客户自动说出要买的商品

C. 提高推销效率　　　　　　　　　D. 帮助客户做出购买决策

3. 建立客户档案的目的是为了（　　　）。

A. 与客户保持长期的联系　　　　　B. 讨客户喜欢

C. 尽量多销售商品　　　　　　　　D. 防止客户抱怨

4. 与语言符号相比，非语言符号对谈判环境有很大的（　　　）。

A. 影响性　　　　B. 依赖性　　　　C. 确定性　　　　D. 选择性

5. 下列成交方法中最简单、最基本的成交方法是（　　　）。

A. 请求成交法　　　B. 假定成交法　　　C. 诱导选择成交法　　　D. 从众成交法

6. 把服务分为定点服务和巡回服务，其分类标准是（　　　）。

A. 服务的地点　　　B. 服务的性质　　　C. 服务的次数　　　D. 服务的时序

7. 推销失败时，很多推销员都是草草收场，此时首先应做的是（　　　）。

A. 请求客户指点　　　B. 分析失败原因　　　C. 吸取教训　　　D. 避免失态

8. 在推销服务中，被誉为客户最可信赖的广告是（　　　）。

A. 售前服务　　　B. 售中服务　　　C. 售后服务　　　D. 定点服务

9. 下列现象中，不属于成交信号的有（　　　）

A. 客户询问新、旧产品的比价　　　B. 客户用铅笔轻轻敲击桌子

C. 客户询问能否试用商品　　　　　D. 客户打哈欠

10. 推销员对比较各种口红的客户说："您手上这只很适合您的肤色和年龄，来，我替你装好。"这个成交方法是（　　　）。

A. 保证成交法　　　B. 假定成交法　　　C. 小点成交法　　　D. 请求成交法

（二）简答题

1. 如何识别推销成交的信号？
2. 成交应具备哪些条件？
3. 简述各种成交方法。
4. 订立买卖合同要注意什么？
5. 如何开展售后服务？

（三）情景模拟题

1. 主题：促成交易

要求：熟练运用各种成交技巧，准确把握成交时机，促成交易

准备：

（1）班级学生分组，每组人数应不多于5人。

（2）各小组的同学自选设计推销方案。

（3）准备以下商品：打印纸、快译通、手机卡、名片或所要推销的其他商品等。

流程：

（1）以小组为单位采用角色扮演法，结合具体推销活动，运用各种成交方法促成交易，并对全过程进行记录。

（2）教师对每个小组进行评分。

2. 主题：捕捉成交信号

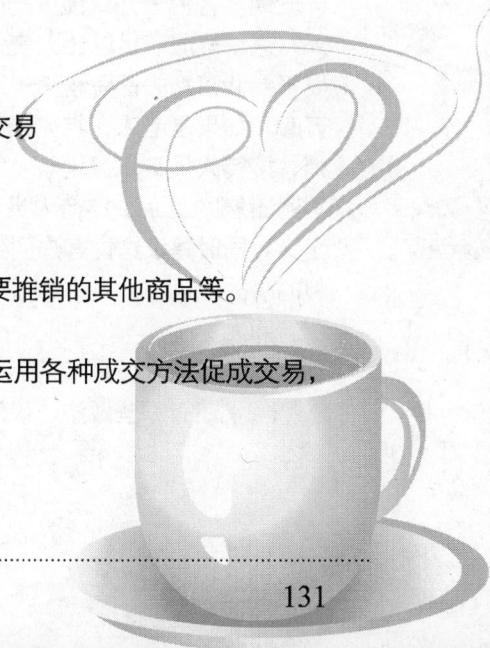

要求：掌握成交信号的各种形式和类型，准确捕捉到成交信号

准备：

（1）班级学生分成偶数组，每组人数应不多于5人。

（2）每一对小组成员分成推销员和客户，扮演客户的一组学生模拟在购物时（如在选购手机）的各种表情、动作、语言，扮演推销员的一组学生要与客户进行沟通，判断哪些是购买信号。然后双方交换角色进行演练。

（3）以小组为操作单元，发现和识别各种成交信号。

流程：

（1）各小组模拟购物的场景和产品要不同，充分和准确地捕捉到成交信号。

（2）将捕捉到的信息记录下来，进行分析，小组间分享情境模拟的体会。

（四）案例分析题

1. 人们经常会在市场上发现，商场门口的"凡本店商品一律打×折"广告。利用打折酬宾是常见的一种促成交易的方法。20世纪70年代初，日本东京一家西服公司打出了1折销售的广告，开始做1折酬宾的特价生意，使人们大吃一惊。其实这只是一种促成交易的方法，其具体实施办法是这样的，先定出打折扣销售的时间，第1天打9折，第2天打8折，第3、第4天打7折，第5、第6天打6折，第7、第8天打5折，第9、第10天打4折，第11、第12天打3折，第13、第14天打2折，第15、第16天打1折，整个活动历时16天。客户只要在上述打折销售期间选择一定的日子去购买商品就行了。消费者想要以最便宜的价钱购买，那么就在最后的那两天去购买，但是到那时消费者想买的东西不一定还有。据日本这家公司的销售实践，第1天和第2天前来购买的客户并不多，来的客户也多是看看就走了，并不马上购买，从第3天起客户就一群一群地光临商店了，第5天打6折时客户就像洪水般涌来争购，以后连日爆满，实际上到最后真正打1折销售时，商品已经所剩无几了。

问题：

（1）西服公司的打折战术有何特点？它为什么会成功？

（2）西服公司的促销手段抓住了客户的什么心理？

2. 一天，某乳品厂接待了一位怒气冲冲的客户。这位客户在喝酸奶时喝到嘴里一小块碎玻璃。客户一开口便火药味十足："你们难道就只顾挣钱，把消费者的健康、安全置之度外？这块碎玻璃足以让人丧命！"接待人员连忙关切地询问："碎玻璃有没有伤着您什么地方？要不要我陪您去医院检查一下？"当得知客户并未受伤，接待人员又说："那真是不幸中的万幸。如果是老人，特别是孩子喝到这瓶酸奶，那可就糟糕了。"听到这里，客户的怒气渐消，接待人员又真诚地说："今天您来反映酸奶的质量问题，真是对我们的关心，我代表公司谢谢您!"之后，接待人员与客户交换了联系方式。承诺该事故若造成伤害，乳品公司将负全责。同时建议这位客户到生产车间去看看，请他给多提宝贵意见，并保证今后不再出现类似的事故。

问题：

（1）接待人员是如何化解客户投诉的？

（2）还有哪些做法、说法可以在这个案例中使用？

课题六　推销管理

技能目标	知识目标	建议学时
能够拟定招聘计划并实施	➤ 强调推销员选拔的基本原则 ➤ 分析推销人员招聘的途径 ➤ 掌握推销人员的选拔过程	2
能够进行培训内容设计	➤ 掌握推销人员培训工作的流程 ➤ 明确推销人员的培训目标 ➤ 掌握推销人员培训的内容 ➤ 强调推销人员的训练方法	2
能够对员工进行工作业绩考核	➤ 认识推销员的考核方法 ➤ 掌握推销员的各项考核指标 ➤ 列举推销员的管理方法	2

第一部分　案例与讨论

案例　管理者如何选择推销人才

国际函授学校丹弗分校经销商的办公室里，戴尔正在应聘销售员的工作。经理约翰·艾兰奇先生看着眼前这位身材瘦弱、脸色苍白的年轻人，忍不住先摇了摇头。从外表上看，这个年轻人显示不出特别的销售魅力。他在问了姓名和学历后，又问道："干过推销吗？""没有！"戴尔答道。"那么，现在请回答几个有关销售的问题。"约翰·艾兰奇先生开始提问："推销员的目的是什么？""让消费者了解产品，从而心甘情愿地购买。"戴尔不假思索地答道。艾兰奇先生点点头，接着问："你打算怎样和推销对象开始谈话？""'今天天气真好'或者'你的生意真不错'"艾兰奇先生还是只点点头。"你有什么办法把打字机推销给农场主？"戴尔稍稍思索一番，不紧不慢地回答："抱歉，先生，我没办法把这种产品推销给农场主。""为什么？""因为农场主根本就不需要打字机。"艾兰奇高兴得从椅子上站起来，拍拍戴尔的肩膀，兴奋地说："年轻人，很好，你通过了，我想你会出类拔萃的！"兰奇心中已认定戴尔将是一个出色的推销员，因为测试的最后一个问题，只有戴尔的答案令他满意，以前的应征者总是胡乱编造一些办法，但实际上绝对行不通。因为谁愿意买自己根本不需要的东西呢？戴尔认识到了这一点，据实回答，所以被雇用了。

案例讨论

推销工作到底需要什么素质的人才，作为管理者又要从哪些角度去选择人才呢？

第二部分　课题学习引导

6.1　招聘计划的拟定

企业的销售收入最终要由销售部门和销售人员来实现。成功的销售工作既要有一定数量和一定质量的推销人员，又需要他们具有踏实、认真、勤劳的态度和过硬的工作能力。特别是在当今全国性乃至世界性推销人员短缺的情况下，如何招聘到合格的推销人员是每个企业非常重视的一件大事，同时，对广大的求职者来说，了解选拔人才的程序，掌握一定的应聘面试技巧也是非常必要的。

6.1.1　推销人员的招聘途径

招聘途径是指负责招聘的工作人员利用哪种渠道从企业内部及企业外部招聘推销人员。可供选择的招聘途径主要有以下几种。

1．面向企业内部公开招聘

企业的人事部门或销售部门可根据工作需要从本企业内部招聘一部分推销人员。内部职工可自行申请，也可以推荐其他候选人。这样不仅可以降低招聘成本，而且还可以根据个人的特长、工作能力和兴趣爱好，合理地使用人才，有利于企业内部人才的合理流动。

通过企业内部人员动员自己的亲属、朋友、同学、熟人积极应聘或通过这些关系介绍他人加入本企业的外勤销售行列。这种方式一般适用于规模较大、员工较多的企业。利用这种途径有许多优点，因这些人都是熟人介绍来的，已对本企业的性质及其他情况有所了解，工作时可以减少因生疏而带来的不安和恐惧，从而降低了辞职率。有时应聘者与介绍者的关系比较密切，彼此有责任感，因而有利于企业与推销人员建立起一种相互信任、彼此合作的关系，有利于搞好推销工作。但无论是从企业内部招聘推销人才，还是通过企业内部人员介绍他人应聘，在整个招聘工作中，都要严格把关，增加招聘工作的透明度，严禁个别领导及招聘工作的负责人徇私舞弊，真正把一些素质好的人选拔到推销工作岗位上来。

2．人才交流会

人才交流会是改革开放后涌现出来的新生事物，它可以把众多的求职者和许多用人单位吸引集中在一起，使双方都有较大的挑选余地，也大大提高了招聘工作的效率。目前，各地每年都要组织几次大型的人才交流会。如规模较大的春、秋季人才交流会；大中专毕业生供需见面洽谈会；特殊人才交流会、外资企业人才招聘会等。但在这种交流会上，小型企业，特别是中小型国有企业因其市场竞争力差，很难招聘到优秀人才，这也是制约中小企业发展的一个重要因素。

3．职业介绍所

职业介绍所是介于求职者和用人单位之间的职业中介机构。一些企业有时也会利用职业介绍所来获得所需要的推销人员。但有人认为，这类职业介绍所提供的求职者，多为能力较差而不易找到工作的人。如以提供家务劳动的职业介绍所、为打工者提供职业的劳务市场、为下岗职工提供就业机会的职业介绍所等。一般的大型企业不会利用这种渠道。但有时让职业介绍所的专业顾问帮助遴选，能使招聘工作简单化，也未尝不可。

4．行业协会

行业协会是指按职业类别划分的行业组织，如中国市场协会、高校市场营销研究会、香港管理专业协会及下属的市场推销研究社等。因为这些行业组织经常访问制造商、经销商、销售经理和推销人员，定期召开会议，对行业内部的情况比较了解。企业可以通过他们介绍或推荐希望转职的推销人员。

5．广告招聘

广告招聘是指企业通过各种宣传媒介，以广告的形式招聘所需的人才的一种方法。它是当前采用比较广泛的一种招聘方法。主要的招聘广告有以下几种类型。

（1）报纸广告

报纸广告即将招聘启事刊登在报纸上，这样可以吸引众多的应征者，但合格者所占的比例一般较低。所以企业往往采用限定申请人资格的办法，如年龄、性别、身高、特长、工作经历等来减少那些盲目的应征者，提高合格者的比例，从而节省招聘成本。

（2）杂志广告

杂志广告即将招聘广告刊登在各类专门杂志上。企业在杂志刊登招聘广告时，一定要有针对性地选择刊物。其一，如要选择青年人来企业担任推销人员就必须在青年人喜欢看的杂志上刊登广告，而不应刊登在一些有关老年人保健的杂志上；其二，将招聘广告刊登在本行业的杂志上，从而吸引本行业内的人士应聘；其三，是刊登在一些专门介绍人才的报刊上。杂志广告一般效果较好，能招聘到较高级的推销人员。

（3）电视广告

电视广告即通过电视这个大众传播媒介来播放企业的招聘广告。因电视节目收视率高、覆盖面大而费用高，故一些大中型企业或前景特别诱人的企业通常利用这个途径，招聘到优秀的人才。

（4）张贴广告

张贴广告即将招聘启事选择一些合适的地点进行张贴。这种广告一般是规模较小的企业或私营企业及个体业主采用的招聘方式。这种方法省钱省力，一般都在本市区张贴，大多是招聘兼职人员。

6．业务接触

企业或推销人员在开展业务的过程中，会接触到客户、供应商、非竞争的同行及其他各类人员，这些人员都是选拔推销人员的可能来源。此外，企业也可以在国家法律法规允许的范围内采取"挖墙角"的办法，吸引竞争对手的推销人员到本企业工作。

总之，各个企业可根据自己的实际情况选择合适的招聘途径。对于那些无须特别技巧或经验的推销人员和选择大量的、无差别的推销人员以及可靠性强、成功率较高的推销人员，可利用尽可多的途径获取。而对技术性要求较高、比较复杂的产品，企业为了获得较多的合格应征者，可以利用有限的途径，获得优秀的推销人员。

6.1.2 推销人员的选拔过程

要组建一支高效率的销售队伍，关键在于选择有能力的优秀的销售代表。一般的销售代表与优秀的销售代表相比，其业务水平有很大差异。在美国，一项对 500 多家公司调查的结果表明，27% 的销售人员创造 52% 的销售额。除了销售效率上的差别外，选用不当的销售代表也会给企业造成巨大的浪费。挑选高效率的推销人员是推销人员选拔的重要问题。

甄选推销人员的程序因企业而异。最复杂的甄选程序包括九个步骤：先行接见—填申请表—面谈—测验—调查—体检—销售部门初步决定—高层主管最后决定—正式录用。每个步骤检查通过后才能进入下一个步骤，以确保选出优秀的销售人才。下面对前五个步骤加以详细说明。

1．初步淘汰

初步淘汰包括先行接见和填申请表两个步骤，其目的是防止明显不合格的人员继续参加以后各阶段的选拔，以节省甄选的时间及费用，提高效率。初步接见由负责派发申请表的职员主持，该职员可凭对申请人员的初步印象如年龄、性别、外貌、体格等，决定是否给予申请表。当申请人的上述特点明显不适合做销售工作时，便不应给予申请表。初步接见淘汰的人通常很少。发给申请表后，要让申请人据实填写，必要时需出示有关的证件资料。申请表的作用主要在以下几方面。

（1）初步断定申请人是否具备工作所需的一般条件或资格。

（2）以此作为面谈时提问的导向。

（3）对于申请人所提供的各项资料进行全面衡量。

申请人填完申请表后，负责招聘的人可根据申请表的资料进行初步淘汰。衡量时，可参考一些必备条件，如年龄、学历、工作经验等，缺乏必备条件者给予淘汰，具备必备条件者可再进行综合考虑。具体执行时可建立一种记分制度，分高者优先。

2．面谈

面谈的阶段按深浅程度可分为两个阶段，即初始阶段和深入阶段。如果申请人在初始阶段不合格，即不应进入深入阶段的面谈。初始阶段的面谈主要是谈一些最基本的、最一般的问题，如工作经验、家庭背景、住址变迁、以往所受的奖励及处罚、失业多久、因何失业、最近的身体状况等。深入阶段的面谈主要是指对求职者就工作的动机、性质及行为等方面作实际的了解。

（1）作用

面谈是整个甄选工作的核心部分，几乎任何一种人事招聘都少不了这个环节。面谈是一种有目的的谈话，其目的是要增进相互了解。面谈的作用可从下面几点来说明。

① 核对申请表上所述资料，询问更多的相关情况。对申请表上的资料有不明白或怀疑的地方，均可利用面谈加以讨论与验证，并可借此了解申请表上没有的情况，如兴趣、爱好、以往的工作经验等。面谈人可据此估计申请人的潜能。

② 面谈人可把公司及未来工作的情况作简要的介绍，使应聘人员对公司及工作有更详细的了解，并澄清以前可能存在误解的地方。

③ 听取应聘人员对工作的设想。假定申请人会见客户时将怎样推销自己的商品，面谈人可借此判断应聘人员的思维、态度、声音及谈话能力。

④ 通过申请者的表现，判断他未来实际工作的情形。面谈即面对面的交谈，实际上是销售工作中最重要的部分。申请者会把自己努力向主持者推销，这样才能使面谈产生较好的效果。可以说，面谈是对应聘人员的最真实的考验。如果能打动面谈主持者，就一定是有用之才。

（2）面谈的类别

① 非正式面谈

非正式面谈是在事前毫无计划及准备的情况下进行的，实际上是一种临时讨论。这种方法的效果一般不好，特别是在面试人较多时会出现混乱，甚至会毫无所获。所以，一般正式的甄选工作不采用这种方式。

② 标准式面谈

标准式面谈是与非正式面谈相对应的另一种极端，也叫记分面谈或组织面谈。即事先安排一整套结构严谨的面谈问题，并配有记分标准，视申请人的不同回答来记分。这种方法太死板，缺乏弹性，适应性不强，不利于发挥面谈的作用。

③ 导向式面谈

导向式面谈是上述两种方式的折中方案，即只规定提问若干典型问题，由面谈主持者灵活掌握，引导应征者回答各有关方面的问题，从而获知其一切情况。这种方法又叫典型面谈或引导面谈。很多企业采用这种面谈方式。

④ 流水式面谈

流水式面谈是指每一个应征者按次序分别与几个面谈人面谈，面谈结束后，各面谈主持人聚集一起，综合比较对各面谈人的观察与判断。这种方法能对应征人所具有的各种特长予以全面考虑。此法具有较大的优越性，近年来为许多企业所采用。

（3）面谈的技巧

① 面谈主持的技巧

面谈人是面谈的召集者，也是面谈的主持者。面谈人在面谈的准备及实施过程中应总结出一些经验，运用一些技巧，以提高面谈的效率，达到面谈的目的。以下几点可供参考。

a. 未雨绸缪，成竹在胸

面谈人要事先确定需要面谈的事项及范围，写下会谈的纲要，包括问话的次序及方式，并进行合理的安排及组合，把想问的话及问话方式与自己希望获知的资料加以配合。在面谈开始前还要详细了解应聘者的资料，从中发现应聘者的个性、社会背景及其对工作的态度、以后的发展潜力。对应征者的资料了解得越多，越能在面谈时运用自如。

b. 例常发问，切入正题

面谈人应该以应征者预料得到的例常问题开始发问，如工作经历、文化程度等，然后再慢慢地过渡到正题部分。

c. 察言观色，烘托气氛

要密切注意应征者的行为及反应，尽量创造和谐自然的环境。面谈人不要对应征者做人身攻击及自尊心上的打击。对所问的问题、问题间的变换、问话的时机以及对方的答复都要多加注意。

d. 面谈记录，适可而止

面谈要有所记录，但不要一直不停地记，这样反而会遗漏一些重要的事，也会给对方以束缚感。有经验的人会尽量少地记录，只记录一些必要的事项如希望的收入、待遇、可上班日期等，其他大部分内容只是记在心上，待面谈完毕后立即作简要的记录。

e. 态度和缓，以静制动

试探时要缓和，细心地听，力求多了解对方。在应征者停下来的时候，要安静地等待，不要暗示他回答自己的问题。观察他的举止，注意他的音调、回话的态度和反应，对想知道的问题要问得仔细。对他提供的资料要有信心，不要表现出优越感或不耐烦，更不要争论、说教或教训别人。

f. 言辞诚恳，掌握进程

回答问题要直爽而简洁，但切勿出卖公司的机密。掌握谈话进程，不要让谈话变成单方面发问，或者任由对方滔滔不绝地谈论他的销售经验。

g. 予人机会，圆满结束

在结束前，要确定你是否问完了所有预先计划的问题，同时给对方一个机会，看有无遗漏之处要加以补充或修正错误之处，然后再结束面谈。

② 面谈发问的技巧

一般说来，面谈人发问的方式及问题类型，可以决定从应征者那里得到什么资料或多少资料。所以面谈人应运用一些发问的技巧来影响面谈的方向及进程的步调。主要发问技巧有开放式发问、封闭式发问和诱导式发问。

a. 开放式发问，即希望应征者自由地发表意见或看法，如"请你谈谈自己的工作经验吧。"或"你在原来那个公司完成工作任务时常遭遇到的困难是什么'"开放式发问一般在面谈的开始阶段或讨论某一方面问题的起始阶段运用。

b. 封闭式发问，即希望对方就问题做出明确的答复。封闭式发问比开放式发问更深入、更直接，如"如果延长时间，是否会有助于你顺利完成销售任务'"封闭式发问可以表示两种不同的意思，如果在对方答复后立即提出一些和答复有关的封闭式问话，即表示面谈人对他的答复十分注意；但是如果一直问些封闭式问题就表示面谈人不想让对方多表示意见，或对他的答复不感兴趣。

c. 诱导式发问，即以诱导的方式让对方回答某个问题或同意某种观点。如"你对这一点怎么看"或"你同意我的观点吗？"但运用时一定要把握好分寸，否则会给应征者以紧张感，使其被迫回答一些他认为面谈人想听而并非自己真正想说的话，从而不能获得有价值的资料。

③ 面谈追问的技巧

如果应征者回答问题不完全、不正确，面谈人还要进行追问。下面介绍一下如何分析答复的不完全程度及其原因所在，并采取怎样的追问方式。一般来说有探询式追问和反射式追问两种技巧。

探询式追问的问法有"为什么"、"怎么办"、"请再往下说"、"真是这样吗"、"为什么这样想"等，或用一些非口语化的表情、手势。

沉默也是探询式追问方式之一，但时间掌握很重要。据研究，如果鼓励对方再多谈下去，最有效的方法是在对方谈话中断时保持 3～6 秒的沉默，这样对方会很自然地往下说。有时对方在回答问题时，只绕着谈话主题兜圈子，提供的资料没有价值；有时对方答非所问或避而不答。此时，先要分析一下原因，是由于误解了问题、不了解问题、没听懂问题，还是不想回答。然后再用探询式追问，要求对方作更进一步的说明。

反射式追问，就是把对方所说的再重述一遍，以此来考验对方的反应及其真实意图。如对方认为这样的待遇不合理时，也可以说："依工作的性质、任用条件及其他因素来考虑，你认为这样的待遇不合理吗？"

当对方回答同题不完全或值得怀疑时，就要用反射式追问，鼓励应聘者对其尚不完整的答复加以说明或引申，以确认其全面而真实的想法。

（4）面谈的评估

面谈主持人应对面谈的结果作明确的评估，以便决定是否淘汰。如应聘者合格则进入下一阶段的挑选。

评估方法多利用一种面谈记录评估表，就表内的各项内容加以评分，最后做出全面评价。见表 6-1。

表 6-1 　　　　　　　　销售工作应聘者面谈评估表

应聘人员：		时间：			
评估项目	评估标准	评估等级			
		优	良	中	劣
仪　　表	外表很好，体格正常，干净整洁，健康良好				
口　　才	吐字清晰，用词恰当，表达清晰，逻辑性强				
知　　识	大专学历，知识丰富				
经　　验	专业工作经验及同类工作经验丰富				
智　　慧	思路敏捷，考虑细致，分析合理，理解力强				
进　　取	上进心强，不过分计较地位权利				

续表

评估项目	评估标准	评估等级			
		优	良	中	劣
诚　意	言必由衷，态度明朗，不易动摇，毫无做作				
毅　力	不屈不挠，不轻易改变工作				
说　服	能引人注意，激发兴趣，使人领悟，辩论有力				
友　情	能唤起他人同情，建立亲密友谊				
成　熟	目标明确，责任心强，认识现实，自律力强				
抱　负	谋求发展，发挥潜能，争取最好工作成绩				
综合评价					

评语：

主要面谈人：　　　　　　　　　　　　　　　　　职位：

3．测验

目前许多大公司及要求招聘素质较高的销售业务人员的单位，都采用测验这一形式。面谈毕竟只是听取应聘者的一面之辞，测验则能测出应聘者的真实能力。测验能以更客观的方式了解应聘者的个性及能力，并能以定量的方式分出应聘者在各种特性上的高低，便于比较衡量。

（1）类别

① 专业知识测验

这主要是对应聘者进行销售知识方面的测验，旨在衡量应聘者是否具备必需的推销基本知识。这种测验可以用笔试，也可用口试。

② 心理素质测验

这主要是对应聘者进行智力、个性、兴趣等心理特征的测验。这些心理特征对销售工作具有重要影响，有时能关系到销售工作的成败。心理素质测验又包括智力测验、个性测验、兴趣测验及素质测验。

智力测验主要是测定应聘者的智力系数，如记忆、思考、理解、判断、辩论等。

个性测验主要测定应聘者的脾气、适应力、推动力、感情稳定性等方面的个性。

兴趣测验主要确定应聘者在学习或工作方面的兴致，以便在录用后指派工作时尽量满足他们的意愿。

素质测验主要测定应聘者在推销、社交等方面的潜在素质，以便在给予适当职位时作为参考。

③ 环境模拟测验

这主要是采取模拟工作环境的各种情况的办法，看应聘者在若干销售工作压力之下怎样做出反应；同时，应聘者也可由此推测自己能否适应这种工作环境。主要方式有推销实习法、挫折处置法、实地试验法。

推销实习法是指提供给应聘者一切有关资料，要求应聘者表演如何向客户进行推销，然后由主持测验的人做出评判。

挫折处置法是指由面谈人利用批评、阻碍或表示应聘者已经落选等方式给出一种挫折的情形，就如同在推销工作中遇到挫折一样，看应聘人如何应付和处理。

实地试验法是指让应聘者随同推销人员一起工作，使其能观察实地工作情形，面对真正的客户。推销人员可以看出应聘者应付客户的能力及对待工作的兴趣与态度等。

（2）进行测验时应注意的问题

① 测验仅是甄选程序中的一环，并不能因此而减少其他的甄选环节。

② 测验工作必须由测验设计、管理与分析的专门人才来执行与执导。

③ 测验管理必须标准化，每次执行时的程序及环境都必须相同。否则，测验成绩可能会发生较大差异，不具有可比性。

④ 测验材料要严加保管，以保证资料的正常运用及延续价值。如果测验材料落入了行将参加测验人员之手，则失去了它的意义。

⑤ 对于测验的内容及其结果必须不断地加以分析和研究，通过不断改进来提高测验的科学性及实际价值。

⑥ 对测验的效用或结果必须进行审慎鉴定。测验成绩可视为对应聘者的一个客观而定量的衡量。但要注意测验的各种限制，其结果有时不尽可靠。据一般统计的结果，测验成绩与工作效果的相关系数，最高只能达到 0.70。

4．调查

在测验合格后，就可对应聘者所提供的资料进行核查，以确认资料的真实性。调查可向应聘者所提供的咨询人或其他与其有关的单位及个人查询。但要注意咨询人与应聘者之间的关系，以便考虑其保证的真实性。下面主要阐述查核的主要内容及主要方式。

（1）查核的主要内容

通过咨询应聘者以前的工作单位或客户，以获取应聘者过去工作的真实情况，看是否与其所提供的资料一样。

通过咨询应聘者的大学教授、老师或同学，来查证应聘者的人品。

通过咨询当地的信用调查机构或其他公司的同类专业工作者，以查核应聘者的信用好坏、经济情况及有无案底。

（2）查核的主要方式

a. 拜访咨询人

派人专门拜访咨询人，迅速有效地获取各种有关资料予以查核。

b. 电话联系

直接用电话询问咨询人，既便利又快捷。但对方可能怀疑访问者的身份，而不愿在电话中告诉应聘者的详情。所以这种方式具有一定的局限性。

c. 利用信函查核

这种方式获取资料的速度较慢，并且多数咨询人不愿在书面上说他人的缺点或不足。

6.2 培训内容的设计

应该说，确实有一些人具有很好的个人才能，并善于从事多方面的推销工作，但是更多的人通过训练，也是可以做到的，甚至做得更好。因此，不应该只重视招聘新人而忽略了对现有人员的培训，倘若不经过训练，最好的人才也不可能干得很出色。对推销人员必须认真地培训，使其具备本企业产品销售的基本知识和基本技能，随时更新产品知识，挖掘个人的推销潜力。因此，培训是至关重要的。

6.2.1 推销人员培训计划的制订

培训需要一个持续训练的计划。在确定培训计划的内容前，首先要明确推销人员的职责，在此基础上制订一份完整地说明推销人员职能的业务说明书，说明书应详细写明职责、技术及特殊业务要求。一个人不可能向所有的人推销一切种类的产品，推销人员的业务培训应该有一定的侧重面，或者是精于推销某类产品的专家，或者是精于同某类客户打交道的市场专家。在为推销人员制订业务说明书前，必须考虑其未来业务侧重面。经验证明，要求推销人员什么都精通不太现实，效果也大都不理想。

培训计划需要明确以下问题：培训目标、培训时间、培训地点、培训方式、培训师资、培训内容等。培训计划的设计应考虑到新人培训、继续培训、主管人员培训等不同类型培训的差异。

1．培训目标

培训目标有许多，每次培训至少要确定一个主要目标。总的说来，培训目的包括发掘推销人员的潜能、增加推销人员对企业的信任、训练推销人员工作的方法、改善推销人员工作的态度、提高推销人员工作的情绪、奠定推销人员合作的基础等。最终提高推销人员的综合素质，以增加销售额，提高企业的利润。

2．培训时间

培训时间可长可短，应根据需要来确定。确定培训时间应需要考虑以下几方面。

① 产品性质。产品性质越复杂，培训时间应越长。

② 市场状况。市场竞争越激烈，训练时间应越长。

③ 人员素质。人员素质越低，培训时间应越长。

④ 要求的销售技巧。若要求的销售技巧越高，需要的培训时间也越长。

⑤ 管理要求。管理要求越严，则培训时间越长。

3．培训地点

依培训地点的不同可分为集中培训和分开培训。集中培训一般由总公司举办，培训企业所有的推销人员。一般知识和态度方面的培训，可采用集中培训，以保证培训的质量和水平。分开培训是由各分公司分别自行培训其推销人员。有特殊培训目标的可采用此法，并可结合推销实践来进行。

4．培训方式

培训方式有在职培训、个别会议培训、小组会议培训、销售会议培训、定期设班培训和函授等。各企业可根据自身的实际情况选择适宜的方式。

5．培训师资

培训师资应由学有专长和富有销售经验的专家学者担任，培训师应具备如下条件：对于所授课程应有彻底的了解、对于任教工作具有高度兴趣、对于讲授方法有充分研究、对所用教材能随时进行补充和修正、具有乐于研究及勤于督导的精神。

6．培训内容

总的来说，培训推销人员的内容包括基本推销技术、销售管理业务和经营知识三大部分。

（1）基本推销技术

客户研究，包括客户类型研究、购买心理过程、用户卡、主要客户及其前景。

与客户洽淡，包括初次访问、自我介绍、再度访问、应对法、推荐商品以及销售服务。

产品知识，包括品质特性、成本与价格、减价限度、生产过程以及竞争产品。

销售计划，包括时间安排、如何提高效率、行动记录以及重点分析。

销售业务，包括记账、支票、提款等一般银行业务，合同、交货、统计业务，分期付款，利息计算以及函电。

（2）销售管理业务

销售管理业务包括推销人员管理、客户管理、推销政策、预测技术、销售业绩分析、销售理论、销售组织以及销售计划。

（3）经营知识

经营知识包括产品研究、经济学、销售成果分析、资金分析、社会学、人员培训以及经营决策。

显然，推销培训是一项重要的工作，需要持续不断地进行。推销人员常常需要走出公司以了解特殊的推销技术、策略和程序。

因此，培训课程强调倾听和发现客户需求，解决客户的问题以及学会如何利用公司的全部资源以完成其目标。

6.2.2 推销人员的培训方法

常用的培训方法主要有课堂培训法、会议培训法、模拟培训法和实地培训法。

1．课堂培训法

一般由销售专家或有丰富推销经验的推销人员采取讲授的形式将知识传授给受训人员。这是应用最广泛的培训方法，其主要优点在于费用低，并能增加受训人员的实用知识。缺点是此法为单向沟通，受训人员获得讨论的机会较少，讲授者也无法顾及受训人员的个体差异。

2．会议培训法

这种方法一般是组织推销人员就某一专题进行讨论，会议由主讲老师或销售专家组织。此法为双向沟通，受训人员有表示意见及交换思想、学识、经验的机会。

3．模拟培训法

这是一种由受训人员亲自参与并具有一定实战感的培训方法，为越来越多的企业所采用。其具体做法又可分为实例研究法、角色扮演法以及业务模拟法等。实例研究法是一种由受训人员分析所给的推销实例材料，并说明如何处理实例中遇到的问题的模拟培训法。角色扮演法是一种由受训人员扮演推销人员，由有经验的推销人员扮演客户，受训人员向"客户"进行推销的模拟培训法。业务模拟法是一种模仿多种业务情况，让受训人员在一定时间内做出一系列决定，观察受训人员是如何适用新情况的模拟培训法。

4．实地培训法

这是一种在工作岗位上练兵的培训方法。新来的推销人员在接受一定的课程培训后即可安排在工作岗位上，由有经验的推销人员带几周，然后逐渐放手，使其独立工作。这种方法有利于受训人员较快地熟悉业务，效果很好。

6.2.3 推销人员的培训方式

1．企业集中培训

这是指企业采取的办培训班、研讨会等形式对推销人员进行集中培训。许多大型企业用正规的课堂讲授方法，让专业教师、有经验的推销人员将其学问和聪明才智传授给受训人员。此法的优点是时间短、费用低、见效快、节省人力、便于互相启发提高，不强迫受训人员过早地投入现场工作。缺点是缺乏实践和切身体会，不易引起受训人员的足够重视。

2．学校代培法

由于企业内部培训力量有限，为适应商品经济的发展，有必要把一批优秀的推销人员送到经济院校进行重点培训、深造。委托代培需要花费一定的经费，为使投资效益较好，选送的人员应有相当的专业知识和实践经验。这种培训方式是使企业的推销人员在知识水平和专业技能上迅速得到提高的好方法。

3. 函授学习

函授学习是先把讲义、手册或有关推销技术的书面资料发给推销人员，让他们在工作之余自己学习，然后再找合适的时间面授，最后进行考核，检查掌握知识的情况，不合格者让其继续学习，直至达到合格为止。

6.3 工作业绩考核

6.3.1 推销绩效评估

1. 推销绩效评估的概念

推销绩效的评估是指企业或推销人员对一定时期内的推销工作的评定与估价，具体表现为对推销业务的核算。这是企业经营管理过程中不可缺少的一环，是推销人员提高推销工作效率的重要手段。推销绩效评估的目的在于分析推销工作及业务的效果，并从中探索规律，总结经验教训，以便进一步改进和制订新的推销计划。推销绩效评估与推销控制有相近的一面，但两者之间有明显的区别。其相近之处表现在两者都是考察、分析和评估推销工作状况，促进推销工作的一种手段和方法，但两者对推销工作状况的考察、分析和评估的针对性、出发点和落脚点各不相同。推销控制是对企业现行的推销状况而言的，是通过对当前推销工作的考察、分析和评估，从中发现问题，获得信息反馈，及时采取措施，调整和修正企业现行的推销决策与推销策略，以便引导企业的销售活动朝着实现预期目标的方向发展。推销绩效评估则不一样，它是针对推销总体工作效果而言的，是对前期推销工作进行全面的考察、分析与评估，从而找出推销工作成功或失败的原因，以便更好地制订下一期的推销目标与策略。它对于提高推销人员的能力，改善推销人员培训方案，提高企业的整体推销活动的效果有着直接意义。因此，推销绩效评估与推销控制不应混为一谈。

2. 推销绩效评估的内容

推销绩效评估的具体内容是通过一定的项目或指标系列的核算来实现的。它主要是以价值量（金额）、实物量（数量）和劳动量（时间）为计量单位进行记录、计算与反映企业销售部门或推销人员推销业务动态与推销效果。按照不同的划分标准，推销绩效评估的内容可分为很多种。

按推销业务的核算范围划分，可分为全面核算与单项核算。全面核算，是指对推销的全部业务活动进行的核算；单项核算，是指对某一方面的业务活动进行记录、计算和反映。

按推销核算的指标划分，可分为销售核算、费用核算、利润核算和劳效核算等。

按推销核算的形态划分，可分为价值核算、数量核算和劳动量核算等。

另外，推销绩效还可以通过其他数量标准进行衡量，如每日拜访次数、订货量、购买量、销售与拜访次数比、毛利、巡回时间等，这些数量标准都可以定量表示，很容易进行比较。评价推销绩效也可使用对企业的了解程度、客户信誉或驱动力等质量标准。有些企业把质量标准汇入数量标准，规定出一些分数，推销人员的得分越高，其工作绩效越好。但质量标准带有主观意图，不容易评价，往往要借助销售管理者的判断。

当前，我国企业或推销人员的推销评估，主要从数量标准所表现的经济效益方面进行核算、考察和评定。

3．推销绩效评估的指标

企业是一个由多种要素组成的有机整体，推销成果则是这个有机整体运动的表现。推销绩效综合反映了这个有机整体中各环节、各部门的经营活动效果。因此，对推销绩效的评估需要抓住能够综合反映推销成果的指标，才能对推销绩效进行全面的、科学的评价。

（1）销售量指标

销售量是反映推销绩效的重要标志之一。在其他因素不变的情况下，多销才能多得。开拓市场、扩大销售是企业经营和推销工作的重要任务，正确进行销售量核算，是准确考核推销效果、评估推销绩效的重要方法之一。销售量是指企业或推销人员在一定时期内实际推销出去的产品数量，包括合同供货方式或其他供货方式（如现货销售、代销、经销、自销等）售出的产品数量，以及尚未到合同交货期提前（在报告期内）交货的预交合同数量。它不包括外购产品（指由外单位购入，不需本企业任何加工包装，又不与本企业产品一起作价配套出售的产品）的销售量。准确地确定销售量所包含的内容，是销售量核算的基础工作。

销售量的统计方法有以下几种。

① 采用送货制（包括到港交货与出港交货）的产品，在与运输部门办好托运手续后就可计算销售量，统计时以承运单位的日戳为准。

② 采用提货制的产品，在与需求方办妥货款结算手续并开出提货单后即可计算销售量，统计时以提货单上的日期为准。

③ 交货后退回的本年度合格产品并再次入库的，应扣减销售量。

④ 交货后退回修理的产品，如修复后不交原用户而另行销售的，应冲减销售量。

⑤ 各主要产品的销售量可用实物量或价值量表示。全部产品的销售量必须用价值量（即产品销售额）表示。

为便于观察推销人员的去向和市场需求的变化，往往将客户按地区或按部门、职业等分类，分别统计其销售量。通过销售量核算，可以分析产品推销计划完成、超额完成或未完成的原因、销售量的升降趋势、市场占有率变化趋势以及从销售量的构成上分析销售品种的变化、新老客户的变化、销售地区的变化、销售对象所属部门或职业类别的变化等，从而为制订新的推销策略及计划提供依据。

（2）销售收入指标

销售收入是销售量的货币表现，是以价值形式反映推销成果的一个指标。当推销人员推销的不是单一品种的产品，而是不同规格、型号、品种的产品时，为了比较各个推销人员的推销成果，就必须进行销售收入的核算。

进行销售收入指标核算，首先要了解有关产品的价格，然后再结合销售量统计数据，换算成销售收入。对推销人员来说，应该根据自己推销的产品实际情况，先分别计算所推销的各种产品的销售额，再进行汇总，形成自己的全部销售收入。

计算销售收入，可具体分为计划销售收入和实际销售收入。各种销售收入的计算方法如下：

① 计划销售收入计算公式为

$$计划期销售=计划期产品×单位产品$$
$$收入=销售量×销售价格$$

② 实际销售收入计算公式为

$$实际销售=实际售出×单位产品$$
$$收入=产品数量×销售价格$$

（3）销售费用指标

销售费用是指在推销产品过程中所发生的费用。

做好销售费用指标核算工作，不仅可以促进推销活动顺利开展，加速商品流通和资金周转，而且由于销售费用是构成产品全部成本的重要部分，通过核算降低销售费用，同时也降低了产品的成本。可以说，搞好销售费用核算是增加赢利的途径之一。

进行推销费用评估常用的具体指标有多种。主要的有以下几方面。

① 产品推销费用率，这个指标是指推销人员完成这个推销任务所支出的推销费用与完成的推销任务之间的比例。它反映完成一定推销任务所耗费的资金，其计算公式为

$$产品推销 = 一定时期内的推销费/同时时期内的推销额 \times 100\%$$

$$费用率 = 一定时期内的推销费/同时时期内的推销额 \times 100\%$$

式中，推销费用主要包括能计入产品销售成本的广告费、印刷费、通信费（如电话、电报、信函等）、展销场地租赁费、代销产品管理费、售出产品的复验维修费、产品中转保管费等。

② 推销费用降低率，这个指标是指推销人员实际支出的推销费用与计划核定的推销费用限额之间的比例。这个指标的基本计算公式为

$$推销费用 = （计划推销费 - 实际推销费）/计划推销费 \times 100\%$$

$$推销费用降低率 = （计划推销费 - 实际推销费）/计划推销费 \times 100\%$$

推销费用降低率的基本公式又可根据产品品种和计算单位的不同，具体为以下三种。

推销单一品种产品时，计算公式为

$$推销费用率 = （1 - 实际推销费/计划推销费） \times 100\%$$

式中，计划推销费总额一般等于单位产品推销费定额与实际推销量的乘积。

推销多种产品时，计算公式为

$$推销费用降低率 = （1 - 各种产品实际推销费总额/各种产品实际推销费总额） \times 100\%$$

式中的分母的计算公式为

$$各品种产品计划推销费 = \Sigma（某产品单位推销费用总额 \times 该种产品实际推销量）$$

以销售额为单位时，计算公式为

$$推销费用降低率 = 1 - 实际推销费/（单位推销定额 \times 实际推销额）$$

式中，单位推销费定额是指每完成 1 元销售额所应该支出的推销费，即前面提到的"产品推销费用率"。推销费用降低率指标，反映了推销费用节约或超支的程度，既是提高推销工作经济效益过程中不少的检验标志，又是核算推销费用，考核推销绩效的重要指标。

（4）销售利润指标

推销活动的目的一方面是满足社会需要，另一方面是获得较好的经济效益。推销活动经济效益究竟如何，可通过销售利润指标的核算来加以明确。所谓销售利润核算，就是在销售量或销售收入核算与销售费用核算的基础上，通过对二者的比较分析，来反映推销工作或经营活动的经济效果。销售利润的计算公式为

$$销售利润 = 销售收入销售 - 销售成本 - 销售税金$$

式中，销售税金 = 销售收入 × 税率。

销售利润受多种因素的影响和制约，因此，销售利润指标核算还应该计算某些因素变化对销售利润产生的影响。有关这方面核算的内容有以下几方面。

① 销售量变动对销售利润的影响。

销量变动对销售利润的影响额 =

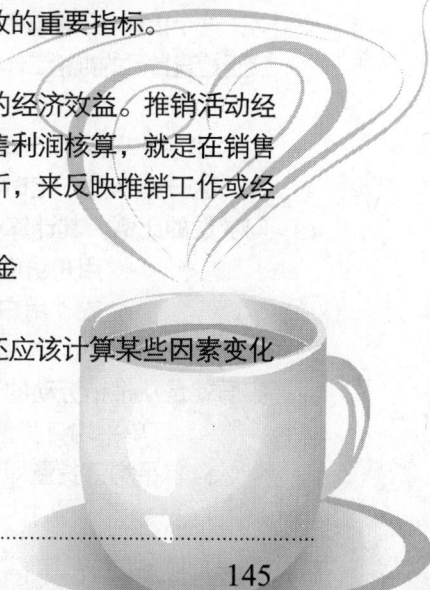

（Σ实际销量×计划单价/Σ计划销量×计划单价–1）×计划利润总额

② 产品销售单价变动对销售利润的影响。

单价变动对销售利润的影响额=Σ{[实际销量×（实际单价–变动单价）]×（1–税率）}

③ 销售成本变动对销售利润的影响。

销售成本变动对销售利润的影响额=Σ[实际销量×（计划单位成本–实际单位成本）]

④ 销售结构变动对销售利润的影响。

销售结构变动对销售利润的影响额=Σ[（实际销量–计划销量）×单位计划利润]–

（Σ实际销量×计划单价/Σ计划销量×计划单价–1）×计划利润总额

销售利润是推销成果的集中体现，进行销售利润核算，可促使企业根据国家计划和市场需要生产适销对路产品，提高销售量，降低销售费用，增加销售利润，追求最好的推销效果。这一点对国家、企业和推销人员均具有积极意义。

（5）推销劳效指标

为了能够全面准确地评价各个推销人员的工作程度及效果，把握此间存在的差距，奖勤罚懒。促进推销工作的发展，需要对推销劳效指标进行核算。推销劳效是推销人员从事商品推销的效率。具体反映推销劳效的绝对指标包括一定时期推销人员完成的产品推销数量、推销人员在一定时期内访问客户的次数、每次访问的收获或每百次访问征得的订单数量、访问客户所耗费的时间和招待费用、一定时期推销人员新发展的客户数和失去的老客户数等。与上述绝对指标相联系，反映推销劳效动态的相对指标主要包括推销定额完成率、用户访问完成率、推销费用降低率、平均订单订货量与人均推销额等。

① 推销定额完成率

这一指标通过对推销人员实际完成推销情况与计划或定额推销任务间的比较，来反映推销人员工作达到预期目标的程度。其计算公式为

推销定额完成率=实际完成推销量（额）/计划推销量（额）或定额推销量（额）×100%

利用推销定额完成率指标核算推销劳效具有直接性和客观性。因为推销劳效的大小首先体现在推销的结果上，而推销的结果又往往以推销的产品数量来代表的，推销的产品数量愈多，推销劳效就愈高。推销定额完成率是反映推销产品数量的一个动态相对数，所以它能直接客观地反映推销劳效。

② 推销人员人均推销额

这个指标对于衡量销售部门的平均成绩有积极意义。对推销人员来说，了解平均推销水平，也便于检查自己的推销工作，可以激励自己努力推销，提高工作绩效，赶超平均水平。其计算公式为

推销人员人均推销额=一定时期内商品销售总额/推销人员总人数

③ 用户访问完成率

这一指标是一定时期内（年或月），推销人员实际访问客户的次数与计划规定的标准访问次数的比例。其计算公式为

用户访问完成率=实际访问用户次数/计划访问拥护次数×100%

或 用户访问完成率=实际访问用户数/计划访问拥护数×100%

访问用户是推销人员的职责之一，也是推销工作的基本内容。因此计算用户访问完成率实质就是从推销劳动的过程上（不是结果上）反映核算推销劳效，评估推销工作绩效。

④ 订单平均订货量

订单平均订货量即一定时期内获得的订单或合同订货总量（金额）与订单或合同总数的

比值。其计算公式为

$$订单平均订货量=订单订货总量（金额）/订单总价数$$

订单平均订货量指标，既反映推销人员争取到的订单数量，又体现了订单的容量，它用于核定推销价格低、品种规格多、用户分散、订单订货量少的这类产品的推销人员的推销劳效。

⑤ 订货合同完成率

这个指标又称履约率，对核算推销合同的完成程度有重要意义。订货合同完成率的计算公式为

$$订货合同完成率=合同期交货数/合同期订货数×100\%$$

其中，合同期交货数=合同期订货数 –（合同期欠交数+合同期超交数）

合同期交货数不等于企业在这期间的实际交货数，因为超交或欠交都属于不正常的现象，故在计算时要扣除合同期内超交、欠交数。

⑥ 产品销售退货率

退货率指标的计算，对检查供货合同的稳定性有一定意义。由于工厂的生产、技术、质检等原因所致，已按合同销售的产品，有时会发生退货现象。供货企业除应正确处理退货问题外，还应在一定时期及时计算产品退货在实际销售额中所占比率，从而采取有效措施，尽量减少退货现象，降低退货率，保证供货合同的稳定性。其计算公式为

$$产品销售退货率=产品销售退货量（金额）/产品销售供货量（金额）×100\%$$

在计算退货率指标时要注意两点：一是单一产品退货同本产品供货之比，求出的是单一产品的退货率；二是多种产品退货同全部供货产品之比，求出的是综合退货率。

以上介绍了对推销工作绩效进行评估的几个主要指标及其计算方法，利用这些指标或结合其他指标，不仅可以对推销工作绩效做单项评估核定，还可以进行综合性的评估。

4．推销绩效评估的主要方法

推销绩效评估的方法很多，根据评估掌握的情况和目标，可分别选择或同时采用下几种方法。

（1）对比分析法

有比较才有鉴别，推销绩效评估也一样，只有把两个以上的可比因素进行比较，才能说明推销绩效的好坏。对比分析法是推销绩效评估中最常用、最基本、最简明的方法，按照对比对象的不同，对比分析法可分为四种情况。

① 实际绩效与计划对比

实际绩效与计划对比用于检查推销计划完成情况，了解超额完成或未完成计划的原因。其计算公式为

$$计划实现程度=推销实绩/推销计划$$

这一指标越高，表明推销计划完成得越好。

② 现在与过去比较

现在与过去比较就是用本期有关销售指标与上期或历史同期的有关销售指标对比。这一指标可以说明推销状况的发展水平与趋势，有利于改进今后的推销工作。其计算式为

$$推销发展状况=其指标现期额/该指标历史同期额$$

③ 本企业与其他企业对比

本企业与其他企业对比即用本企业推销指标与本地区或国内外同行业企业相同推销指标对比。与本地区同行业比较，可反映本企业的市场占有程度；与国内外同行业企业比较，可反映出本企业落后或先进程度。通过这种对比，可发现差距，取长补短，赶超先进水平。其计算公式为

$$企业推销先进程度=本企业某指标实际水平/外企业某指标实际水平$$

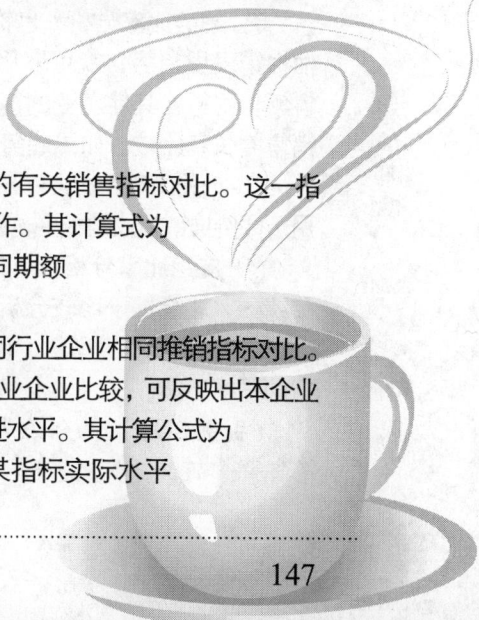

④ 结构对比

结构对比即对比某个指标的组成部分占该指标的比重变化。这个对比，可以分出推销指标或现象的内部构成及其变化趋势，如销售收入增长速度与销售利润增长速度比。

（2）分组分析法

这种方法是根据有关推销资料和一定的标准，按照同一原则或同一特征把事物整体划分为若干部分，在此基础上分析其状况、特征及动因，如推销速度，推销效益等，都可按一定标准进行分组。

分组分析法可说明推销工作内部的不同层次、不同方面在推销绩效中的地位和作用。分组分析法的关键问题是科学合理地确定分组原则和标准，否则分析的结果就很难反映事物的本质，很难得出对改善推销工作有意义的结论。

（3）评价分析法

这种方法是把评价对象的主要因素进行分解，并按确定的标准给其分类，以表示各因素对于推销活动的重要程度，最后以合计总分来考察评估对象的优劣。如对推销人员的服务质量、经济效益、竞争能力的评估，就可分别就影响服务质量、经济效益、竞争能力的各种主要因素，诸如产品数量、质量、品种、特性、工作时间、广告效果、态度、服务项目、服务技巧等因素，按一定的标准，并根据推销工作中各种因素的实际情况给分，以考察各个因素对服务质量、经济效益和竞争能力的影响程度，然后根据合计总分评价推销绩效的高低。

（4）因素分析法

因素分析法又称连环替代法。这种方法具有说明差异产生原因的优点，是比较分析法不可替代的。其基本思路是在影响推销活动的几个相互联系的因素中，分别把其中一个因素当作可变，暂时把其他因素当作不变，通过依次替换，来测定各个因素对推销绩效的影响程度。

运用这种方法时，各种因素替换的顺序应当根据各种因素的相互关系及其所处的主次位来确定。

（5）比率分析法

这是一种先计算出数值比率，然后进行分析比较的方法。比率分析常有三种情况。

① 构成比率分析，以全体合计数为 100，计算出各部分所占比率。此法主要用于分析营销绩效评估构成内存的合理性及其变动趋势。如企业推销产品品种构成、推销费用项目构成分析等。

② 趋势比率分析，也称动态相对分析，即以基期为 100，计算以后各期发展趋势。如评估推销发展趋势，就可以用历年（月）推销额（量），计算出销售增长率。也可采用企业销售额与同行业其他企业的基期销售额比较，或用计算出的销售增长率与前一期（年、月）的销售增长率比较。如果趋势比率分析值低于 100，则说明推销不利，需要改进。

③ 相关比率分析，以某项指标和与其相关的其他指标进行对比，并求出比率。这种方法多用于评价推销绩效的水平，如将销售指标与费用指标对比，可从中发现推销工作中的薄弱环节。

④ 应用比率分析法，采用这一方法要注意的问题是要明确规定标准，且同一评价标准要统一，才能便于比较分析。以上介绍了几种推销绩效评估方法。其他常用的方法还有平衡分析法、量本利分析法、平均分析法，综合分析法等，这些方法对推销工作绩效评估都有一定的积极意义。

【引例 6-1】 唐伟力是某公司客户部的主管。今天早上他刚在自己的办公桌后坐好，主管客户部的副总裁叶总的秘书李敏玲就打了一个电话给他，说叶总叫他过去一下。唐伟力到了叶总的办公室，原来叶总是要跟他讨论他手下的一个客户经理王林的问题。在上次的绩效评估中，王林的评估结果远远低于平均水平。叶总找唐伟力谈话也就意味着这件事已经引起了公司高层的关注，叶总的意思是让他尽快做王林的工作，他说："小唐，你应该赶快做王林的工作，给他一个月的时间，如果他还是没有改进的话，就劝他走人。我们不允许因他影响公司的效益，你必须对他采取一些措施。"

一整天，唐伟力都在想着与叶总谈话的事情，他心里想："是啊，我是应该采取一些措施。我一直对这件事情保持沉默，其实我非常希望王林能够改进绩效。在绩效反馈面谈时，我谈了一些希望，但看得出来，王林最近的情绪也不太好，因此最近两周的业绩仍然没什么起色。他可能对自己的前途问题很敏感，我该怎么做呢？看来我必须再找王林好好谈谈"。

6.3.2 推销控制

1. 推销控制的概念

推销控制，就是把企业推销组织的各个管理部门或环节的活动约束在组织的经营方针、发展目标和计划要求的轨道上，为尽快实现企业的营销目标，取得推销活动的最佳效益，对各推销要素的运动态势及相互间的协调状况进行的监督与考察、审计与评估、操纵与把握等一系列规范化约束行为的总和。这种约束行为是企业从事推销活动的必要条件，是企业推销组织的重要组成部分。推销控制的本质在于对推销活动的操纵与把握，主要通过对推销活动的每一个行为和事件的测度来检验其是否与原定的计划、指令、原则相符，是否发生偏差。如果发生偏差，立即采取调整措施，以求遵循最合理的途径实现计划目标。推销控制是完成企业推销任务必不可少的一个环节，实行推销控制是提高推销组织工作效率的基础。

2. 推销控制的程序及内容

推销控制要遵循如下程序并完成相应的工作内容。

（1）确定应评价的推销业务活动

评价范围各推销组织及人员的具体情况而异，有些组织需要对整个推销业务逐一评价，而有些推销组织只需对推销业务的几个主要方面进行评价。确定评价的业务范围过多，则费用开支太大，过少又达不到有效控制的目的。

（2）建立衡量标准

建立衡量标准就是要根据已确定给予评价的推销业务活动来选择具体的衡量标准。衡量标准作为一对预期结果在质量和数量上所给予的说明和规定，是用来衡量工作实绩的客观尺度。科学、合理的标准是企业的销售部门或推销组织的管理者对每一个具体的推销活动进行控制的主要依据，这与企业的总体战略目标有着十分密切的联系，是整体目标实现过程中的动态分解。控制标准包括质和量两个方面。衡量标准的质是指衡量标准的特定内涵，即衡量标准所反映的质的界定。例如，推销人员工作绩效可以用一年以内增加的新客户数量说明；市场调查的效果可以用每进行一次客户访问的费用来表示；广告推销的效果可以用记住广告内容的视听者占全部视听者的百分比来表示等。由此可见，衡量标准的质的规定性，在大多数情况下，是指一系列具有针对性的可以反映某种行为的内在本质的指标规范。有许多企业确定的衡量标准基本上是企业的主要战略目标，如预期销售量、推销费用预算、销售利润。

所谓衡量标准的量是指将衡量标准加以定量化。例如，规定每个推销员全年争取发展 50 个客户，客户访问费不得超过 20 元/次，电视广告绩效标准为记住广告内容的视听者至少要占全部视听人数的 15% 以上等。

建立衡量标准时，企业往往希望采用综合性的工作绩效标准。例如，某推销员每次推销的平均费用为 100 元，这 100 元便成为综合或平均绩效标准。但在具体的推销访问过程中，其费用状况会由于各种主、客观因素而呈现出较大差异。这样，企业在确定综合绩效标准时，发生规定绩效标准的偏差。例如，确定平均绩效标准为 100 元，其中最高不得超过 120 元，即任何推销人员每次推销访问费用都必须以 120 元为最高界限。

企业在确定绩效标准时，不仅要以企业以往的历史资料作为依据，而且应当大量搜集部门资料作为参考，同时还必须考虑到评估与控制对象本身的差异。例如，对于推销人员来说由于每个人的业务素质及工作能力都存在差异，因此，在一定时间内所取得的推销成果会各不相同，这样企业在确定绩效标准时，就应该根据每个人的情况区别对待。一般来说需要考虑以下几项因素。

a. 每个推销人员所推销产品的具体特征。

b. 每个推销人员推销地域内的销售潜量。

c. 每个推销人员推销地域内竞争产品的竞争力。

d. 每个推销人员所推销产品的广告强度。

e. 推销人员的业务熟练程度。

f. 推销人员的推销费用等。

（3）实际绩效的检查衡量与改进

企业确定绩效标准的目的是要对具体的推销工作进行测度，而测度的前提则是对测度对象进行客观的了解与把握。这就需要采用各种方式和方法对实际工作状况进行科学的检查。检查可根据市场推销管理信息系统所提供的资料以及各种原始记录来进行。例如，通过月度销售量，可以检查推销工作的进度状况；通过推销人员的招待费用，可以检查推销人员在使用招待费时有无越轨行为；通过客户的购物订单可以说明实际销售量等，检查还可以通过直接观察的方式来完成。

通过检查得到绩效资料还必须和已确定的绩效标准进行比较。只有通过比较，才能了解推销工作是否有利于企业预期目标的实现。由此可以看出，预期目标与实际绩效相比较的过程，实际上也就是对企业的具体推销计划和绩效进行考察的过程。

（4）分析、改进绩效与修正标准

经过工作实绩与绩效标准的对比，会暴露出企业的推销组织或推销人员中存在的问题与弱点。此时，企业就应进行绩效分析，寻找造成标准与实绩差异的原因。根据分析结果，企业需要做出两种不同的修正行动选择。

如果分析表明绩效标准是脱离实际的，就应对绩效标准加以修订，以反映推销工作的真实情况。

如果绩效标准是合理的，而推销活动却未能获得成功，那就有必要在具体的推销活动中寻找原因。提出相应的改进措施以提高推销效率。例如，某推销人员未能达到每周推销访问的绩效标准，经与管理人员及有关人员共同分析、研究后，认为未完成绩效的主要原因是推销人员在旅途中花费的时间过多，管理人员就应帮助推销人员研究制订一份销售访问路线图，以减少其在旅途的时间消耗。

3. 推销控制的基本方法

推销控制活动并不是一个简单的、一次完成的工作，而是周而复始、连续不断的复杂的运动过程。企业为了对推销活动进行有效的控制，除了要明确具体的控制对象和确定合理的控制程序外，还必须针对不同对象，科学地选择和采用相应的控制手段和方法。策略控制、过程控制和预算控制是企业进行推销控制的三种有效方法，这三种方法通过不同的方面全面控制企业的整个推销活动。

（1）策略控制

策略控制的目的在于发现推销活动所遇到的目标、策略性问题，并提出相应的改进建议，以保证企业推销任务的完成。策略控制通过不同的手段对企业的推销环境、内部推销系统和各种推销活动进行定期、全面、系统的考核。策略控制由企业的最高管理层直接负责。策略控制的重点可归纳为对推销环境的考核、对内部推销系统的考核、对各项推销业务的考核等方面。

① 对推销环境的考核，主要对象包括以下几方面。

a. 企业主要市场状况，细分市场状况，市场特性与发展前景。

b. 客户对本企业的看法，客户如何做出购买决策，客户目前与未来的需要。

c. 谁是企业的主要竞争对手，哪些竞争趋势是可以预见的。

d. 可能对本企业产生影响的人口、经济、技术发展状况。

② 对企业内部推销系统的考核，主要对象包括以下几方面。

a. 企业长、短期目标是什么，企业的推销目标是什么。推销目标是否明确、合理，是否全面反映了企业的竞争能力，是否把握了企业的有利时机。

b. 企业实现推销目标的核心策略是什么，这一策略是否有希望成功，企业是否能调配足够的人财物来完成计划任务，企业的资源调配是否得当。

c. 企业是否有一套完善、有效的年度推销计划，是否能按期执行控制步骤以确保计划标的实现，企业的推销情报系统是否能满足各级人员对推销业务进行计划与控制的需要。

d. 企业中从事推销活动的人员在数量、素质上是否符合要求，各级推销人员是否有进一步培养、激励或监督的必要，推销组织结构是否能适应不同产品、不同市场与各类推销活动的需要。

③ 对各项推销业务活动的考核，主要对象包括以下几方面。

a. 企业主要产品和一般产品的产品系列中有哪些产品应淘汰，哪些产品应增加，总体来看，各项产品的情况是否正常。

b. 定价时是否全面考虑了成本、需求与竞争因素，提高价格或降低价格可能产生的影响，客户对产品价格的反应。

c. 各推销分部是否都能实现企业的推销目标，各推销分部是否按最佳分工方式组成，整个营销组织的士气、能力与成果是否相协调，评价劳动成果的目标体系是否合理。

d. 是否有完整的广告宣传计划，广告宣传目标是否实际，广告宣传费用是否合理，广告宣传效果如何，广告媒介的选择是否恰当。

通过以上三方面的考核就可以发现企业在整个推销目标、方针和策略上存在的问题和发生的偏差，经过分析，对企业的推销目标、方针和策略进行修正，使推销活动沿着正确轨道进行。

（2）过程控制

在实际工作中，常常会遇到企业的推销目标不能得到正确贯彻、落实的情况，为此必须建立规律性的控制程序来对推销过程进行监督，以确保推销目标的实现。过程控制正是达到这一目的的有效控制方式。过程控制的核心在于实行目标管理，也就是将推销目标细分为若干个小目标，分层落实，由上级定期审核成果，若出现异常情况立即分析原因，并制订计划、采取措施进行纠正。一般采取以下几种具体方法进行过程控制。

① 销售分析

销售分析的目的在于衡量各推销分部的实际销售额与计划销售额之间的差异，常用的有两种分析方式。

a. 销售差异分析

销售差异分析用于判断不同因素对实现推销目标影响的程度。例如，计划第一季度以每双 5 元的价格销售 20000 双布鞋，即销售额为 100000 元。但到第一季度末，仅以 4 元一双的价格销售 15000 双，即 60000 元。也就是说，销售差异为 40000 元，与计划额相差 40%。那么，造成此种情况有多少是因售价降低所致，又有多少是因销售量不足而引起的，可通过下列计算回答。

$$售价降低差异=（5 元-4 元）×15000=15000 元\quad 占 37.5\%$$
$$销量降低差异=5 元×（20000-15000）=25000 元\quad 占 62.5\%$$

因此，约有 62.5% 的销售差异源于未能实现的销售量。这是影响推销目标实现的主要因素，应着重就此探讨解决办法。

b. 明细销售分析

明细销售分析用于判断究竟是哪些产品或哪些地区因素的影响使规定的推销目标未能实现。例如，某企业在三个地区的预计销售目标分别为 3000 件、1000 件与 4000 件，合计 8000 件。可三个地区的实际销售量分别为 2700 件、1050 件和 2200 件，地区一的销售量比推销目标低了 10%，地区二的销售量超出推销目标 5%，地区三的销售量比推销目标低了 45%。显然，目标未能实现的主要问题出在地区三上。据此，推销组织领导应对地区三的情况做出分析，找出主要矛盾，并采取相应的措施加以解决。

② 市场份额分析

一个企业的销售额等指标并不能反映企业的产品在市场上所占的份额，而通过市场份额则可以了解企业销售额变化是由于不可控的外在因素影响，还是企业本身的问题所造成。如果一个企业的销售额下降而市场份额仍保持不变，则表示整个行业都受到了不可控因素的影响。

进行市场份额分析最重要的工作是定期收集整理整个行业及其他有关的销售资料，并据此进行分析。

③ 费用与销售比率

实行过程控制还需要定期考察费用与销售收入间的关系，以确保企业用较低的费用实现推销目标。毛利与销售额比率是个重要指标，当这一比率下降时，表示费用增加，进而可以考察一下各项费用与销售额的比率，看看是哪几项费用超出计划。一般来说，考察重点可放在广告费用与推销费用上。进行过程控制的方法还有客户态度追踪，也可以利用其他比率。通过过程控制能够及时把握在贯彻落实企业在实现推销目标的过程中的偏差并及时纠正。

（3）预算控制

预算控制是从资金、费用和利润等项目的预算上对推销活动进行控制。主要方法如下。

① 效率测量

推销效率的测量就是确定各种用于推销的资源的使用效果。使用效率的测量可以分析研究一定的推销资源可产生出的推销效果。据此可以做出使用推销资源的最有效的决策。

② 推销预算

常用的推销预算有推销费用预算和广告费用预算。推销预算的确定应与企业的预算目标相配合，预算时应依据完成企业的推销目标所必须支出的费用。预算是控制费用的有效方法，能迫使管理部门仔细研究确定为完成推销目标所必须支出的费用水平。预算不仅可以防止费用超支，而且还是测量推销成效的标准。除非超额完成了推销目标。否则发生任何超过预算限度的费用支出都需要进行审核。以上介绍了进行推销控制常采用的三种控制方式及其具体方法。企业可以通过策略控制、过程控制和预算控制三种方式的综合运用对推销活动进行全面的、严格的控制。这三种方式之间不是彼此孤立的，而是相互联系、彼此辅助的，应当尽量使所采用的控制方式相互协调、配套，形成一种有效的控制系统，建立和确定适合企业业务特点的、完整的、科学的推销控制制度。

4．进行推销控制应注意的问题

搞好推销控制，除了要采用科学的方法外，鉴于我国企业管理的现状，企业在建立和推行推销控制制度时，还应当做好以下几方面的工作。

（1）明确控制的意义，建立和健全推销控制制度的组织系统。企业应当有专人负责建立专门的推销控制部门。该部门最好应该直接隶属于最高管理者，这样不仅可以使控制职能的实施具有组织上的保证，而且有利于推销控制部门与其他管理部门间的协调，有助于随时采取正确的行动。

（2）在确定控制标准时，尽量与被考察的人员协商。那些最初引入推销控制制度的企业尤其应该如此。这样可以减少实行推销控制制度的阻力。协商的主要内容是哪些绩效应该进行评估，以及评估考核过程中应采用什么样的绩效标准。

（3）控制工作的出发点应该是推销工作绩效的完善。推销控制组织在对推销人员的活动实施控制的过程中，应当尽量减少对推销人员不良工作绩效的评论，而努力与其合作，将重点放在寻找偏离绩效标准的原因、共同拟定提高绩效的改进措施上。

（4）企业的推销控制系统必须和实施目标管理制度相结合。企业的推销控制工作做到行动有目标、办事有程序、评价有依据、预防有措施、质量有保证，才能形成一种服务于企业的推销目标的效应管理系统。

（5）企业的推销控制系统必须与企业的信息管理系统协调配套。控制的基础是信息，任何控制都必须借助信息的反馈来实现。信息的传递、反馈与控制是密不可分的，共同组成了企业总体目标的管理系统。信息的收集、传递与反馈是实行控制的手段和途径。因此，为了建立科学的推销控制制度，有效地发挥推销控制作用。要求企业必须采用先进的技术及工具，建立科学的信息网络，进行经营方式的"革命"，加速推销控制手段的现代化进程，提高推销控制效率。

（6）控制过程应当"针对性管理"和"例外管理"相结合。所谓"针对性管理"是指不能对所有的控制对象都采用相同的绩效标准。如对推销人员的利润目标，只能依据其具体情况分别对待，不能简单划一，有的利润目标可以定高一些，有的应定得低一些。因为推销人员的工作绩效不仅仅取决于自身的业务素质和主观努力程度，还取决于其他多种客观因素。某些推销人员的绩效之所以突出，可能是客观条件造成的，如目标市场的需求潜力较大，企业又做了大量的有效广告宣传、或者竞争企业的产品竞争力相对较弱等。因此，必须进行具体的分析，以免因标准的简单划一而挫伤部分推销人员的积极性。

不仅如此，由于企业最高控制负责人往往工作异常繁忙，没有充裕时间去阅读和了解推销控制组织所提供的所有材料，所以必须实施例外处理，即那些绩效明显低于标准的关键方面及人员，必须引起控制负责人的重视。推行推销管理控制制度，必须正确处理费用和利润的关系。任何管理活动的进行都需要一定的费用，推销控制制度的推行与实施也不例外，因此企业必须保证其费用的支出，但费用不得超过所带来的收益，否则推销控制就失去了其推行的积极意义。不过，在具体工作中，由推销控制所产生的费用实际上是很难把握的。同时，推销控制制度及组织所带来的收益也很难以货币价值来衡量，因为有些绩效标准并不是通过销售收入、成本或利润就能反映的。因此，在实施推销控制的过程中，只要有可能，就应当把绩效标准换算成销售量、成本或利润等指标，以利于费用与收益的比较。

小结

在推销人员的管理上，首先，应注意推销人员的甄选。按照初步淘汰、面谈、测验、调查等步骤进行推销人员的甄选，掌握其中的基本技能。其次，应注意对推销人员进行培训。在明确培训目标、培训时间、培训地点、培训方式、培训师资和培训内容的基础上，制订培训计划；合理选择课堂培训、会议培训、模拟培训和实地培训等方法。最后，应注意推销绩效的评估。在掌握推销绩效评估的基本内容和评估指标的基础上，对推销绩效做出公正的、客观的评价。

在推销控制上，首先应把握推销控制的概念、程序及内容，了解推销控制的基本过程；其次，从策略控制、过程控制和预算控制等几个方面，掌握推销控制的基本方法；最后，明确进行推销控制时应注意的几个基本问题。

第三部分 课题实践页

（一）选择题

1. 对所有的推销人员都适用的培训方法是（   ）。
A. 内部集中培训   B. 外部岗位培训
C. 外部集中培训   D. 自我训练
2. 某企业推销某品种产品，单价为 5 元，单位变动成本为 4 元，每月固定成本总额为 5000 元，根据销售量、成本、利润分析法，保持该产品月盈亏平衡的销售量是（   ）。
A. 5000 件   B. 4000 件   C. 5500 件   D. 4500 件
3. 在常用的推销人员绩效指标中，用于衡量推销人员工作效率的指标是（   ）。
A. 销售费用率   B. 货款回收率   C. 目标达成率   D. 访问成功率
4. 推销人员奖酬制度的类型有（   ）。
A. 固定薪金   B. 直接佣金   C. 各个薪酬要素的组合

（二）简答题

1. 简述进行推销人员甄选时的面谈技巧。
2. 试述对落后员工的激励方法。
3. 简述推销人员绩效评估的基本方法。
4. 试述推销控制的基本方法。

（三）情景模拟题

1. 为以下情况寻找最好的薪酬办法。
（1）积极地推销无形产品。
（2）确保推销人员在零售店中进行展示并监督展示。

（3）推销大型工厂模具。

（4）抢占市场份额。

（5）推销办公用品。

（6）重视新产品的推销。

2. 某化妆品公司采用直销形式进行销售，需要若干上门推销的推销人员，请进行职位描述、设计面试时对应聘者要提的一系列问题并为该公司的新推销人员制订一个培训计划。

（四）案例分析题

两块钱换回来的工作

在一次招聘会上，某著名外企人事经理说，他们本想招一个有丰富工作经验的推销人员，结果却破例招了一位刚毕业的女大学生，让他们改变主意的起因只是一个小小的细节：这位学生当场拿出了两块钱。

人事经理说，当时，女大学生因为没有工作经验，在面试一关即遭到了拒绝，但她并没有气馁，一再坚持。她对主考官说："请再给我一次机会，让我参加完笔试。"主考官拗不过她，就答应了她的请求。结果，她通过了笔试，由人事经理亲自复试。

因为她的笔试成绩最好，人事经理对她颇有好感，不过，女孩的话让经理有些失望。她说自己没有工作经验，唯一的经验是在学校掌管过学生会。找一个没有工作经验的人做业务销售不是他们的预期，经理决定收兵："今天就到这里，如有消息我会打电话通知你。"女孩从座位上站起来，向经理点点头，从口袋里掏出两块钱双手递给经理："不管是否录取，请都给我打个电话。"

经理从未见过这种情况，问："你怎么知道我不给没有录用的人打电话？""您刚才说有消息就打，那言下之意就是没有录取就不打了。"

经理对这个女孩产生了浓厚的兴趣，问："如果你没被录取，我打电话，你想知道些什么呢？""请告诉我，在什么地方我不能达到你们的要求，在哪方面不够好，我好改进。""那两块钱……"女孩微笑道："给没有被录用的人打电话不属于公司的正常开支，所以由我付电话费，请您一定打。"经理也笑了，"请你把两块钱收回，我不会打电话了，我现在就通知你，你被录用了。"

记者问："仅凭两块钱就招了一个没有经验的人，是不是太感情用事了？"经理说："不是。这个面试细节反映了她作为推销人员具有良好的素质和人品，人品和素质有时比资历和经验更为重要。第一，她一开始便被拒绝，但却一再争取，说明她有坚毅的品格。推销是十分繁杂的工作，没有足够的耐心和毅力是不可能做好的。第二，她能坦言自己没有工作经验，显示了一种诚信，这一点对推销工作尤为重要。第三，即使不被录取，也希望能得到别人的评价，说明她有直面不足的勇气和敢于承担责任的上进心。员工不可能把每项工作都做得很完美，我们接受失误，却不能接受员工自满不前。第四，女孩自掏电话费，反映出她公私分明的良好品德，这更是推销工作不可或缺的。"

问题：1. 人事经理为什么录用了涉世未深的女大学生？

2. 女大学生的举动，说明在她身上具备什么推销员的素质？

参 考 文 献

[1] 吴健安，王旭，姜法奎等. 现代推销学. 大连：东北财经大学出版社，2006.

[2] 刘志超. 现代推销学. 广州：广东高等教育出版社，2004.

[3] 唐立军. 推销技巧. 北京：中国工商出版社，2007.

[4] 张冬梅，牟丰勋. 推销策略与技巧. 青岛：青岛海洋大学出版社，1997.

[5] 徐育斐. 推销技巧. 北京：中国商业出版社，2007.

[6] 柳思维. 现代推销学. 北京：中国商业出版社，1997.

[7] 邹乐群，石青辉，彭进清. 现代推销学. 长沙：湖南科学技术出版社，1998.

[8] 姚书元，沈玉良. 现代实用推销学. 上海：复旦大学出版社，2004.

[9] 邱训荣. 推销技巧. 南京：东南大学出版社，2004.

[10] 郭奉元. 现代推销技术. 北京：高等教育出版社，2001.

[11] 程怀儒. 推销理论与实务. 郑州：河南大学出版社，1998.

[12] 闫忠元，牟红，左骏. 推销理论与技巧. 北京：国防工业出版社，1997.

[13] 王便芳，王新庆. 推销. 郑州：黄河水利出版社，2003.

[14] 张兆旭，田娴媛. 现代推销理论与实务. 北京：中国商业出版社，1998.

[15] 钟立群. 现代推销技术. 北京：电子工业出版社，2005.

[16] 邱训荣. 推销技巧. 南京：东南大学出版社，2004.

[17] 李海琼. 现代推销技术. 杭州：浙江大学出版社，2004.

[18] 欧阳卓飞，卫平，万后芬. 现代推销学. 北京：经济科学出版社，1995.

高等职业教育课改系列规划教材目录

书　名	书　号	定　价
高等职业教育课改系列规划教材（公共课类）		
大学生心理健康案例教程	978-7-115-20721-0	25.00 元
应用写作创意教程	978-7-115-23445-2	31.00 元
高等职业教育课改系列规划教材（经管类）		
电子商务基础与应用	978-7-115-20898-9	35.00 元
电子商务基础（第 3 版）	978-7-115-23224-3	36.00 元
网页设计与制作	978-7-115-21122-4	26.00 元
物流管理案例引导教程	978-7-115-20039-6	32.00 元
基础会计	978-7-115-20035-8	23.00 元
基础会计技能实训	978-7-115-20036-5	20.00 元
会计实务	978-7-115-21721-9	33.00 元
人力资源管理案例引导教程	978-7-115-20040-2	28.00 元
市场营销实践教程	978-7-115-20033-4	29.00 元
市场营销与策划	978-7-115-22174-9	31.00 元
商务谈判技巧	978-7-115-22333-3	23.00 元
现代推销实务	978-7-115-22406-4	23.00 元
公共关系实务	978-7-115-22312-8	20.00 元
市场调研	978-7-115-23471-1	20.00 元
推销实务	978-7-115-23898-6	20.00 元
高等职业教育课改系列规划教材（计算机类）		
网络应用工程师实训教程	978-7-115-20034-1	32.00 元
计算机应用基础	978-7-115-20037-2	26.00 元
计算机应用基础上机指导与习题集	978-7-115-20038-9	16.00 元
C 语言程序设计项目教程	978-7-115-22386-9	29.00 元
C 语言程序设计上机指导与习题集	978-7-115-22385-2	19.00 元
高等职业教育课改系列规划教材（电子信息类）		
电路分析基础	978-7-115-22994-6	27.00 元
电子电路分析与调试	978-7-115-22412-5	32.00 元
电子电路分析与调试实践指导	978-7-115-22524-5	19.00 元

书　　名	书　号	定　价
电子技术基本技能	978-7-115-20031-0	28.00 元
电子线路板设计与制作	978-7-115-21763-9	22.00 元
单片机应用系统设计与制作	978-7-115-21614-4	19.00 元
PLC 控制系统设计与调试	978-7-115-21730-1	29.00 元
微控制器及其应用	978-7-115-22505-4	31.00 元
电子电路分析与实践	978-7-115-22570-2	22.00 元
电子电路分析与实践指导	978-7-115-22662-4	16.00 元
电工电子专业英语（第 2 版）	978-7-115-22357-9	27.00 元
实用科技英语教程（第 2 版）	978-7-115-23754-5	25.00 元
电子元器件的识别和检测	978-7-115-23827-6	27.00 元
电子产品生产工艺与生产管理	978-7-115-23826-9	31.00 元
电子 CAD 综合实训	978-7-115-23910-5	21.00 元
高等职业教育课改系列规划教材（动漫数字艺术类）		
游戏动画设计与制作	978-7-115-20778-4	38.00 元
游戏角色设计与制作	978-7-115-21982-4	46.00 元
游戏场景设计与制作	978-7-115-21887-2	39.00 元
影视动画后期特效制作	978-7-115-22198-8	37.00 元
高等职业教育课改系列规划教材（通信类）		
交换机（华为）安装、调试与维护	978-7-115-22223-7	38.00 元
交换机（华为）安装、调试与维护实践指导	978-7-115-22161-2	14.00 元
交换机（中兴）安装、调试与维护	978-7-115-22131-5	44.00 元
交换机（中兴）安装、调试与维护实践指导	978-7-115-22172-8	14.00 元
综合布线实训教程	978-7-115-22440-8	33.00 元
TD-SCDMA 系统组建、维护及管理	978-7-115-23760-8	33.00 元
光传输系统（中兴）组建、维护与管理实践指导	978-7-115-23976-1	18.00 元
高等职业教育课改系列规划教材（机电类）		
钳工技能实训（第 2 版）	978-7-115-22700-3	18.00 元

　　如果您对"世纪英才"系列教材有什么好的意见和建议，可以在"世纪英才图书网"（http://www.ycbook.com.cn）上"资源下载"栏目中下载"读者信息反馈表"，发邮件至 wuhan@ptpress.com.cn。谢谢您对"世纪英才"品牌职业教育教材的关注与支持！